multicampus X 시원스쿨 LAB

OPIc
진짜학습지

AL

Week 1

OPIc

진짜학습지

Week 1

OPIc
진짜학습지 AL

초판 4쇄 발행 2025년 6월 15일

지은이 멀티캠퍼스·시원스쿨어학연구소
펴낸곳 (주)에스제이더블유인터내셔널
펴낸이 양홍걸 이시원

홈페이지 www.siwonschool.com
주소 서울시 영등포구 영신로 166 시원스쿨
교재 구입 문의 02)2014-8151
고객센터 02)6409-0878

ISBN 979-11-6150-588-6 13740
Number 1-110806-12123000-04

이 책은 저작권법에 따라 보호받는 저작물이므로 무단복제와 무단전재를 금합니다. 이 책 내용의 전부 또는 일부를 이용하려면 반드시 저작권자와 ㈜에스제이더블유인터내셔널의 서면 동의를 받아야 합니다.

Week 1

이번 주 학습 목표

- OPIc 평가 기준과 등급 체계에 대해 이해할 수 있다.
- AL 레벨 획득을 위한 학습 포인트를 익힐 수 있다.
- Background Survey와 Self-Assessment에 따른 문항 유형을 익힐 수 있다.

전체 MP3 모음

OPIc 기본 정보 및 AL 레벨 공략 가이드

한 눈에 보는 OPIc (Oral Proficiency Interview-computer)

1:1 1:1 인터뷰 형식
iBT 기반의 응시자 친화형 외국어 말하기 평가

20 오리엔테이션 약 20분
Background Survey와 Self-Assessment

40 시험 시간 40분
답변 제한 시간 없음

15 총 15개의 문항
선택형 주제 2세트
공통형 주제 2세트
롤플레이 1세트
*사전 선택사항에 따라 바뀔 수 있음

5 5개의 주제
자기 소개와 함께 주제별 총 5세트 출제

3 한 주제에 3 콤보
하나의 주제에 3개의 문제가 연이어 출제

 세분화된 성적 등급
Novice Low 등급부터 Advanced Low 등급까지 나뉨
Intermediate Mid 등급은 3단계로 세분화하여 제공(IM1 < IM2 < IM3)

7 다양한 언어
영어, 중국어, 러시아어, 스페인어, 한국어, 일본어, 베트남어

 개인 맞춤형 문제 출제
Background Survey를 통한 문제 출제

 총괄적 평가 방식
문제당 개별 점수 없음

평가 목적과 평가 영역

1. OPIc의 평가 목적은 아래와 같습니다.

> ❶ 수험자가 외국어를 활용해 어떤 일을 할 수 있는지 측정하는 것
> ❷ 실생활의 목적들과 연관하여 언어 기술을 사용할 수 있을지 측정하는 것

수험자가 얼마나 오랫동안 외국어를 학습했는지, 언제, 어디에서, 어떤 이유로 어떻게 습득하였는지 보다는 수험자의 본질적인 언어 활용 능력을 측정하는 데에 초점이 맞춰져 있다는 것을 알 수 있습니다.

2. 상세한 평가 영역은 총 4가지이고 아래와 같습니다.

과제 난이도 수행 능력 Global Tasks/Functions	문장 구조, 관용구, 문법 Context/Content	주제 관련 표현, 발화량 Accuracy/Comprehensibility	강세, 발음 Text Type
특정 과제를 수행하기 위한 언어 능력 측정	과제 수행을 하기 위해 사용하는 언어 문맥 및 내용의 범위	답변의 보편적 이해도, 정확성, 수용성 측정	답변의 길이와 구성 능력 (단위: 단어, 구, 문장, 접합된 문장들, 문단)

우리가 흔히 알고 있는 문법(Grammar), 어휘(Vocabulary), 발음(Pronunciation) 등의 요소는 위 평가영역 중 하나의 영역에 포함된 요소에 불과한데, OPIc은 총체적이고 다면적인 언어 수행 능력을 평가하는 시험이라는 것을 보여줍니다.

주제별 문제 유형 및 난이도

높은 등급을 받으려면 **나를 비롯한 우리, 주변 사물이나 서비스, 사회에 대한 답변이 가능**해야 합니다. 또한 주변에서 발생하는 사건이나 본인이 느끼는 감정에 대해 **다양한 시제**를 활용해 답변할 수 있어야 합니다. 세 가지 prompt 별로 요구되는 역량은 아래와 같습니다.

Novice Prompt	Intermediate Prompt	Advanced Prompt
나의 이야기, 단순 묘사	장소 묘사, 특정 일과 설명, 순차적으로 과거 설명, 질문하기(롤플레이)	과거 특정 에피소드 설명, 과거/현재 비교, 상황 해결하기(롤플레이)

등급 체계

OPIc은 면대면 인터뷰인 OPI를 최대한 인터뷰와 가깝게 만든 iBT 기반의 응시자 친화형 외국어 말하기 평가입니다.

NL	NM	NH	IL	IM	IH	AL
Novice Low	Novice Mid	Novice High	Intermediate Low	Intermediate Mid	Intermediate High	Advanced Low

LEVEL		레벨별 요약설명
AL	Advanced Low	생각, 경험을 유창히 표현하는 수준, 일괄적인 시제 관리, 묘사 및 설명에 다양한 형용사를 사용, 적절한 접속사/연결어 사용으로 문장 간의 결속력이 높고 문단의 구조를 능숙히 구성한다. 익숙하지 않은 복잡한 상황에서도 문제를 설명, 해결할 수 있다.
IH	Intermediate High	문법적으로 크게 오류가 없는 문단 단위의 언어를 구사하고 기본적인 토론과 업무 관련 의사소통이 가능하다. 익숙하지 않거나 예측하지 못한 복잡한 상황을 만날 때, 대부분의 상황에서 사건을 설명하고 문제를 효과적으로 해결 가능하다. 발화량이 많고 다양한 어휘를 사용한다.
IM	Intermediate Mid	문법적 오류를 범하나 문장 단위의 언어를 구사하고 깊은 토론 외의 의사소통이 가능하다. 일상적인 소재 및 익숙한 상황을 문장으로 표현할 수 있다. 다양한 문장 형식이나 어휘를 실험적으로 사용하려고 하며 상대방이 조금만 배려해 주면 오랜 시간 대화가 가능하다.
IL	Intermediate Low	일상적인 소재에 한해서 짧은 문장으로 구성하며 말할 수 있다. 대화에 참여하고 선호하는 소재에서는 자신감을 가지고 말할 수 있다.
NH	Novice High	단어나 어구를 통한 의사소통이 가능하며, 일상적이고 간단한 대화가 가능하다. 일상적인 소재에 대해 복합적인 단어 혹은 문장으로 말할 수 있다.
NM	Novice Mid	이미 암기한 단어나 문장으로 말하기를 할 수 있다.
NL	Novice Low	제한적인 수준이지만 영어 단어를 나열하며 말할 수 있다.

IM 등급은 Fluency, Delivery, Production을 기준으로 IM1(하), IM2(중), IM3(상)으로 세분화 되어 제공합니다.

등급 활용

OPIc 시험 성적은 신입/경력 채용 및 인사고과 뿐만 아니라 인재 선발, 교육 평가 등 약 1,700여개의 기업 및 공기관과 다수의 대학교에서 영어 말하기 능력을 평가하는 언어 평가 도구로 활용되고 있습니다.

단체 유형별

과제 난이도
수행 능력
	• 인사고과
	• 직원 평가 및 신입 선발
	• 연수 과정 성과 측정
	• 교육 성과 측정 (인센티브 제도 운영)
	• 효과적인 인재 육성
	  - 해외 파견 대상 선발
	  - 우수 어학 능력자 선발

 대학교	• 학업 능력 측정 • 학점 반영 및 학사 관리 • 어학 우수자 장학제도 운영

목적별

 신입 채용 및 인사고과	• 신입/경력 채용 시 어학 자격 제출 제도화 • 2차 전형 인터뷰 대체 • 인사제도 내 OPIc 도입 • 승진 시 자격기준, 가산점 부여
 교육 평가	• 교육/연수 과정 사전/후 평가 • 어학능력 향상도 측정
 인력 선발	• 해외 주재원 선발 자격 기준 • 우수 어학 능력자 선발

출처: 멀티캠퍼스, www.multicampus.com, 오픽 활용방안 및 OPIc 브로슈어

Background Survey

본 시험을 시작하기 전 Background Survey 응답을 기초로 개인 맞춤형 문항이 출제됩니다. 단기간 목표 등급 획득을 위한 추천 선택지를 아래와 같이 제시합니다.

1. 현재 귀하는 어느 분야에 종사하고 계십니까?
   - ☐ 사업/회사
   - ☐ 재택근무/재택사업
   - ☐ 교사/교육자
   - ☐ 군 복무
   - ☑ 일 경험 없음

   1.1. 현재 귀하는 직업이 있으십니까?
   - ☐ 네
   - ☑ 아니오

2. 현재 귀하는 학생이십니까?
   - ☐ 네
   - ☑ 아니오

   2.2. 최근 어떤 강의를 수강했습니까?
   - ☐ 학위 과정 수업
   - ☐ 전문 기술 향상을 위한 평생 학습
   - ☐ 어학 수업
   - ☑ 수업 등록 후 5년 이상 지남

3. 현재 귀하는 어디에 살고 계십니까?
   - ☑ 개인 주택이나 아파트에 홀로 거주
   - ☐ 친구나 룸메이트와 함께 주택이나 아파트에 거주
   - ☐ 가족(배우자/자녀/기타 가족 일원)과 함께 주택이나 아파트에 거주
   - ☐ 학교 기숙사
   - ☐ 군대 막사

아래의 4~7번 문항에서 12개 이상을 선택해 주시기 바랍니다.

4. 귀하는 여가 활동으로 주로 무엇을 하십니까? (두개 이상 선택)

- ☑ 영화 보기
- ☐ 박물관 가기
- ☐ 스포츠 관람
- ☐ 게임하기
- ☐ SNS에 글 올리기
- ☑ TV보기
- ☐ 요리 관련 프로그램 시청하기
- ☐ 차로 드라이브하기
- ☑ 카페/커피 전문점 가기

- ☐ 클럽/나이트 클럽 가기
- ☑ 공원 가기
- ☐ 주거 개선
- ☐ 친구들에게 문자 대화하기
- ☐ 리얼리티쇼 시청하기
- ☐ 스파/마사지샵 가기
- ☑ 공연 보기
- ☐ 캠핑하기
- ☐ 체스하기

- ☐ 술집/바에 가기
- ☐ 당구 치기
- ☐ 시험대비 과정 수강하기
- ☐ 뉴스 보거나 듣기
- ☑ 쇼핑하기
- ☐ 구직활동 하기
- ☑ 콘서트 보기
- ☑ 해변 가기
- ☐ 자원 봉사하기

5. 귀하의 취미나 관심사는 무엇입니까? (한 개 이상 선택)

- ☐ 아이에게 책 읽어주기
- ☐ 글쓰기(편지, 단문, 시 등)
- ☐ 독서
- ☐ 사진 촬영하기

- ☑ 음악 감상하기
- ☐ 그림 그리기
- ☐ 주식 투자하기
- ☐ 혼자 노래 부르거나 합창하기

- ☐ 악기 연주하기
- ☐ 요리하기
- ☐ 신문 읽기
- ☐ 춤추기

6. 귀하는 주로 어떤 운동을 즐기십니까? (한 개 이상 선택)

- ☐ 농구
- ☐ 미식 축구
- ☐ 골프
- ☐ 배드민턴
- ☐ 자전거
- ☑ 조깅
- ☐ 하이킹/트레킹
- ☐ 태권도

- ☐ 야구/소프트볼
- ☐ 하키
- ☐ 배구
- ☐ 탁구
- ☐ 스키/스노보드
- ☑ 걷기
- ☐ 낚시
- ☐ 운동 수업 수강하기

- ☐ 축구
- ☐ 크리켓
- ☐ 테니스
- ☐ 수영
- ☐ 아이스 스케이트
- ☐ 요가
- ☐ 헬스
- ☑ 운동을 전혀 하지 않음

7. 당신은 어떤 휴가나 출장을 다녀온 경험이 있습니까? (한 개 이상 선택)

- ☐ 국내 출장
- ☑ 국내 여행

- ☐ 해외 출장
- ☐ 해외 여행

- ☑ 집에서 보내는 휴가

Self-Assessment

OPIc시험에서는 응시자가 스스로 시험의 난이도를 결정할 수 있습니다. 본 Self Assessment에 대한 응답을 기초로 개인 맞춤형 문제가 출제됩니다. 단계 선택에 따라 아래와 같이 Format 1,2,3으로 나뉘어지며 수험자가 받을 수 있는 최고 등급과 총 문항 수, 문항 유형이 결정됩니다.

Format 1

🔊 샘플 답변 듣기 — 나는 10단어 이하의 단어로 말할 수 있습니다.

🔊 샘플 답변 듣기 — 나는 기본적인 물건, 색깔, 요일, 음식, 의류, 숫자 등을 말할 수 있습니다.
나는 항상 완벽한 문장을 구사하지 못하고 간단한 질문도 하기 어렵습니다.

Format 2

🔊 샘플 답변 듣기 — 나는 나 자신, 직장, 친한 사람과 장소, 일상에 대한 기본적인 정보를 간단히 문장으로 전달할 수 있습니다. 간단한 질문을 할 수 있습니다.

🔊 샘플 답변 듣기 — 나는 나 자신, 일상, 일/학교와 취미에 대해 간단한 대화를 할 수 있습니다.
나는 이 친근한 주제와 일상에 대해 쉽고 간단한 문장들을 만들 수 있습니다.
나는 또한 내가 원하는 질문도 할 수 있습니다

Format 3

🔊 샘플 답변 듣기 — 나는 친근한 주제와 가정, 일, 학교, 개인과 사회적 관심사에 대해 자신있게 대화할 수 있습니다. 나는 일어난 일과 일어나고 있는 일, 일어날 일에 대해 합리적으로 자신있게 말할 수 있습니다. 필요한 경우 설명도 할 수 있습니다. 일상 생활에서 예기치 못한 상황이 발생하더라도 임기응변으로 대처할 수 있습니다.

🔊 샘플 답변 듣기 — 나는 개인적으로 사회적 또는 전문적 주제에 나의 의견을 제시하여 토론할 수 있습니다. 나는 다양하고 어려운 주제에 대해 정확하고 다양한 어휘를 사용하여 자세히 설명할 수 있습니다.

	전체 문항 수	문항 유형	최고 등급
Format 1	12	ADV 0 / INT 8 / NOV 4	IL
Format 2	15	ADV 5 / INT 8 / NOV 2	IH
Format 3	15	ADV 9 / INT 5 / NOV 1	AL

ADV: 과거 경험 설명, 과거/현재 비교, 상황 해결   **INT:** 장소 묘사, 특정 일과 설명, 순차적 과거 설명, 질문하기   **NOV:** 나의 이야기, 단순 묘사

OPIc 주관사에서 알려주는 AL 레벨의 모든 것

1. AL 레벨을 받는 수험자들의 공통적인 특성은 무엇인가요?
AL 레벨을 받는 학습자들은 다른 레벨 학습자 대비 발화량이나 단어 수가 증가하여 유창성이 높습니다. 또한 문장의 형태도 단문과 복문의 사용이 많고 특히 **복문의 사용 빈도가 높습니다**. 그리고 **답변 전체의 논리성 및 일관성(Coherence)**이 높아 짜임새 있게 답변할 수 있습니다.

2. 한국인 학습자들이 AL 레벨을 받지 못하는 언어적 특징은 무엇인가요?
IH 레벨과 AL 레벨의 가장 큰 차이는 **답변의 논리성과 정확성**입니다. AL 레벨 학습자는 사건을 서술할 때 적절한 위치에 접속사를 사용하여 **문장 간의 결속력**이 높고 **문단의 구조를 능숙하게 구성**할 수 있습니다. 또한 난이도 높은 공통형 주제와 같이 본인이 익숙하지 않은 주제나 **복잡한 상황에서도 문제를 설명하고 해결**할 수 있습니다.

3. AL 레벨을 받기 위해 중점적으로 학습해야 하는 부분은 무엇인가요?

[전략 1] 원어민이 자주 사용하는 표현 전략
- 단순한 어휘 사용보다는 주제 연관성이 높은 어휘와 표현들을 문장 사이 사이에 넣어 말하기
- 답변 중간 중간에 원어민들이 자주 사용하는 filler를 넣어 자연스럽게 말하기
  (What I mean is that ⋯, You know ⋯ , Well ⋯)
- 단문보다는 복문의 사용을 늘리고 적절한 접속사나 관계 대명사를 활용해 자세하게 묘사하기

[전략 2] 고난도 문제 대비 전략
- 최근 자주 등장하는 공통형 주제에 대비해 관련 어휘와 표현 다양하게 준비하기
- 14, 15번 문제로 자주 출제되는 비교/대조 및 사회적 이슈 관련 문제 유형에 대비하기

[전략 3] 나만의 답변 전략
- 스크립트 암기가 아닌 나만의 이야기를 자연스럽게 풀어나가는 연습하기
- 활용도가 높은 영어회화 패턴을 사용해 답변을 만들어보는 연습하기
- 시험장에서 반드시 사용하고자 하는 표현이나 문장을 10개 정도로 정리하고 암기하기

DAY 1 문항 구성 및 난이도

DATE_____

문제 풀어보기

문항 구성

자기소개	1 자기소개	공통형 음식점 (배달음식/ 포장 음식)	8 좋아하는 배달 음식이나 포장 음식 가게
선택형 공원 가기	2 자주가는 공원		9 최근 배달 음식이나 포장 음식점을 이용한 경험
	3 최근 공원 방문과 했던 일		10 배달 음식이나 포장 음식점을 통한 특별한 행사 준비 경험
	4 과거와 현재의 공원 비교	롤플레이 (공통형) MP3 플레이어	11 친구에게 MP3 플레이어 구입 전 질문
공통형 휴대폰	5 휴대폰의 장점		12 친구에게 빌린 MP3 플레이어 고장 낸 상황 문제 해결하기
	6 과거와 현재의 내가 쓰는 휴대폰 비교		13 기기가 고장 났던 경험
	7 휴대폰 사용시 불편을 겪었던 경험	선택형 국내 여행	14 지난 5년간 여행이 더 어려워진 이유
			15 여행 관련 우려와 걱정

시험 난이도 ★★★★☆

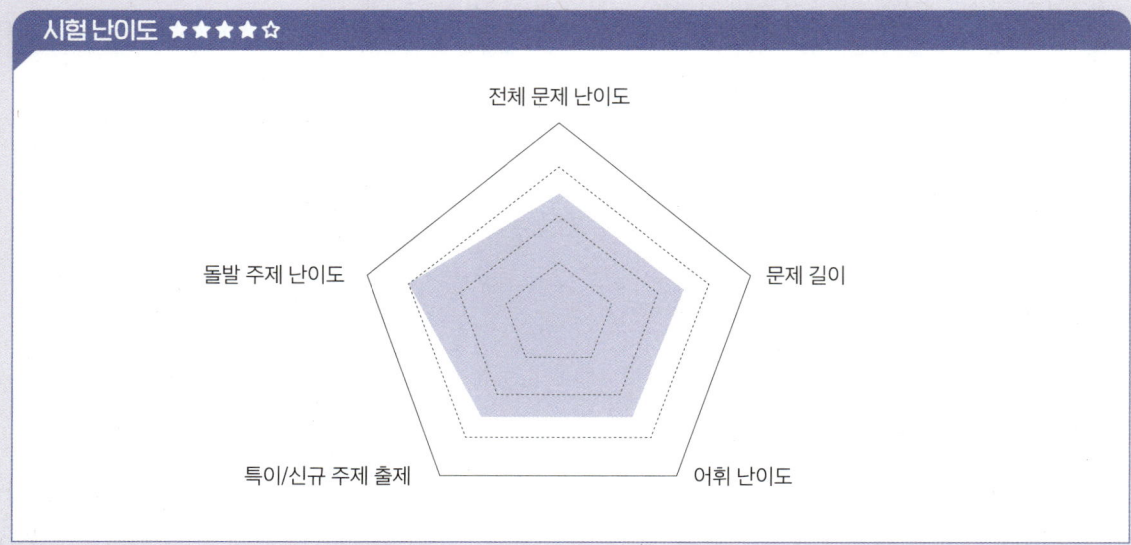

Self-Assessment 5-5

DAY 2 — Q 1 자기소개 ☆☆☆☆☆

DATE _____

음성강의 듣기

STEP 1 어휘와 패턴 익히기

제시된 오늘의 어휘와 패턴을 익히고 답변에 사용하고자 하는 어휘나 패턴에 체크해보세요

어휘

- ☐ 대화 — conversation
- ☐ ~에 위치하다 — be located in
- ☐ 분야, 업계 — field
- ☐ 주거 지역 — residential area
- ☐ A를 계속 바쁘게 하다 — keep A busy
- ☐ 짧은 여행 — short trip
- ☐ 인기 있는 레스토랑 — popular restaurant

패턴

- I'd like to say that   ~하다는 말을 하고 싶다

  I'd like to say that I'm excited to be here today.
  오늘 이 자리에 오게 되어 기쁘다는 말을 하고 싶어요.

  _____ I love to go on a camping trip.
  저는 캠핑 여행을 떠나는 것을 정말 좋아한다고 말하고 싶어요.

- I've been working in this field for ~ years.   나는 이 분야에서 ~년 동안 일해 왔다

  I've been working in this field for nearly a decade.
  저는 거의 10년 동안 이 분야에서 일해 왔어요.

  _____ 5 _____.
  저는 5년 동안 이 분야에서 일해 왔어요.

OPIc AL Week 1

STEP 2 실전 문제 풀어보고 확인하기

실전 문제를 듣고 아래 핵심 아이디어를 확인한 뒤 소리내 말해보세요.

🔊 MP3 1_1

Q1 자기소개

Let's start the interview now. Tell me a little bit about yourself.
인터뷰를 시작합니다. 당신에 대해 말해주세요.

모범답변

🔊 MP3 1_2

| 도입부

대화가 기대됨
looking forward to our conversation

Hi, Ava. First of all, I'd like to say that I'm excited to be here today. I'm looking forward to our conversation.
안녕하세요, 에바. 가장 먼저, 오늘 이 자리에 오게 되어 기쁘다는 말을 하고 싶어요. 함께 나눌 대화가 기대됩니다.

| 본문

- 대형 기술회사에서 일하는 소프트웨어 엔지니어
  a software engineer for a major tech firm
- 지금 결혼한지 3년째 됨
  have been married for three years now
- 주말에 함께 시간 보냄
  spend the weekends together

To start, my name is Park Hyeon-woo, and I am a software engineer for a major tech firm located in Banpo. I've been working in this field for nearly a decade. I like my job. It's challenging enough to keep me interested. Let's see, what else… Well, I've been married for three years now, and my wife and I live in a quiet residential area outside of Seoul. We hardly see each other through the week because our jobs keep us so busy, but we spend the weekends together. We either go on short camping trips or visit popular restaurants around the city.

우선, 제 이름은 박현우이며, 저는 반포동에 위치한 대형 기술회사에서 일하는 소프트웨어 엔지니어입니다. 거의 10년 동안 이 분야에서 일해 왔어요. 저는 제 일이 마음에 듭니다. 제가 계속 관심을 갖게 될 정도로 충분히 도전적인 일이에요. 어디 보자, 또 다른 것으로는… 음, 저는 지금 결혼한지 3년째 되었고, 제 아내와 저는 서울 외곽의 조용한 주거 지역에 살고 있습니다. 저희가 일 때문에 계속 아주 바빠서 주중에는 서로 거의 보지 못하지만, 매주 주말에는 함께 시간을 보내고 있어요. 짧은 캠핑 여행을 떠나거나 도시 곳곳의 인기 있는 레스토랑을 방문하죠.

| 마무리

일단 이것으로 충분
that's enough for now.

I think that's enough for now.
일단은 이것으로 충분할 것 같아요.

고득점 어휘/표현

어휘표현 look forward to (크게) ~을 기대하다, 고대하다   field 분야, 업계   nearly 거의   decade 10년   challenging 도전적인, 힘든   enough to do ~할 정도로 충분히   keep A 형용사 A를 계속 ~하게 만들다   residential 주거의   hardly 거의 ~ 않다   either A or B A 또는 B 둘 중의 하나   go on a camping trip 캠핑 여행을 떠나다

DAY 3 ★★★☆☆ Q 2 3 4 공원 가기

DATE _____

음성강의 듣기

STEP 1 기출 포인트 파악하기

가장 많이 나오는 3 COMBO 세트

❶ 자주 가는 공원

You indicated in the survey that you go to parks with adults. Tell me about the kinds of parks that you like to visit. What do parks look like?

설문조사에서 당신은 어른들과 공원에 간다고 했습니다. 어떤 종류의 공원을 방문하는 것을 좋아하는지 말해주세요. 공원이 어떻게 생겼나요?

❷ 최근 공원 방문과 했던 일

Tell me about the last time you went to a park. Which park was it? When was it that you went? Tell me everything you did from the moment you arrived at the park to the time you left.

최근에 공원에 갔던 때에 관해 말해주세요. 어느 공원이었나요? 언제 그곳에 가셨나요? 그 공원에 도착한 순간부터 떠날 때까지 했던 모든 일을 말해주세요.

❸ 과거와 현재의 공원 비교

Compare parks in the past to the parks today. How are they different? How have the things you can do in a park changed? Tell me in as much detail as possible.

과거의 공원과 요즘의 공원을 비교해주세요. 어떻게 다른가요? 공원에서 할 수 있는 것들이 어떻게 바뀌었나요? 가능한 한 자세히 말해주세요.

STEP 2 어휘와 패턴 익히기

제시된 오늘의 어휘와 패턴을 익히고 답변에 사용하고자 하는 어휘나 패턴에 체크해보세요.

어휘

- ☐ 야외 활동을 즐기는 사람 — outdoor person
- ☐ 자연 풍경 — natural landscape
- ☐ 인공적인 — artificial
- ☐ 호숫가 트랙 — lakeside track
- ☐ 돌아다니다 — walk around
- ☐ 잘 디자인된 공원 — well-designed park
- ☐ ~을 보완하다 — complement
- ☐ 새롭게 지어진 — newly constructed
- ☐ 조용한 곳 — quiet spot
- ☐ 아주 멋진 풍경 — gorgeous scenery
- ☐ ~하기로 결정하다 — decided to
- ☐ 편의점 — convenience store
- ☐ 강변 — riverside
- ☐ 평평한 구역 — flat area
- ☐ 길 — trail

패턴

- It blends in with   ~와 잘 조화되다

    It blends in with the natural landscape.
    자연 풍경과 잘 조화되어 있어요.
    _____ the seascape.
    바다 경치와 잘 조화되어 있어요.

- There are plenty of   많은 ~가 있다

    There are plenty of other activities we can do there, too.
    그곳에서 할 수 있는 많은 다른 활동들도 있어요.
    _____ activities at the park for kids.
    그 공원에는 어린이를 위한 많은 활동들이 있어요.

STEP 3 나만의 문장 만들기

주어진 우리말을 보고 빈칸을 채우고 아래 모범 답안을 확인해보세요.

❶ 자주 가는 공원

가장 좋아하는 곳은 광교 호수 공원	[내가 가장 좋아하는] is Gwanggyo Lake Park.
두 개의 호수 주변에 만들어진 아주 큰 공원	It's a [아주 큰] park made [주변에] two lakes.
그곳에서 할 수 있는 많은 다른 활동 있음	There are [많은] other activities we can do there.

❷ 최근 공원 방문과 했던 일 - 상황 설명

그 공원에 최근에 갔던 건 몇 달 전임	The last time I went to the park was [몇 달 전에].
친구들에게 만나자고 메시지 보냈고, 한강 공원 가기로 결정했음	I [메시지를 보냈다] my friends about meeting up, and we [~하기로 결심했다] go to Hangang Park.
오후에 일찍 공원에서 만났음	We met at the park [이른 오후에].

❸ 최근 공원 방문과 했던 일 - 활동 설명

잔디밭에 작은 텐트 설치 했음	We [설치했다] a small tent in [잔디밭].
공원을 돌아다니면서 함께 사진 찍었음	We [돌아다녔다] the park and [사진을 찍었다] together.
저녁 식사로 음식을 좀 주문 했음	we [주문했다] some food for dinner.

❹ 과거와 현재의 공원 비교

요즘 공원의 디자인이 과거와 크게 다르다고 생각	I think [공원의 디자인] these days is [크게 다른] from the past.
요즘에는 공원이 훨씬 더 많이 있음	There are [훨씬 더 많은] parks nowadays.
요즘 공원은 자연스러워 보일 수 있게 디자인 됨	Parks nowadays are designed to [자연스러워 보이다].

모범 답안

❶ My favorite / huge / around / plenty of
❷ a few months ago / messaged / decided to / in the early afternoon
❸ set up / a grassy area / walked around / took pictures / ordered
❹ the design of parks / much different / a greater number of / look natural

STEP 4 실전 문제 풀어보고 확인하기

실전 문제를 듣고 빈칸을 채우거나 소리내 말해보고 아래 모범 답안을 확인해보세요.

🔊 MP3 1_3

Q2 자주 가는 공원

You indicated in the survey that you go to parks with adults. Tell me about the kinds of parks that you like to visit. What do parks look like?

설문조사에서 당신은 어른들과 공원에 간다고 했습니다. 어떤 종류의 공원을 방문하는 것을 좋아하는지 말해주세요. 공원이 어떻게 생겼나요?

모범답변

| 도입부

Since I'm [야외 활동을 즐기는 사람], I love going to parks [~할 때면 언제든지] I can. I really want to feel like I'm somewhere far from the city.

제가 야외 활동을 즐기는 사람이라서, 가능할 때마다 공원에 가는 것을 아주 좋아해요. 저는 어딘가 도시에서 멀리 벗어나 있는 듯한 기분을 꼭 느끼고 싶어하죠.

| 본문

That's why my favorite is Gwanggyo Lake Park, which is about [차로 10분 거리] from my home. First, it's a huge park made around two lakes, and it blends in with the natural landscape. So, the park doesn't feel [인공적인] at all. People can find a quiet spot to relax, [~임에도 불구하고] the park is quite popular. Second, there are [많은] other activities we can do there, too. Of course, we can exercise by jogging along the lakeside track. Last, if you're [~에 더 관심이 있는] food, one section of the park has cafés, restaurants, and pubs. We can have a nice meal or drink while enjoying the gorgeous scenery.

그게 바로 제가 가장 좋아하는 곳이 광교 호수 공원인 이유인데, 저희 집에서 차로 약 10분 정도 떨어져 있는 곳이에요. 첫 번째로, 이곳은 두 개의 호수 주변에 만들어진 아주 큰 공원이며, 자연 풍경과 잘 조화되어 있어요. 그래서, 이 공원은 인공적인 느낌이 전혀 없죠. 비록 이 공원이 꽤 인기 있는 곳이기는 하지만, 사람들이 쉴 수 있는 조용한 곳을 찾을 수 있어요. 두 번째로, 그곳에서 할 수 있는 많은 다른 활동들도 있어요. 당연히, 호숫가 트랙을 따라 조깅하면서 운동할 수 있죠. 마지막으로, 음식에 관심이 더 많은 사람이라면, 공원 한쪽 구역에 여러 카페와 레스토랑, 그리고 펍들이 있어요. 아주 멋진 풍경을 즐기면서 맛있는 식사를 하거나 술을 마실 수 있어요.

| 마무리

I hope there will be more parks like this in Korea.

저는 한국에 이런 공원이 더 많아지길 바라요.

모범 답안

an outdoor person / whenever / a 10-minute drive / artificial / even though / plenty of / more interested in

Q2 자주 가는 공원

You indicated in the survey that you go to parks with adults. Tell me about the kinds of parks that you like to visit. What do parks look like?

설문조사에서 당신은 어른들과 공원에 간다고 했습니다. 어떤 종류의 공원을 방문하는 것을 좋아하는지 말해주세요. 공원이 어떻게 생겼나요?

모범답변 MP3 1_4

도입부

가능할 때마다 공원에 가는 것 아주 좋아함
love going to parks whenever I can

Since I'm an outdoor person, I love going to parks whenever I can. I really want to feel like I'm somewhere far from the city.

제가 야외 활동을 즐기는 사람이라서, 가능할 때마다 공원에 가는 것을 아주 좋아해요. 저는 어딘가 도시에서 멀리 벗어나 있는 듯한 기분을 꼭 느끼고 싶어하죠.

본문

- 가장 좋아하는 곳은 광교 호수 공원
  My favorite is Gwanggyo Lake Park.
- 두 개의 호수 주변에 만들어진 아주 큰 공원
  huge park made around two lakes
- 할 수 있는 많은 다른 활동이 있음
  There are plenty of other activities we can do there.

That's why my favorite is Gwanggyo Lake Park, which is about a 10-minute drive from my home. First, it's a huge park made around two lakes, and it blends in with the natural landscape. So, the park doesn't feel artificial at all. People can find a quiet spot to relax, even though the park is quite popular. Second, there are plenty of other activities we can do there, too. Of course, we can exercise by jogging along the lakeside track. Last, if you're more interested in food, one section of the park has cafés, restaurants, and pubs. We can have a nice meal or drink while enjoying the gorgeous scenery.

그게 바로 제가 가장 좋아하는 곳이 광교 호수 공원인 이유인데, 저희 집에서 차로 약 10분 정도 떨어져 있는 곳이에요. 첫 번째로, 이곳은 두 개의 호수 주변에 만들어진 아주 큰 공원이며, 자연 풍경과 잘 조화되어 있어요. 그래서, 이 공원은 인공적인 느낌이 전혀 없죠. 비록 이 공원이 꽤 인기 있는 곳이기는 하지만, 사람들이 쉴 수 있는 조용한 곳을 찾을 수 있어요. 두 번째로, 그곳에서 할 수 있는 많은 다른 활동들도 있어요. 당연히, 호숫가 트랙을 따라 조깅하면서 운동할 수 있죠. 마지막으로, 음식에 관심이 더 많은 사람이라면, 공원 한쪽 구역에 여러 카페와 레스토랑, 그리고 펍들이 있어요. 아주 멋진 풍경을 즐기면서 맛있는 식사를 하거나 술을 마실 수 있어요.

마무리

이런 공원이 더 많아지길 바람
hope there will be more parks like this

I hope there will be more parks like this in Korea.

저는 한국에 이런 공원이 더 많아지길 바요.

고득점 어휘/표현

 어휘 표현 whenever ~할 때마다, ~할 때는 언제든   favorite 가장 좋아하는 것   about 약, 대략   a 10-minute drive from ~에서 차로 10분 거리에 있는 곳   huge 아주 큰, 엄청난   blend in with ~와 잘 조화되다   landscape 풍경(= scenery)   not ~ at all 전혀 ~ 않다   artificial 인공적인   spot 곳, 장소, 자리   relax 쉬다, 휴식하다   even though 비록 ~이지만   exercise 운동하다   along (길 등) ~을 따라   gorgeous 아주 멋진, 굉장히 아름다운

Q3 최근 공원 방문과 했던 일

Tell me about the last time you went to a park. Which park was it? When was it that you went? Tell me everything you did from the moment you arrived at the park to the time you left.
최근에 공원에 갔던 때에 관해 말해주세요. 어느 공원이었나요? 언제 그곳에 가셨나요? 그 공원에 도착한 순간부터 떠날 때까지 했던 모든 일을 말해주세요.

모범답변

| 도입부

The weather hasn't been great [최근에], so I [~에 가보지 못했다] the park in a while. So, the last time I went to the park was a few months ago.
최근에 날씨가 아주 좋진 않았기 때문에, 한동안 그 공원에 가보지 못했어요. 그래서, 그 공원에 최근에 갔던 건 몇 달 전이었어요.

| 본문

I messaged my friends about meeting up, and we [~하기로 결정했다] to go to Hangang Park. First, we met at the park in the early afternoon. We grabbed some snacks and drinks from the [편의점] and [설치했다] a small tent in a [풀로 덮인] area. We talked about what had been going on in our lives. After that, we walked around the park and [사진을 찍었다] together. We got some fantastic shots [강변을 따라서]. Last, we ordered some food for dinner. We decided to get some chicken, and the delivery guy brought it [바로] to our tent. It was the perfect way to end the day.
제가 친구들에게 만나자고 메시지를 보냈고, 우리는 한강 공원에 가기로 결정했어요. 우선, 우리는 이른 오후에 공원에서 만났죠. 편의점에서 몇 가지 간식과 음료를 샀고, 잔디밭에 작은 텐트를 설치했어요. 우리는 그 동안 살면서 어떤 일이 있었는지 얘기했어요. 그 후에, 공원을 돌아다니면서 함께 사진을 찍었어요. 강변을 따라 찍은 환상적인 사진도 몇 장 찍었죠. 마지막으로, 저녁 식사로 음식을 좀 주문했어요. 저희는 치킨을 먹기로 결정했고, 배달 직원이 저희 텐트까지 바로 갖고 왔어요. 그날을 마무리하는 완벽한 방법이었죠.

| 마무리

That's all I can remember. We [즐거운 시간을 보냈다] together at the park.
그게 제가 기억할 수 있는 전부예요. 저희는 공원에서 함께 아주 즐거운 시간을 보냈어요.

모범 답안

lately / haven't been to / decided / convenience store / set up / grassy / took pictures / along the riverside / right / had a great time

Q3 최근 공원 방문과 했던 일

Tell me about the last time you went to a park. Which park was it? When was it that you went? Tell me everything you did from the moment you arrived at the park to the time you left.

최근에 공원에 갔던 때에 관해 말해주세요. 어느 공원이었나요? 언제 그곳에 가셨나요? 그 공원에 도착한 순간부터 떠날 때까지 했던 모든 일을 말해주세요.

모범답변

 MP3 1_6

| 도입부

몇 달 전
a few months ago

The weather hasn't been great lately, so I haven't been to the park in a while. So, the last time I went to the park was a few months ago.

최근에 날씨가 아주 좋진 않았기 때문에, 한동안 그 공원에 가보지 못했어요. 그래서, 그 공원에 최근에 갔던 건 몇 달 전이었어요.

| 본문

• 한강 공원에 가기로 결정했음
decided to go to Hangang Park

• 잔디밭에 작은 텐트 설치했음
set up a small tent in a grassy area

• 공원을 돌아다니면서 함께 사진 찍었음
walked around the park and took pictures together

• 저녁 식사로 음식을 좀 주문했음
ordered some food for dinner

I messaged my friends about meeting up, and we decided to go to Hangang Park. First, we met at the park in the early afternoon. We grabbed some snacks and drinks from the convenience store and set up a small tent in a grassy area. We talked about what had been going on in our lives. After that, we walked around the park and took pictures together. We got some fantastic shots along the riverside. Last, we ordered some food for dinner. We decided to get some chicken, and the delivery guy brought it right to our tent. It was the perfect way to end the day.

제가 친구들에게 만나자고 메시지를 보냈고, 우리는 한강 공원에 가기로 결정했어요. 우선, 우리는 이른 오후에 공원에서 만났죠. 편의점에서 몇 가지 간식과 음료를 샀고, 잔디밭에 작은 텐트를 설치했어요. 우리는 그 동안 살면서 어떤 일이 있었는지 얘기했어요. 그 후에, 공원을 돌아다니면서 함께 사진을 찍었어요. 강변을 따라 찍은 환상적인 사진도 몇 장 찍었죠. 마지막으로, 저녁 식사로 음식을 좀 주문했어요. 저희는 치킨을 먹기로 결정했고, 배달 직원이 저희 텐트까지 바로 갖고 왔어요. 그날을 마무리하는 완벽한 방법이었죠.

| 마무리

함께 아주 즐거운 시간 보냈음
had a great time together

That's all I can remember. We had a great time together at the park.

그게 제가 기억할 수 있는 전부예요. 저희는 공원에서 함께 아주 즐거운 시간을 보냈어요.

고득점 어휘/표현

어휘 표현 in a while 한동안   meet up (약속하고) 만나다   decide to do ~하기로 결정하다   grab (간단히) ~을 사다   set up ~을 설치하다   take a picture 사진을 찍다   shot 사진   along (길 등) ~을 따라   order ~을 주문하다   bring A right to B A를 B까지 바로 갖고 오다   way to do ~하는 방법

Q4 과거와 현재의 공원 비교

Compare parks in the past to the parks today. How are they different? How have the things you can do in a park changed? Tell me in as much detail as possible.

과거의 공원과 요즘의 공원을 비교해주세요. 어떻게 다른가요? 공원에서 할 수 있는 것들이 어떻게 바뀌었나요? 가능한 한 자세히 말해주세요.

모범답변

| 도입부

[전반적으로], I think the design of parks these days is much [과거와 다른].
전반적으로, 요즘 공원의 디자인이 과거와 크게 다르다고 생각해요.

| 본문

For one thing, there are [훨씬 더 많은] parks nowadays. When new cities and neighborhoods [계획되다], there is always a new, well-designed park, too. I guess people [~을 선호하다] living in areas with nice parks. Second, parks nowadays are designed to look natural. In the past, parks were mostly just flat [구역들] with a lot of grass. But now, parks [~을 보완하다] the natural landscape. They might even be built around a lake or pond. Finally, there are a lot of different activities you can do in parks nowadays. [새로 지어진] parks have walking trails, tennis courts, and even climbing walls. There's something [모든 사람을 위한] at parks now.

우선, 요즘에는 공원이 훨씬 더 많이 있어요. 새로운 도시와 지역을 계획할 때, 항상 새롭고 잘 디자인된 공원이 함께 있어요. 저는 사람들이 멋진 공원이 있는 곳에 사는 것을 선호한다고 생각해요. 두 번째로, 요즘 공원은 자연스러워 보일 수 있게 디자인돼요. 과거에는, 공원이 대부분 그저 잔디만 많은 평평한 구역이었죠. 하지만 지금은, 공원이 자연 풍경을 보완해줘요. 심지어 호수나 연못 주변에 지어질 수도 있어요. 마지막으로, 요즘은 공원에서 할 수 있는 여러 가지 다른 활동들이 많이 있어요. 새로 지은 공원에는 산책로와 테니스 코트, 그리고 심지어 암벽 등반용 벽까지 있어요. 요즘은 공원마다 모든 사람을 위한 것이 있죠.

| 마무리

A well-made park can really [~을 향상시키다] the quality of life for people.
잘 만들어진 공원은 정말로 사람들을 위해 삶의 질을 향상시켜줄 수 있어요.

모범 답안

In general / different from the past / a greater number of / are planned / prefer / areas / complement / Newly constructed / for everyone / improve

Q4 과거와 현재의 공원 비교

Compare parks in the past to the parks today. How are they different? How have the things you can do in a park changed? Tell me in as much detail as possible.

과거의 공원과 요즘의 공원을 비교해주세요. 어떻게 다른가요? 공원에서 할 수 있는 것들이 어떻게 바뀌었나요? 가능한 한 자세히 말해주세요.

모범답변

 MP3 1_8

| 도입부

과거와 크게 다름
much different from the past

> **In general**, I think the design of parks these days is much different from the past.
> 전반적으로, 요즘 공원의 디자인이 과거와 크게 다르다고 생각해요.

| 본문

- 요즘엔 공원이 훨씬 더 많음
  a greater number of parks nowadays

- 요즘 공원은 자연스러워 보일 수 있게 디자인됨
  parks nowadays are designed to look natural

- 과거에는, 공원은 대부분 그저 잔디만 많은 평평한 구역
  In the past, parks were mostly just flat areas with a lot of grass.

- 요즘은 공원에서 할 수 있는 여러 가지 활동들이 많이 있음
  a lot of different activities you can do in parks nowadays

> For one thing, there are **a greater number of** parks nowadays. When new cities and neighborhoods are planned, there is always a new, well-designed park, too. I guess people prefer living in areas with nice parks. Second, parks nowadays are designed to look natural. In the past, parks were mostly just flat areas with a lot of grass. But now, parks **complement** the natural landscape. They might even be built around a lake or pond. Finally, there are a lot of different activities you can do in parks nowadays. **Newly constructed** parks have walking trails, tennis courts, and even climbing walls. There's something for everyone at parks now.
>
> 우선, 요즘에는 공원이 훨씬 더 많이 있어요. 새로운 도시와 지역을 계획할 때, 항상 새롭고 잘 디자인된 공원이 함께 있어요. 저는 사람들이 멋진 공원이 있는 곳에 사는 것을 선호한다고 생각해요. 두 번째로, 요즘 공원은 자연스러워 보일 수 있게 디자인돼요. 과거에는, 공원이 대부분 그저 잔디만 많은 평평한 구역이었죠. 하지만 지금은, 공원이 자연 풍경을 보완해줘요. 심지어 호수나 연못 주변에 지어질 수도 있어요. 마지막으로, 요즘은 공원에서 할 수 있는 여러 가지 다른 활동들이 많이 있어요. 새로 지은 공원에는 산책로와 테니스 코트, 그리고 심지어 암벽 등반용 벽까지 있어요. 요즘은 공원마다 모든 사람을 위한 것이 있죠.

| 마무리

사람들의 삶의 질을 향상시킴
improve the quality of life for people

> A well-made park can really improve the quality of life for people.
> 잘 만들어진 공원은 정말로 사람들을 위해 삶의 질을 향상시켜줄 수 있어요.

고득점 어휘/표현

어휘 표현 a greater number of 훨씬 더 많은   neighborhood 지역, 인근   plan ~을 계획하다   well-designed 잘 디자인된   prefer -ing ~하는 것을 선호하다   be designed to do ~하도록 디자인되다, 고안되다   flat 평평한   complement ~을 보완하다   landscape 풍경   newly constructed 새롭게 지어진

STEP 5 나만의 OPIc 답변 만들어 보기

- 자주 가는 공원

- 최근 공원 방문과 했던 일

- 과거와 현재의 공원 비교

도입부	본문	마무리

DAY 4 ★★★★☆ Q 5 6 7 휴대폰

DATE _____

음성강의 듣기

STEP 1 기출 포인트 파악하기

가장 많이 나오는 3 COMBO 세트

❶ 휴대폰의 장점

What is your favorite thing about your phone? What do you like about it? Is it its speed, screen quality, or applications? Why do you like it?

당신의 전화기에서 가장 마음에 드는 것은 무엇인가요? 그것과 관련해 어떤 점이 마음에 드나요? 속도인가요, 아니면 화질이나 애플리케이션인가요? 왜 그것이 마음에 드나요?

❷ 과거와 현재의 내가 쓰는 휴대폰 비교

Please tell me about the first phone you ever used. How was it different from the phone you have now? What did you use it for? Did you like it?

가장 처음으로 사용해본 전화기에 관해 말해주세요. 지금 갖고 있는 전화기와 어떻게 달랐나요? 무엇을 하는 데 그 전화기를 사용했나요? 그 전화기가 마음에 들었나요?

❸ 휴대폰 사용시 불편을 겪었던 경험

I'd like to know about a time when you had an issue with your phone. It could have been a problem related to the phone's battery, services, or security. How did you solve the problem? Did anyone help you solve it?

전화기에 문제가 생겼던 때에 관해 알고 싶습니다. 전화기의 배터리나 서비스, 또는 보안과 관련된 문제가 있었을 수 있습니다. 어떻게 그 문제를 해결했나요? 그 문제를 해결하도록 도와준 사람이 있었나요?

STEP 2 어휘와 패턴 익히기

제시된 오늘의 어휘와 패턴을 익히고 답변에 사용하고자 하는 어휘나 패턴에 체크해보세요.

어휘

- ☐ 접을 수 있는 — foldable
- ☐ 폴더블 폰 — foldable phone
- ☐ (접혀 있는 것을) 펴다, 펼치다 — unfold
- ☐ ~을 화면에 표시하다, 드러내 보이다 — display
- ☐ 화질 — picture quality
- ☐ 플립 폰 — flip phone
- ☐ 전화를 걸다 — make a call
- ☐ 문자 메시지를 보내다 — send a text message
- ☐ 충전 상태를 유지하다 — hold one's charge
- ☐ 편리한 — convenient
- ☐ 동시에 여러 가지를 하는 것 — muti-tasking
- ☐ 인상적인 기술 — impressive technology
- ☐ 여러 번 — multiple times
- ☐ 불편함 — inconvenience
- ☐ 약정, 계약 — contract

패턴

- be satisfied with ~에 만족하다

I'm very satisfied with it.
제 전화기에 아주 만족하고 있어요.

_____ you _____ your new mobile phone?
당신의 새로운 전화기에 만족하나요?

- It is useful for ~에 유용하다

It was useful for chatting with my friends.
친구들과 채팅하는 데 유용했어요.

_____ online lectures for students.
이것은 학생들을 위한 온라인 강의에 유용해요.

STEP 3 나만의 문장 만들기

주어진 우리말을 보고 빈칸을 채우고 아래 모범 답안을 확인해보세요.

❶ 휴대폰의 장점

전화기를 펼쳐서 화면 크기를 바꿀 수 있음	I can change 화면 크기 by 펼치는 것 my phone.
화면 크기가 동시에 여러 가지를 하는 데 도움됨	The screen size helps me with 동시에 여러 가지를 하는 것 .
그럼에도 불구하고 화질은 환상적임	화질 is still fantastic.

❷ 과거와 현재의 내가 쓰는 휴대폰 비교 - 설명

첫 전화기를 가졌던 건 중학생 때	I was 중학교에 when I got my first phone.
플립 폰이었던 것으로 기억함	I remember that it was 플립 폰 .
칙칙한 회색이어서, 아주 마음에 들지 않았음	Mine was 칙칙한 회색 , and I hated it.

❸ 과거와 현재의 내가 쓰는 휴대폰 비교 - 기능

기본적인 문자 메시지만 전송할 수 있었음	I could only send 기본적인 문자 메시지 .
친구들과 채팅하는 데 유용함	It was ~데 유용하다 chatting with my friends.
지금 전화기가 모든 면에서 더 나음	My phone now is 모든 면에서 더 나은 .

❹ 휴대폰 사용시 불편을 겪었던 경험

배터리가 충전 상태를 유지 못해서, 많은 문제 초래함	The battery 충전 상태를 유지하는 것을 멈추다 , so it 초래했다, 원인이 되었다 a lot of problems.
여러 번 충전하기 시작해야 해서 그 문제를 알게 됨	I 알게 됐다 the problem when I had to start 충전하는 것을 it 여러 번 a day.
엄청 불편한 일이었음	This was a huge 불편함 .

모범 답안

❶ the screen size / unfolding / multi-tasking / The picture quality
❷ in middle school / a flip phone / a dull gray color
❸ basic messages / useful for / better in every way
❹ quit holding its charge / caused / noticed / charging / multiple times / inconvenience

STEP 4 실전 문제 풀어보고 확인하기

실전 문제를 듣고 빈칸을 채우거나 소리내 말해보고 아래 모범 답안을 확인해보세요.

🔊 MP3 1_9

Q5 휴대폰의 장점

What is your favorite thing about your phone? What do you like about it? Is it its speed, screen quality, or applications? Why do you like it?

당신의 전화기에서 가장 마음에 드는 것은 무엇인가요? 그것과 관련해 어떤 점이 마음에 드나요? 속도인가요, 아니면 화질이나 애플리케이션인가요? 왜 그것이 마음에 드나요?

모범답변

| 도입부

I always try to have [가장 최신의] smartphones. Right now, I have a foldable phone, so my favorite thing about it is its screen size.

저는 항상 최신 스마트폰을 갖고 있으려고 해요. 지금은, 폴더블 폰을 갖고 있어서, 가장 좋아하는 부분은 화면 크기예요.

| 본문

First, I can change the screen size [~을 펼침으로써] my phone. I can make the screen larger when I want to watch a video or play a game. It's really [편리한]. Second, the screen size [~에게 도움이 되다] me with multi-tasking. [~와 달리] with normal phones, I can display two different apps [동시에]. For example, I can watch a YouTube video on one side of the screen [~와 채팅하면서] my friends on the other. Last, [화질] is still fantastic. At first, I [~을 걱정했다] that a foldable phone would have a poor picture quality, but I was wrong. It's really [인상적인 기술].

첫 번째로, 제 전화기를 펼쳐서 화면 크기를 바꿀 수 있어요. 동영상을 시청하거나 게임을 하고 싶을 때 화면을 더 크게 만들 수 있어요. 정말로 편리해요. 두 번째로, 화면 크기가 동시에 여러 가지를 하는 데 도움이 돼요. 일반 전화기와 달리, 저는 동시에 두 가지 다른 앱을 화면에 표시할 수 있어요. 예를 들어, 화면 한쪽 면에서는 유튜브 동영상을 시청하면서 다른 한쪽 면에서는 친구들과 채팅을 할 수 있죠. 마지막으로, 그럼에도 불구하고 화질은 환상적이에요. 처음에는, 폴더블 폰이라서 화질이 좋지 못하면 어떡하나 걱정했지만, 제 생각이 틀렸죠. 정말 인상적인 기술이에요.

| 마무리

I'm still finding new ways to use my foldable phone. I'm very [~에 만족한] it.

저는 여전히 제 폴더블 폰을 이용하는 새로운 방법들을 찾고 있어요. 제 전화기에 아주 만족하고 있어요.

모범 답안

the latest / by unfolding / convenient / helps / Unlike / at the same time / while chatting with / the picture quality / was worried / impressive technology / satisfied with

Q5 휴대폰의 장점

What is your favorite thing about your phone? What do you like about it? Is it its speed, screen quality, or applications? Why do you like it?

당신의 전화기에서 가장 마음에 드는 것은 무엇인가요? 그것과 관련해 어떤 점이 마음에 드나요? 속도인가요, 아니면 화질이나 애플리케이션인가요? 왜 그것이 마음에 드나요?

모범답변

| 도입부

폴더블 폰 갖고 있음
have a foldable phone

I always try to have the latest smartphones. Right now, I have a foldable phone, so my favorite thing about it is its screen size.

저는 항상 최신 스마트폰을 갖고 있으려고 해요. 지금은, 폴더블 폰을 갖고 있어서, 가장 좋아하는 부분은 화면 크기예요.

| 본문

- 전화기를 펼쳐서 화면 크기를 바꿀 수 있음
  can change the screen size by unfolding my phone

- 화면 크기가 동시에 여러 가지를 하는 데 도움 됨
  the screen size helps me with multi-tasking

- 화질이 환상적임
  the picture quality is still fantastic

First, I can change the screen size by unfolding my phone. I can make the screen larger when I want to watch a video or play a game. It's really convenient. Second, the screen size helps me with multi-tasking. Unlike with normal phones, I can display two different apps at the same time. For example, I can watch a YouTube video on one side of the screen while chatting with my friends on the other. Last, the picture quality is still fantastic. At first, I was worried that a foldable phone would have a poor picture quality, but I was wrong. It's really impressive technology.

첫 번째로, 제 전화기를 펼쳐서 화면 크기를 바꿀 수 있어요. 동영상을 시청하거나 게임을 하고 싶을 때 화면을 더 크게 만들 수 있어요. 정말로 편리해요. 두 번째로, 화면 크기가 동시에 여러 가지를 하는 데 도움이 돼요. 일반 전화기와 달리, 저는 동시에 두 가지 다른 앱을 화면에 표시할 수 있어요. 예를 들어, 화면 한쪽 면에서는 유튜브 동영상을 시청하면서 다른 한쪽 면에서는 친구들과 채팅을 할 수 있죠. 마지막으로, 그럼에도 불구하고 화질은 환상적이에요. 처음에는, 폴더블 폰이라서 화질이 좋지 못하면 어떡하나 걱정했지만, 제 생각이 틀렸죠. 정말 인상적인 기술이에요.

| 마무리

아주 만족하고 있음
very satisfied with it

I'm still finding new ways to use my foldable phone. I'm very satisfied with it.

저는 여전히 제 폴더블 폰을 이용하는 새로운 방법들을 찾고 있어요. 제 전화기에 아주 만족하고 있어요.

고득점 어휘/표현

어휘 표현 latest 최신의   foldable 접을 수 있는   by (방법) ~해서, ~함으로써   unfold ~을 펼치다, 펴다   make A 형용사 A를 ~하게 만들다   convenient 편리한   help A with B B에 대해 A를 돕다   multi-tasking 동시에 여러 가지를 하는 것   unlike ~와 달리   display ~을 화면에 표시하다, 드러내 보이다   at the same time 동시에   while -ing ~하면서, ~하는 동안   impressive 인상적인   way to do ~하는 방법   be satisfied with ~에 만족하다

Q6 과거와 현재의 내가 쓰는 휴대폰 비교

Please tell me about the first phone you ever used. How was it different from the phone you have now? What did you use it for? Did you like it?
가장 처음으로 사용해본 전화기에 관해 말해주세요. 지금 갖고 있는 전화기와 어떻게 달랐나요? 무엇을 하는 데 그 전화기를 사용했나요? 그 전화기가 마음에 들었나요?

모범답변

| 도입부

Wow, that really takes me back! I think I was in middle school when I got my first phone. [상상할 수 있듯이], it was pretty [기본적인].
와, 정말 오래 전의 일이 생각나네요! 제가 첫 전화기를 가졌던 게 중학생 때였던 것 같아요. 상상이 되시겠지만, 아주 기본적인 것이었어요.

| 본문

First, I remember that it was a flip phone. At the time, they were quite [인기있는], and a lot of different colors were [구입할 수 있는]. But, mine was a [칙칙한] gray color, and I hated it. I [~에게 간청하다, 조르다] my mom for any other color, but they were more expensive. Anyway, besides how it looked, I couldn't use the phone for anything [~이외에] [전화를 거는 것] and sending text messages. So, I could only send basic messages, which weren't even free. Last, it was [~에 유용한] chatting with my friends and calling my mom when my academy classes ended.
우선, 저는 그게 플립 폰이었던 것으로 기억해요. 당시에, 꽤 인기가 있었고, 여러 가지 다른 색상으로 구입 가능했죠. 하지만, 제 것은 칙칙한 회색이었기 때문에, 아주 마음에 들지 않았어요. 저는 어떤 것이든 다른 색상으로 해달라고 엄마를 졸랐지만, 다른 색상의 폰들은 더 비쌌죠. 어쨌든, 그 겉모습 외에도, 전화를 걸고 문자 메시지를 보내는 것 말고는 전화기를 이용해 할 수 있는 게 거의 없었어요. 그래서, 저는 기본적인 문자 메시지만 전송할 수 있었는데, 심지어 이것도 무료는 아니었어요. 마지막으로, 제 학교 수업이 끝나면 친구들과 채팅하고 엄마에게 전화를 거는 데 유용했어요.

| 마무리

My phone now is better [모든 면에서].
지금 제 전화기가 모든 면에서 더 나아요.

모범 답안

As you can imagine / basic / popular / available / dull / begged / other than / making calls / useful for / in every way

Q6 과거와 현재의 내가 쓰는 휴대폰 비교

Please tell me about the first phone you ever used. How was it different from the phone you have now? What did you use it for? Did you like it?

가장 처음으로 사용해본 전화기에 관해 말해주세요. 지금 갖고 있는 전화기와 어떻게 달랐나요? 무엇을 하는 데 그 전화기를 사용했나요? 그 전화기가 마음에 들었나요?

모범답변 MP3 1_12

| 도입부

중학생 때
I was in middle school

Wow, that really takes me back! I think I was in middle school when I got my first phone. As you can imagine, it was pretty basic.

와, 정말 오래 전의 일이 생각나네요! 제가 첫 전화기를 가졌던 게 중학생 때였던 것 같아요. 상상이 되시겠지만, 아주 기본적인 것이었어요.

| 본문

- 플립 폰, 칙칙한 회색
  a flip phone, dull gray color
- 기본적인 문자 메시지만 전송할 수 있었음
  could only send basic messages
- 친구들과 채팅하고 엄마에게 전화 거는 데 유용했음
  useful for chatting with my friends and calling my mom

First, I remember that it was a flip phone. At the time, they were quite popular, and a lot of different colors were available. But, mine was a dull gray color, and I hated it. I begged my mom for any other color, but they were more expensive. Anyway, besides how it looked, I couldn't use the phone for anything other than making calls and sending text messages. So, I could only send basic messages, which weren't even free. Last, it was useful for chatting with my friends and calling my mom when my academy classes ended.

우선, 저는 그게 플립 폰이었던 것으로 기억해요. 당시에, 꽤 인기가 있었고, 여러 가지 다른 색상으로 구입 가능했죠. 하지만, 제 것은 칙칙한 회색이었기 때문에, 아주 마음에 들지 않았어요. 저는 어떤 것이든 다른 색상으로 해달라고 엄마를 졸랐지만, 다른 색상의 폰들은 더 비쌌죠. 어쨌든, 그 겉모습 외에도, 전화를 걸고 문자 메시지를 보내는 것 말고는 전화기를 이용해 할 수 있는 게 거의 없었어요. 그래서, 저는 기본적인 문자 메시지만 전송할 수 있었는데, 심지어 이것도 무료는 아니었어요. 마지막으로, 제 학교 수업이 끝나면 친구들과 채팅하고 엄마에게 전화를 거는 데 유용했어요.

| 마무리

지금 전화기가 모든 면에서 더 나음
My phone now is better in every way.

My phone now is better in every way.

지금 제 전화기가 모든 면에서 더 나아요.

고득점 어휘/표현

어휘표현
take A back A에게 과거의 일을 생각나게 하다   at the time 당시에   quite 꽤, 상당히   available 구입 가능한, 이용 가능한   dull 칙칙한   beg ~을 조르다   anyway 어쨌든   besides ~ 외에도, ~뿐만 아니라   other than ~ 말고는, ~ 외에는   make a call 전화를 걸다   free 무료의   useful 유용한, 쓸모 있는   in every way 모든 면에서

Q7 휴대폰 사용시 불편을 겪었던 경험

I'd like to know about a time when you had an issue with your phone. It could have been a problem related to the phone's battery, services, or security. How did you solve the problem? Did anyone help you solve it?

전화기에 문제가 생겼던 때에 관해 알고 싶습니다. 전화기의 배터리나 서비스, 또는 보안과 관련된 문제가 있었을 수 있습니다. 어떻게 그 문제를 해결했나요? 그 문제를 해결하도록 도와준 사람이 있었나요?

모범답변

| 도입부

It was a couple of years ago. The battery [충전 상태를 유지하는 것을 멈추다], so it caused a lot of problems.

몇 년 전의 일이었어요. 배터리가 충전 상태를 유지하는 것을 멈춰서, 많은 문제를 초래했어요.

| 본문

I had had the phone for a year at that point. I [알아차렸다] the problem when I had to start charging it multiple times a day. The battery started to [잃어버리다] all of [전력] as soon as it [(어떤 수준에)이르다] around 50%. Obviously, this was a huge [불편함]. So, I took it into a mobile phone shop to [~인지 알아보다] there was anything I could do. The staff [테스트를 했다] on my phone, and he said it was just something that happens as phones [오래되어 가다]. Even though I still had a long time left on my [계약, 약정], but I had to [~의 요금을 내다] changing the battery.

당시에 그 전화기를 산지 1년째가 되던 때였어요. 제가 하루에 여러 번 그 전화기를 충전하기 시작해야 했을 때 그 문제를 알게 됐죠. 배터리가 약 50%에 이르기만 하면 모든 전원이 사라지기 시작했어요. 분명, 이 문제는 엄청 불편한 일이었어요. 그래서, 저는 뭐든 할 수 있는 게 있을지 알아보기 위해 휴대전화 매장에 가져갔어요. 직원이 제 전화기에 몇 가지 테스트를 했는데, 그저 전화기가 오래되어 가면서 나타나는 일이라고 말했어요. 비록 약정 기간이 여전히 오래 남아 있긴 했지만, 배터리를 교체하기 위해 돈을 내야 했죠.

| 마무리

That's it. I [~인 것 같다] everyone has had some sort of similar problem.

그게 전부예요. 저는 모든 사람이 뭔가 비슷한 종류의 문제를 겪어봤을 거라고 생각해요.

모범 답안

quit holding its charge / noticed / lose / its power / hit / inconvenience / see if / ran some tests / get older / contract / pay for / guess

Q7 휴대폰 사용시 불편을 겪었던 경험

I'd like to know about a time when you had an issue with your phone. It could have been a problem related to the phone's battery, services, or security. How did you solve the problem? Did anyone help you solve it?

전화기에 문제가 생겼던 때에 관해 알고 싶습니다. 전화기의 배터리나 서비스, 또는 보안과 관련된 문제가 있었을 수 있습니다. 어떻게 그 문제를 해결했나요? 그 문제를 해결하도록 도와준 사람이 있었나요?

모범답변 🔊 MP3 1_14

| 도입부

몇 년 전
a couple of years ago

It was a couple of years ago. The battery quit holding its charge, so it caused a lot of problems.

몇 년 전의 일이었어요. 배터리가 충전 상태를 유지하는 것을 멈춰서, 많은 문제를 초래했어요.

| 본문

• 하루에 여러 번 충전하기 시작해야 했음
had to start charging it multiple times a day

• 엄청 불편한 일이었음
huge inconvenience

• 배터리 교체를 위해 돈을 내야만 했음
had to pay for changing the battery

I had had the phone for a year at that point. I noticed the problem when I had to start charging it multiple times a day. The battery started to lose all of its power as soon as it hit around 50%. Obviously, this was a huge inconvenience. So, I took it into a mobile phone shop to see if there was anything I could do. The staff ran some tests on my phone, and he said it was just something that happens as phones get older. Even though I still had a long time left on my contract, but I had to pay for changing the battery.

당시에 그 전화기를 산지 1년째가 되던 때였어요. 제가 하루에 여러 번 그 전화기를 충전하기 시작해야 했을 때 그 문제를 알게 됐죠. 배터리가 약 50%에 이르기만 하면 모든 전원이 사라지기 시작했어요. 분명, 이 문제는 엄청 불편한 일이었어요. 그래서, 저는 뭐든 할 수 있는 게 있을지 알아보기 위해 휴대전화 매장에 가져갔어요. 직원이 제 전화기에 몇 가지 테스트를 했는데, 그저 전화기가 오래되어 가면서 나타나는 일이라고 말했어요. 비록 약정 기간이 여전히 오래 남아 있긴 했지만, 배터리를 교체하기 위해 돈을 내야 했죠.

| 마무리

그게 전부임
That's it.

That's it. I guess everyone has had some sort of similar problem.

그게 전부예요. 저는 모든 사람이 뭔가 비슷한 종류의 문제를 겪어봤을 거라고 생각해요.

고득점 어휘/표현

 어휘 표현 could have p.p. ~했을 수 있다   related to ~와 관련된   solve ~을 해결하다   help A do ~하도록 A를 돕다   quit -ing ~하는 것을 중단하다   hold one's charge 충전 상태를 유지하다   cause ~을 초래하다, 유발하다   at that point 당시에, 그때   notice ~을 알게 되다, 알아차리다   charge ~을 충전하다   as soon as ~하기만 하면, ~하자마자   hit (용량 등) ~에 이르다, 도달하다   around 약, 대략   obviously 분명히, 명백히   inconvenience 불편함   see if ~인지 알아보다   run a test on ~을 테스트하다   get 형용사 ~한 상태가 되다   have A left A가 남아 있다   contract 약정, 계약

STEP 5 나만의 OPIc 답변 만들어 보기

• 휴대폰의 장점

| 도입부 | ▶ | 본문 | ▶ | 마무리 |

• 과거와 현재의 내가 쓰는 휴대폰 비교

| 도입부 | ▶ | 본문 | ▶ | 마무리 |

• 휴대폰 사용시 불편을 겪었던 경험

| 도입부 | ▶ | 본문 | ▶ | 마무리 |

DAY 5 ★★★★☆ Q 8 9 10 음식점 (배달 음식/포장 음식)

STEP 1 기출 포인트 파악하기

가장 많이 나오는 3 COMBO 세트

❶ 좋아하는 배달 음식이나 포장 음식점

Tell me about your favorite take-out and delivery food restaurants. What kind of food is usually available for take-out and delivery? How often do you order take-out or delivery food?

주문하고 싶은 가장 좋아하는 포장 음식과 배달 음식에 관해 말해주세요. 보통 어떤 종류의 음식이 포장과 배달로 이용 가능한가요? 얼마나 자주 포장 음식 또는 배달 음식을 주문하나요?

❷ 최근 배달 음식이나 포장 음식점을 이용한 경험

I'd like to know about the last time you used take-out or delivery food restaurants. What kind of restaurant did you order from? What was their menu like, and what did you order? When was this?

언제 마지막으로 포장 음식 또는 배달 음식을 제공하는 음식점을 이용했는지 알고 싶습니다. 어떤 종류의 음식점에서 주문했나요? 그곳의 메뉴는 어땠으며, 무엇을 주문했나요? 그게 언제였나요?

❸ 배달 음식이나 포장 음식점을 통한 특별한 행사 준비 경험

Tell me about the time you ordered from a take-out or delivery restaurant for a special occasion. Maybe you had to prepare food for a social event or something important at work. What was the occasion and what kind of food did you order for it?

특별할 일을 위해 포장 음식 또는 배달 음식점에서 주문했던 때에 관해 말해주세요. 아마 직장에서 특별한 행사 또는 뭔가 중요한 일을 위해 음식을 준비해야 했을 수도 있습니다. 그 일은 무엇이었으며, 그 일을 위해 어떤 종류의 음식을 주문했나요?

STEP 2 어휘와 패턴 익히기

제시된 오늘의 어휘와 패턴을 익히고 답변에 사용하고자 하는 어휘나 패턴에 체크해보세요.

어휘

- ☐ 배달 음식 — delivery food
- ☐ 인기 — popularity
- ☐ 폭발적인 상태가 되다 — explode
- ☐ 유행병, 전염병 — pandemic
- ☐ ~에 대한 제한, 제약 — restriction on
- ☐ 대접(하는 것) — treat
- ☐ 후기, 평가 — review
- ☐ 다양한 — a variety of
- ☐ ~하는 것 같다 — It seems like
- ☐ ~에 놀라워하다 — be amazed at
- ☐ 일, 경우, 행사 — occasion

패턴

- **try not to** ~하지 않으려 하다

  I **try not to** order delivery food too often.
  저는 배달 음식은 너무 자주 주문하지 않으려 합니다.

  I _____ let my problems at work carry over into my private life.
  저는 회사에서 있었던 문제를 개인 생활로 가져오지 않으려고 해요.

- **It is easy to** ~하는 것이 쉽다

  It's so **easy to** order delivery food that you can end up spending a lot of money on it.
  배달 음식을 주문하는 게 너무 쉬운 나머지 결국 거기에 많은 돈을 소비하게 될 수 있습니다.

  _____ get into serious debt with a credit card.
  신용카드는 심각한 빚을 지기 쉬워요.

- **be pleased with** ~에 만족하다

  I could tell that the clients **were pleased with** the menu.
  고객들이 메뉴에 만족했다는 것을 알 수 있었어요.

  I ___ really _____ these changes.
  저는 이러한 변화들에 정말 만족해요.

STEP 3 나만의 문장 만들기

주어진 우리말을 보고 빈칸을 채우고 아래 모범 답안을 확인해보세요.

❶ 좋아하는 배달 음식이나 포장 음식점 - 상황 설명

배달 음식 서비스의 인기가 유행병으로 인해 폭발적이게 됨	Recently, the popularity of [배달 음식] services [폭발적이게 되었다].
지금은 모든 레스토랑이 배달 음식을 제공하고 있는 것 같음	[~하는 것 같다] every restaurant [제공하다] delivery food now.
가장 좋아하는 배달 음식은 여전히 피자와 치킨 같은 것들임	My favorite delivery food is still [~와 같은 것들] pizza and chicken.

❷ 좋아하는 배달 음식이나 포장 음식점 - 활동 설명

최근에 심지어 이탈리아 레스토랑과 멕시코 레스토랑에서도 주문했었음	I've [심지어 주문했다] from Italian and Mexican restaurants [최근에].
보통, 주말마다 내 자신에게 대접함	Usually, I do it as [~에게 대접하다] myself on the weekends.
여전히 실제 레스토랑에 가는 것이 그리움	I still miss the experience of [실제 레스토랑에 가는 것].

❸ 최근 배달 음식이나 포장 음식점을 이용한 경험 - 해산물 음식점

우리 가족과 나는 신선한 해산물이 정말 그리웠음	My family and I really missed [신선한 해산물].
조사를 좀 해보고 나서 생선회에 대한 후기가 아주 좋은 레스토랑을 하나 발견함	I did some [조사] and found a restaurant that had [아주 좋은 후기들] for their sashimi.
다양한 생선으로 구성된 회 한 접시를 주문했음	I ordered [한 접시] that had [다양한 구성의] fish.

❹ 배달 음식이나 포장 음식점을 통한 특별한 행사 준비 경험 - 스테이크 하우스에서 메뉴 주문

지역에서 잘 알려진 스테이크하우스 한 곳 찾음	I found a [잘 알려진] steakhouse in the area.
음식은 점심 시간 직전에 도착했음	The food arrived [직전에] lunch.
고객들이 메뉴에 만족했다는 것을 알 수 있었음	The clients [~에 만족했다] the menu.

모범답안
❶ delivery food / has exploded / It seems like / offers / things like
❷ even ordered / lately / a treat for / going to the actual restaurant
❸ fresh seafood / research / great reviews / a plate / a variety of
❹ well-known / right before / were pleased with

STEP 4 실전 문제 풀어보고 확인하기

실전 문제를 듣고 빈칸을 채우거나 소리내 말해보고 아래 모범 답안을 확인해보세요.

🔊 MP3 1_15

Q8 좋아하는 배달 음식이나 포장 음식점

Tell me about your favorite take-out and delivery food restaurants. What kind of food is usually available for take-out and delivery? How often do you order take-out or delivery food?

주문하고 싶은 가장 좋아하는 포장 음식과 배달 음식에 관해 말해주세요. 보통 어떤 종류의 음식이 포장과 배달로 이용 가능한가요? 얼마나 자주 포장 음식 또는 배달 음식을 주문하나요?

모범답변

| 도입부

That's an interesting topic, Ava. Recently, the popularity of delivery food services has exploded because of [유행병]. [~하는 것 같다] like every restaurant offers delivery food now.

흥미로운 주제네요, 에바. 최근에, 배달 음식 서비스의 인기가 유행병으로 인해 폭발적이었죠. 지금은 모든 레스토랑이 배달 음식을 제공하고 있는 것 같아요.

| 본문

Anyway, my favorite delivery food is still things like pizza and chicken. Chicken is [특히] popular in my country. So, personally, my favorite go-to place to order from is KFC. But, because of the [규제] on [외출하는 것], sometimes I've even [주문했다] from Italian and Mexican restaurants lately, just to get something different. I [~하지 않으려고 하다] order delivery food too often. Usually, I do it as [대접] for myself on the weekends. It's so easy to order delivery food that you can [결국 ~하게 되다] spending a lot of money on it. So, I try to keep an eye on my food [비용, 지출].

어쨌든, 제가 가장 좋아하는 배달 음식은 여전히 피자와 치킨 같은 것이에요. 치킨은 우리나라에서 특히 인기가 많아요. 그래서 개인적으로, 제가 가장 자주 주문하는 곳은 KFC입니다. 하지만, 외출 규제 때문에, 단지 뭔가 다른 것을 먹어보기 위해, 심지어 이탈리아 레스토랑과 멕시코 레스토랑에서도 주문했었어요. 저는 배달 음식은 너무 자주 주문하지 않으려 합니다. 보통, 주말마다 제 자신에게 대접하는 걸로 해요. 배달 음식을 주문하는 게 너무 쉬운 나머지 결국 거기에 많은 돈을 소비하게 될 수 있어요. 그래서, 저는 음식 지출 비용에 계속 주의를 기울이려 하고 있어요.

| 마무리

I still miss the experience of going to the [실제의] restaurant.

저는 여전히 실제 레스토랑에 가는 경험이 그리워요.

모범 답안

the pandemic / It seems / especially / restrictions / going out / ordered / try not to / a treat / end up / expenses / actual

Q8 좋아하는 배달 음식이나 포장 음식점

Tell me about your favorite take-out and delivery food restaurants. What kind of food is usually available for take-out and delivery? How often do you order take-out or delivery food?

주문하고 싶은 가장 좋아하는 포장 음식과 배달 음식에 관해 말해주세요. 보통 어떤 종류의 음식이 포장과 배달로 이용 가능한가요? 얼마나 자주 포장 음식 또는 배달 음식을 주문하나요?

모범답변

 MP3 1_16

| 도입부

지금은 모든 레스토랑이 배달 음식을 제공하는 것 같음
It seems like every restaurant offers delivery food now

That's an interesting topic, Ava. Recently, the popularity of delivery food services has exploded because of the pandemic. It seems like every restaurant offers delivery food now.

흥미로운 주제네요, 에바. 최근에, 배달 음식 서비스의 인기가 유행병으로 인해 폭발적이었죠. 지금은 모든 레스토랑이 배달 음식을 제공하고 있는 것 같아요.

| 본문

- 가장 좋아하는 배달 음식은 여전히 피자와 치킨 같은 것들임
  my favorite delivery food is still things like pizza and chicken

- 최근, 이탈리아와 멕시코 레스토랑에서 주문했음
  ordered from Italian and Mexican restaurants lately

- 주말에 나 자신에게 대접하는 걸로 함
  do it as a treat for myself on the weekends

Anyway, my favorite delivery food is still things like pizza and chicken. Chicken is especially popular in my country. So, personally, my favorite go-to place to order from is KFC. But, because of the restrictions on going out, sometimes I've even ordered from Italian and Mexican restaurants lately, just to get something different. I try not to order delivery food too often. Usually, I do it as a treat for myself on the weekends. It's so easy to order delivery food that you can end up spending a lot of money on it. So, I try to keep an eye on my food expenses.

어쨌든, 제가 가장 좋아하는 배달 음식은 여전히 피자와 치킨 같은 것들이에요. 치킨은 우리나라에서 특히 인기가 많아요. 그래서 개인적으로, 제가 가장 자주 주문하는 곳은 KFC입니다. 하지만, 외출 규제 때문에, 단지 뭔가 다른 것을 먹어보기 위해, 심지어 이탈리아 레스토랑과 멕시코 레스토랑에서도 주문했었어요. 저는 배달 음식은 너무 자주 주문하지 않으려 합니다. 보통, 주말마다 제 자신에게 대접하는 걸로 해요. 배달 음식을 주문하는 게 너무 쉬운 나머지 결국 거기에 많은 돈을 소비하게 될 수 있어요. 그래서, 저는 음식 지출 비용에 계속 주의를 기울이려 하고 있어요.

| 마무리

실제 레스토랑에 가는 경험이 그리움
miss the experience of going to the actual restaurant

I still miss the experience of going to the actual restaurant.

저는 여전히 실제 레스토랑에 가는 경험이 그리워요.

고득점 어휘/표현

어휘 표현

popularity 인기   explode 폭발적인 상태가 되다   try (not) to do ~하려(하지 않으려) 하다   treat 대접(하는 것)   so A that B 너무 A해서 B하다   end up -ing 결국 ~하게 되다   spend money on ~에 돈을 소비하다   keep an eye on ~에 계속 주의를 기울이다, ~을 계속 주시하다   expense 지출 (비용)

🔊 MP3 1_17

Q9 최근 배달 음식이나 포장 음식점을 이용한 경험

I'd like to know about the last time you used take-out or delivery food restaurants. What kind of restaurant did you order from? What was their menu like, and what did you order? When was this?

언제 마지막으로 포장 음식 또는 배달 음식을 제공하는 음식점을 이용했는지 알고 싶습니다. 어떤 종류의 음식점에서 주문했나요? 그곳의 메뉴는 어땠으며, 무엇을 주문했나요? 그게 언제였나요?

모범답변

| 도입부

The last time I used a delivery service was last saturday.
제가 마지막으로 배달 서비스를 이용한 건 지난 토요일이었어요.

| 본문

First of all, before the pandemic, my family and I [~에 가곤 했다] the fish market at Noryangjin for special meals. But nowadays, it's not the best time to go to [붐비는 장소]. So, my family and I really missed fresh seafood. I [조사를 좀 했다] and found a restaurant that [좋은 후기를 가진] for their sashimi. I ordered a plate that had a variety of fish. When it arrived, we were all [놀라웠다] how beautifully it was [정렬되어 있다]. On top of that, it was some of the best seafood [내가 지금까지 먹어본]. I think it was [~보다 훨씬 더 좋은] what we used to order at the market. Everyone in my family was so happy to have fresh sashimi again.

가장 먼저, 유행병이 나타나기 전에는, 우리 가족과 제가 특별한 식사를 위해 노량진에 있는 수산 시장에 찾아가곤 했어요. 하지만 요즘은, 붐비는 장소에 가기에 아주 좋은 때는 아니죠. 그래서, 우리 가족과 저는 신선한 해산물이 정말 그리웠어요. 조사를 좀 해보고 나서 생선회에 대한 후기가 아주 좋은 레스토랑을 하나 발견했어요. 저는 다양한 생선으로 구성된 회 한 접시를 주문했어요. 회가 도착했을 때, 우리는 모두 얼마나 멋지게 정렬되어 있는지 놀라워했죠. 그뿐만 아니라, 제가 지금까지 먹어본 해산물 중 가장 좋은 것이었어요. 우리가 시장에서 주문하곤 했던 것보다 훨씬 더 좋았다고 생각해요. 우리 가족 모두가 다시 신선한 생선회를 먹게 되어 너무 기뻤어요.

| 마무리

We'll order it next time we have [특별한 때, 행사], too.
우리는 다음번에도 특별한 일이 있을 때 주문할 거예요.

모범 답안

used to go to / a crowded place / did some research / had great reviews / amazed at / arranged / I've ever had / better than / a special occasion

Q9 최근 배달 음식이나 포장 음식점을 이용한 경험

I'd like to know about the last time you used take-out or delivery food restaurants. What kind of restaurant did you order from? What was their menu like, and what did you order? When was this?

언제 마지막으로 포장 음식 또는 배달 음식을 제공하는 음식점을 이용했는지 알고 싶습니다. 어떤 종류의 음식점에서 주문했나요? 그곳의 메뉴는 어땠으며, 무엇을 주문했나요? 그게 언제였나요?

모범답변

MP3 1_18

| 도입부

지난 토요일
last saturday

The last time I used a delivery service was last saturday.
제가 마지막으로 배달 서비스를 이용한 건 지난 토요일이였어요.

| 본문

- 특별한 식사를 위해 노량진에 있는 수산 시장을 가곤 했음
  used to go to the fish market at Noryangjin for special meals

- 다양한 생선으로 구성된 회 한 접시를 주문함
  ordered a plate that had a variety of fish

- 먹어본 해산물 중 가장 좋았음
  the best seafood I've ever had

First of all, before the pandemic, my family and I used to go to the fish market at Noryangjin for special meals. But nowadays, it's not the best time to go to a crowded place. So, my family and I really missed fresh seafood. I did some research and found a restaurant that had great reviews for their sashimi. I ordered a plate that had a variety of fish. When it arrived, we were all amazed at how beautifully it was arranged. On top of that, it was some of the best seafood I've ever had. I think it was even better than what we used to order at the market. Everyone in my family was so happy to have fresh sashimi again.

가장 먼저, 유행병이 나타나기 전에는, 우리 가족과 제가 특별한 식사를 위해 노량진에 있는 수산 시장에 찾아가곤 했어요. 하지만 요즘은, 붐비는 장소에 가기에 아주 좋은 때는 아니죠. 그래서, 우리 가족과 저는 신선한 해산물이 정말 그리웠어요. 조사를 좀 해보고 나서 생선회에 대한 후기가 아주 좋은 레스토랑을 하나 발견했어요. 저는 다양한 생선으로 구성된 회 한 접시를 주문했어요. 회가 도착했을 때, 우리는 모두 얼마나 멋지게 정렬되어 있는지 놀라워했죠. 그뿐만 아니라, 제가 지금까지 먹어본 해산물 중 가장 좋은 것이었어요. 우리가 시장에서 주문하곤 했던 것보다 훨씬 더 좋았다고 생각해요. 우리 가족 모두가 다시 신선한 생선회를 먹게 되어 너무 기뻤어요.

| 마무리

다음 번에도 주문할 것임
We'll order it next time.

We'll order it next time we have a special occasion, too.
우리는 다음번에도 특별한 일이 있을 때 주문할 거예요.

고득점 어휘/표현

어휘 표현

pandemic 유행병, 전염병   used to do (전에) ~하곤 했다   crowded 붐비는   miss ~을 그리워하다   do research 조사하다
review 후기, 평가   a variety of 다양한   arrive 도착하다   be amazed at ~에 놀라워하다   arrange 가지런히 하다, 정렬시키다
on top of ~뿐만 아니라, ~ 외에도   even better than ~보다 훨씬 더 나은   occasion 일, 경우, 행사

Q10 배달 음식이나 포장 음식점을 통한 특별한 행사 준비 경험

Tell me about the time you ordered from a take-out or delivery restaurant for a special occasion. Maybe you had to prepare food for a social event or something important at work. What was the occasion and what kind of food did you order for it?

특별할 일을 위해 포장 음식 또는 배달 음식점에서 주문했던 때에 관해 말해주세요. 아마 직장에서 특별한 행사 또는 뭔가 중요한 일을 위해 음식을 준비해야 했을 수도 있습니다. 그 일은 무엇이었으며, 그 일을 위해 어떤 종류의 음식을 주문했나요?

모범답변

| 도입부

Let me tell you about one of the most special occasions.
가장 특별했던 일들 중의 한 가지에 관해 얘기하도록 할게요.

| 본문

First, our most important clients were coming to the office for a presentation. My boss [강조했다] how important it was to [깊은 인상을 주다] them. He left me in charge of ordering food for them. So, I found a [잘 알려진] steakhouse in the area that was capable of handling [대량의 배달 주문]. I called ahead and scheduled everything so that they had plenty of time to [준비하다] our food. Finally, on the day of our clients' visit, everything [완벽하게 진행되다]. The food arrived right before lunch, and I [~을 알 수 있었다] that the clients [~에 만족했다] the menu. There were perfectly grilled steaks, fresh bread, and side dishes that we all [나눠 먹었다]. It was probably the best delivery meal I ever had.

우선, 우리한테 가장 중요한 고객들이 발표 때문에 사무실로 올 예정이었어요. 부장님은 그분들에게 깊은 인상을 남기는 것이 얼마나 중요한지 강조하셨죠. 제게 그분들을 위한 음식을 주문하는 일을 맡기셨어요. 그래서, 지역 내에서 대량 배달 주문을 처리할 수 있는 잘 알려진 스테이크하우스를 한 곳을 찾았어요. 저는 음식을 준비할 시간이 충분하도록 미리 전화해 모든 것에 대한 일정을 잡았죠. 마침내, 고객 방문이 있던 날, 모든 일이 완벽하게 진행되었어요. 음식은 점심 시간 직전에 도착했고, 고객들이 메뉴에 만족했다는 것을 알 수 있었어요. 완벽히 그릴에 구운 스테이크와 갓 구운 빵이 있었고, 모두 같이 나눠 먹은 곁들임 요리들이 있었죠. 아마 제가 먹어봤던 것 중에서 가장 뛰어난 배달 음식이었을 거예요.

| 마무리

I was shocked by the [영수증], but it was [그럴 만한 가치가 있는].
영수증 때문에 충격을 받았긴 했지만, 그만한 가치가 있었죠.

모범 답안

emphasized / impress / well-known / a large delivery order / prepare / went perfectly / could tell / were pleased with / shared / receipt / worth it

Q10 배달 음식이나 포장 음식점을 통한 특별한 행사 준비 경험

Tell me about the time you ordered from a take-out or delivery restaurant for a special occasion. Maybe you had to prepare food for a social event or something important at work. What was the occasion and what kind of food did you order for it?

특별할 일을 위해 포장 음식 또는 배달 음식점에서 주문했던 때에 관해 말해주세요. 아마 직장에서 특별한 행사 또는 뭔가 중요한 일을 위해 음식을 준비해야 했을 수도 있습니다. 그 일은 무엇이었으며, 그 일을 위해 어떤 종류의 음식을 주문했나요?

모범답변

MP3 1_20

I 도입부

가장 특별했던 일들 중 한 가지에 대해 말하겠음
tell you about one of the most special occasions

Let me tell you about one of the most special occasions.
가장 특별했던 일들 중의 한 가지에 관해 얘기하도록 할게요.

I 본문

- 가장 중요한 고객들이 사무실에 올 예정이었음
  our most important clients were coming to the office
- 지역 내에서 잘 알려진 스테이크하우스를 찾음
  found a well-known steakhouse in the area
- 완벽히 구워진 스테이크와 갓 구운 빵, 그리고 곁들임 요리가 있었음
  there were perfectly grilled steaks, fresh bread, and side dishes

First, our most important clients were coming to the office for a presentation. My boss emphasized how important it was to impress them. He left me in charge of ordering food for them. So, I found a well-known steakhouse in the area that was capable of handling a large delivery order. I called ahead and scheduled everything so that they had plenty of time to prepare our food. Finally, on the day of our clients' visit, everything went perfectly. The food arrived right before lunch, and I could tell that the clients were pleased with the menu. There were perfectly grilled steaks, fresh bread, and side dishes that we all shared. It was probably the best delivery meal I ever had.

우선, 우리한테 가장 중요한 고객들이 발표 때문에 사무실로 올 예정이었어요. 부장님은 그분들에게 깊은 인상을 남기는 것이 얼마나 중요한지 강조하셨죠. 제게 그분들을 위한 음식을 주문하는 일을 맡기셨어요. 그래서, 지역 내에서 대량 배달 주문을 처리할 수 있는 잘 알려진 스테이크하우스를 한 곳 찾았어요. 저는 음식을 준비할 시간이 충분하도록 미리 전화해 모든 것에 대한 일정을 잡았죠. 마침내, 고객 방문이 있던 날, 모든 일이 완벽하게 진행되었어요. 음식은 점심 시간 직전에 도착했고, 고객들이 메뉴에 만족했다는 것을 알 수 있었어요. 완벽히 그릴에 구운 스테이크와 갓 구운 빵이 있었고, 모두 같이 나눠 먹던 곁들임 요리들이 있었죠. 아마 제가 먹어봤던 것 중에서 가장 뛰어난 배달 음식이었을 거예요.

I 마무리

가치가 있었음
It was worth it.

I was shocked by the receipt, but it was worth it.
영수증 때문에 충격을 받았긴 했지만, 그만한 가치가 있었죠.

고득점 어휘/표현

어휘 표현
occasion 일, 경우, 행사   emphasize ~을 강조하다   impress ~에게 깊은 인상을 남기다   leave ~에게 맡기다   well-known 잘 알려진   be capable of -ing ~할 수 있다   handle ~을 처리하다   ahead 미리, 앞서   so that ~할 수 있도록   have plenty of time to do ~할 시간이 충분히 있다   be pleased with ~에 만족하다   receipt 영수증

STEP 5 나만의 OPIc 답변 만들어 보기

• 좋아하는 배달 음식이나 포장 음식점

• 최근 배달 음식이나 포장 음식점을 이용한 경험

• 배달 음식이나 포장 음식점을 통한 특별한 행사 준비 경험

DAY 6
★★★★☆
Q 11 12 13 MP3 플레이어

DATE _____

음성강의 듣기

STEP 1 기출 포인트 파악하기

가장 많이 나오는 3 COMBO 세트

❶ 친구에게 MP3 플레이어 구입 전 질문

I'd like to give you a situation to act out. You are interested in buying an MP3 player. You have a friend who knows well about it. Call your friend and ask three or four questions to get some information before buying an MP3 player.

당신에게 주어진 상황에 대해 역할극을 해주세요. 당신은 MP3 플레이어를 구입하는 것에 관심이 있습니다. 그것에 관해 잘 아는 친구가 한 명 있어요. 그 친구에게 전화를 걸어 MP3 플레이어를 구입하기 전에 정보를 좀 얻기 위해 서너 가지 질문을 해보세요.

❷ 친구에게 빌린 MP3 플레이어를 고장 낸 상황 문제 해결하기

I'm sorry, but there is a problem I need you to resolve. You recently borrowed an MP3 player from your friend, but you accidentally broke it while using it. Call your friend and explain how you broke it and give two or three alternatives that will help resolve the problem.

유감스럽게도, 당신이 해결해야 할 문제가 있습니다. 당신이 최근에 친구에게서 MP3 플레이어를 하나 빌렸는데, 사용 중에 실수로 고장 냈습니다. 그 친구에게 전화를 걸어 어떻게 고장 냈는지 설명한 다음, 문제를 해결하는 데 도움이 될 만한 대안을 두세 가지 제시해주세요.

❸ 기기가 고장 났던 경험

That's the end of the situation. Tell me about an experience that a piece of your equipment broke or didn't work. What was it, and how did it happen? How did you resolve the problem? Tell me as much as possible.

상황극이 종료 되었습니다. 당신이 가지고 있는 장비 하나가 고장 나거나 작동하지 않았던 경험에 관해 말해주세요. 그 장비는 무엇이었으며, 어떻게 그런 일이 일어났나요? 그 문제를 어떻게 해결했나요? 가능한 한 많이 말해주세요.

STEP 2 어휘와 패턴 익히기

제시된 오늘의 어휘와 패턴을 익히고 답변에 사용하고자 하는 어휘나 패턴에 체크해보세요.

어휘

- ☐ 기기, 장치 — device
- ☐ 가벼운, 경량의 — lightweight
- ☐ 방수가 되는 — waterproof
- ☐ ~을 담고 있다, 유지하다 — hold
- ☐ ~와 연결되다 — connect with
- ☐ (다시) 켜지다 — turn (back) on
- ☐ 품질 보증 기간 중인 — under warranty
- ☐ ~을 수리하다 — repair
- ☐ ~에 대해 감사하다 — appreciate
- ☐ 결정을 내리다 — make a decision
- ☐ 실수로, 우연히 — accidentally
- ☐ ~을 다시 한번 확인하다 — double-check
- ☐ (경주 등에서 반복해서 도는) 구간, 한 바퀴 — lap
- ☐ ~을 교환하다 — exchange
- ☐ 알고 보니 ~하다, ~한 것으로 드러나다 — turn out

패턴

- Do you mind if I ~? 내가 ~해도 괜찮아?

    Do you mind if I ask you a few questions about it?
    그것과 관련해서 몇 가지 질문을 해도 괜찮아?
    _____ look around?
    제가 둘러봐도 괜찮을까요?

- get bored with   ~을 지겨워하다

    I don't want to get bored with the music.
    난 음악이 지겨워지지 않았으면 하거든.
    I began to _____ this movie.
    저는 이 영화가 지겨워지기 시작했습니다.

STEP 3 나만의 문장 만들기

주어진 우리말을 보고 빈칸을 채우고 아래 모범 답안을 확인해보세요.

❶ 친구에게 MP3플레이어 구입 전 질문 - 사용 빈도, 용량, 블루투스 기능

언제 보통 그 MP3 플레이어를 사용해?	[언제] do you [보통 사용하다] your MP3 player?
노래를 얼마나 많이 담을 수 있어?	How many songs can it [~을 담고 있다] ?
블루투스 기능은 있어?	Does it have [블루투스 기능] ?

❷ 친구에게 빌린 MP3 플레이어를 고장 낸 상황 문제 해결하기 - 상황 설명

미안하지만, 좋지 않은 소식이 있음	I'm sorry, but I have some [좋지 않은 소식] .
수영장에서 이용했는데, 처음에는 완벽하게 작동함	I used it in the pool, and it [완벽하게 작동했다] [처음에는] .
그런데 그 후에 몇 바퀴 돌고 나니 갑자기 작동 멈춤	But then, after [몇 바퀴] , it [갑자기] stopped [작동] .

❸ 친구에게 빌린 MP3 플레이어를 고장 낸 상황 문제 해결하기 - 해결책

아직 품질 보증 기간 중이야?	Was it [품질 보증 기간 중인] ?
그렇다면, 교환할 수 있어야 함	In that case, you should be able to [교환하다] it.
품질 보증 기간이 남아 있지 않다면, 새 MP3 플레이어를 사주고 싶음	If it isn't [품질 보증 기간 중인] , then [~하고 싶다] buy you a new MP3 player.

❹ 기기가 고장 났던 경험 - 노트북에 커피 쏟음

최악의 실수, 커피를 노트북 전체에 엎질러 버림	I made [최악의 실수] possible — I [엎질렀다] my coffee [노트북 전체에] .
너무 당황해서 액체를 모두 닦아내려고 최선을 다함	I [당황했다] and tried my best to [~을 닦아내다] all the liquid.
결국 수리하기 위해 서비스 센터로 가게 됨	I [결국 ~했다] going to the service center to [수리하다] it.

모범 답안

❶ When / usually use / hold / Bluetooth capabilities
❷ bad news / worked perfectly / at first / a few laps / suddenly / working
❸ under warranty / exchange / under warranty / I'd like to
❹ the worst mistake / spilled / all over my laptop / panicked / wipe off / ended up / repair

STEP 4 실전 문제 풀어보고 확인하기

실전 문제를 듣고 빈칸을 채우거나 소리내 말해보고 아래 모범 답안을 확인해보세요.

🔊 MP3 1_21

Q11 친구에게 MP3 플레이어 구입 전 질문

I'd like to give you a situation to act out. You are interested in buying an MP3 player. You have a friend who knows well about it. Call your friend and ask three or four questions to get some information before buying an MP3 player.

당신에게 주어진 상황에 대해 역할극을 해주세요. 당신은 MP3 플레이어를 구입하는 것에 관심이 있습니다. 그것에 관해 잘 아는 친구가 한 명 있어요. 그 친구에게 전화를 걸어 MP3 플레이어를 구입하기 전에 정보를 좀 얻기 위해 서너 가지 질문을 해보세요.

모범답변

| 도입부

Hi, Jimin. It's me, Yejin. I've been thinking about [새 MP3 플레이어를 구입하는 것] for a while now, but I'm not sure which one to get. Didn't you just get [새것]? [내가 ~해도 괜찮아] ask you a few questions about it?

안녕, 지민아. 나야, 예진이. 내가 지금 한동안 새 MP3 플레이어를 구입하는 것에 대해 생각해보고 있었는데, 어느 것을 사야 할지 잘 모르겠어. 네가 막 새것을 하나 사지 않았니? 그것과 관련해서 몇 가지 질문을 해도 괜찮아?

| 본문

OK, first of all, [보통 언제 사용해] your MP3 player? If I get one, I want to use it [운동할 때]. You know that I like [달리기] and [수영], so I need a [기기] that is both [가벼운] and [방수가 되는]. Second, [얼마나 많은 노래] can it [~을 담다]? I don't want to [~을 지겨워하다] the music. I want it to hold at least five hours of music. Finally, does it have [블루투스 기능]? I have a few different pairs of headphones that I wear when I exercise. So, I need the MP3 player to [~와 쉽게 연결되다] the headphones.

자, 우선, 언제 보통 그 MP3 플레이어를 사용해? 내가 하나 구입한다면, 난 운동할 때 사용하고 싶어. 너도 알다시피 내가 달리기랑 수영을 좋아하니까, 가벼우면서 방수 기능이 있는 기기가 필요해. 두 번째로, 노래를 얼마나 많이 담을 수 있어? 난 음악이 지겨워지지 않았으면 하거든. 적어도 음악을 다섯 시간은 담을 수 있는 것이면 좋겠어. 마지막으로, 블루투스 기능이 있을까? 내가 운동할 때 착용하는 몇 가지 다른 헤드폰이 있어. 그래서, MP3 플레이어가 내 헤드폰과 쉽게 연결되는게 필요해.

| 마무리

Thanks a lot for answering my questions. I think I can make [최종 결정] now.

내 질문에 대답해줘서 정말 고마워. 이제 최종 결정을 내릴 수 있을 것 같아.

모범 답안

buying a new MP3 player / a new one / Do you mind if I / when do you usually use / when I exercise / running / swimming / device / lightweight / waterproof / how many songs / hold / get bored with / Bluetooth capabilities / connect easily with / a final decision

Q11 친구에게 MP3 플레이어 구입 전 질문

I'd like to give you a situation to act out. You are interested in buying an MP3 player. You have a friend who knows well about it. Call your friend and ask three or four questions to get some information before buying an MP3 player.

당신에게 주어진 상황에 대해 역할극을 해주세요. 당신은 MP3 플레이어를 구입하는 것에 관심이 있습니다. 그것에 관해 잘 아는 친구가 한 명 있어요. 그 친구에게 전화를 걸어 MP3 플레이어를 구입하기 전에 정보를 좀 얻기 위해 서너 가지 질문을 해보세요.

모범답변

 MP3 1_22

| 도입부

몇 가지 질문해도 괜찮은지
Do you mind if I ask you a few questions about it?

Hi, Jimin. It's me, Yejin. I've been thinking about buying a new MP3 player for a while now, but I'm not sure which one to get. Didn't you just get a new one? Do you mind if I ask you a few questions about it?

안녕, 지민아. 나야, 예진이. 내가 지금 한동안 새 MP3 플레이어를 구입하는 것에 대해 생각해보고 있었는데, 어느 것을 사야 할지 잘 모르겠어. 네가 막 새것을 하나 사지 않았니? 그것과 관련해서 몇 가지 질문을 해도 괜찮아?

| 본문

• 보통 언제 MP3 플레이어를 사용하는지
When do you usually use your MP3 player?

• 노래를 얼마나 많이 담을 수 있는지
How many songs can it hold?

• 블루투스 기능이 있는지
Does it have Bluetooth capabilities?

OK, first of all, when do you usually use your MP3 player? If I get one, I want to use it when I exercise. You know that I like running and swimming, so I need a device that is both lightweight and waterproof. Second, how many songs can it hold? I don't want to get bored with the music. I want it to hold at least five hours of music. Finally, does it have Bluetooth capabilities? I have a few different pairs of headphones that I wear when I exercise. So, I need the MP3 player to connect easily with the headphones.

자, 우선, 언제 보통 그 MP3 플레이어를 사용해? 내가 하나 구입한다면, 난 운동할 때 사용하고 싶어. 너도 알다시피 내가 달리기랑 수영을 좋아하니까, 가벼우면서 방수 기능이 있는 기기가 필요해. 두 번째로, 노래를 얼마나 많이 담을 수 있어? 난 음악이 지겨워지지 않았으면 하거든. 적어도 음악을 다섯 시간은 담을 수 있는 것이면 좋겠어. 마지막으로, 블루투스 기능이 있을까? 내가 운동할 때 착용하는 몇 가지 다른 헤드폰이 있어. 그래서, MP3 플레이어가 내 헤드폰과 쉽게 연결되는게 필요해.

| 마무리

정말 고마워
Thanks a lot.

Thanks a lot for answering my questions. I think I can make a final decision now.

내 질문에 대답해줘서 정말 고마워. 이제 최종 결정을 내릴 수 있을 것 같아.

고득점 어휘/표현

 어휘 표현 device 기기, 장치   both A and B A와 B 둘 모두   lightweight 가벼운, 경량의   waterproof 방수가 되는   hold ~을 담고 있다, 유지하다   get bored with ~을 지겨워하다   want A to do A에게 ~하기를 원하다   at least 적어도, 최소한   capability 기능, 성능, 능력   need A to do A가 ~할 필요가 있다   connect with ~와 연결되다   make a decision 결정을 내리다

🔊 MP3 1_23

Q12 친구에게 빌린 MP3 플레이어를 고장 낸 상황 문제 해결하기

I'm sorry, but there is a problem I need you to resolve. You recently borrowed an MP3 player from your friend, but you accidentally broke it while using it. Call your friend and explain how you broke it and give two or three alternatives that will help resolve the problem.

유감스럽게도, 당신이 해결해야 할 문제가 있습니다. 당신이 최근에 친구에게서 MP3 플레이어를 하나 빌렸는데, 사용 중에 실수로 고장 냈습니다. 그 친구에게 전화를 걸어 어떻게 고장 냈는지 설명한 다음, 문제를 해결하는 데 도움이 될 만한 대안을 두세 가지 제시해주세요.

모범답변

| 도입부

Hi, Jimin. It's me, Yejin. There's something I need to tell you. Do you remember you [나한테 빌려가게 해주다] your new MP3 player? I'm sorry, but I have [좋지 않은 소식].

안녕, 지민아. 나야, 예진이. 너한테 할 말이 있어. 네가 새 MP3 플레이어를 나한테 빌려가게 해준 거 기억나? 미안하지만, 좋지 않은 소식이 있어.

| 본문

First of all, you know that I borrowed your MP3 player that was [방수가 되는], right? I used it in the pool, and it [완벽하게 작동했다] at first. But then, [몇 바퀴 돌고 난 후에], it [갑자기 작동을 멈췄다]. The music quit playing, and when I checked the screen, it was [완전히 까만]. It wouldn't [다시 켜지다] even after I let it [말리다]. I feel so terrible about this. So, there are [몇 가지 해결책] we should check out. For instance, was it [품질 보증 기간 중인]? It [~해야 했다] be waterproof, so this device [결함이 있었던 게 분명하다]. In that case, you should be able to [교환하다] it. If it isn't under warranty, then [~하고 싶다] buy you a new MP3 player. It would be the right thing to do since it broke while I was using it.

우선, 내가 방수가 되는 네 MP3 플레이어를 빌렸던 거 알지? 내가 그걸 수영장에서 사용했는데, 처음에는 완벽하게 작동했어. 그런데 그 후에 몇 바퀴 돌고 나니까, 갑자기 작동을 멈췄어. 음악이 나오다가 끊겨서, 화면을 확인해 보니까 완전히 까맣게 되었더라. 심지어 내가 그걸 완전히 말린 후에도 다시 켜지지 않았어. 난 이런 일이 생겨서 너무 끔찍한 기분이야. 그래서, 우리가 확인해봐야 하는 몇 가지 해결책이 있어. 예를 들면, 아직 품질 보증 기간 중이야? 방수가 되었어야 하는 것이라서, 이 기기가 결함이 있었던 게 분명해. 그렇다면, 네가 교환할 수 있어야 해. 만일 품질 보증 기간이 남아 있지 않다면, 내가 새 MP3 플레이어를 사주고 싶어. 내가 이용하던 동안에 고장 났으니까 그렇게 하는 게 맞는 것 같아.

| 마무리

Please let me know what I can do to [이 문제를 해결하다].

이 문제를 해결하기 위해 내가 뭘 할 수 있는지 알려주면 좋겠어.

모범 답안

let me borrow / some bad news / waterproof / worked perfectly / after a few laps / suddenly stopped working / completely dark / turn back on / dry out / a few solutions / under / warranty / was supposed to / must have been faulty / exchange / I'd like to / make this right

Q12 친구에게 빌린 MP3 플레이어를 고장 낸 상황 문제 해결하기

I'm sorry, but there is a problem I need you to resolve. You recently borrowed an MP3 player from your friend, but you accidentally broke it while using it. Call your friend and explain how you broke it and give two or three alternatives that will help resolve the problem.

유감스럽게도, 당신이 해결해야 할 문제가 있습니다. 당신이 최근에 친구에게서 MP3 플레이어를 하나 빌렸는데, 사용 중에 실수로 고장 냈습니다. 그 친구에게 전화를 걸어 어떻게 고장 냈는지 설명한 다음, 문제를 해결하는 데 도움이 될 만한 대안을 두세 가지 제시해주세요.

모범답변　　　　　　　　　　　　　　　　　　　　　　　　MP3 1_24

| 도입부

할 말이 있음
something I need to tell you

Hi, Jimin. It's me, Yejin. There's something I need to tell you. Do you remember **you let me borrow** your new MP3 player? I'm sorry, but I have some bad news.

안녕, 지민아. 나야, 예진이. 너한테 할 말이 있어. 네가 새 MP3 플레이어를 나한테 빌려가게 해준 거 기억나? 미안하지만, 좋지 않은 소식이 있어.

| 본문

• 수영장에서 사용했는데, 처음에는 완벽하게 작동함
used it in the pool, worked perfectly at first

• 몇 바퀴 돌고 나니까, 갑자기 작동을 멈춤
after a few laps, it suddenly stopped working

• 품질 보증 기간 중인지
under warranty

• 새 MP3 플레이어 사줄 것임
buy you a new MP3 player

First of all, you know that I borrowed your MP3 player that was waterproof, right? I used it in the pool, and it **worked perfectly at first**. But then, after a few laps, it suddenly stopped working. The music **quit playing**, and when I checked the screen, it was **completely** dark. It wouldn't turn back on even after I let it **dry out**. I feel so terrible about this. So, there are a few solutions we should check out. For instance, was it under warranty? It **was supposed to be** waterproof, so **this device must have been faulty**. In that case, you should be able to exchange it. If it isn't **under warranty**, then I'd like to buy you a new MP3 player. It would be the right thing to do since it broke **while** I was using it.

우선, 내가 방수가 되는 네 MP3 플레이어를 빌렸던 거 알지? 내가 그걸 수영장에서 사용했는데, 처음에는 완벽하게 작동했어. 그런데 그 후에 몇 바퀴 돌고 나니까, 갑자기 작동을 멈췄어. 음악이 나오다가 끊겨서, 화면을 확인해 보니까 완전히 까맣게 되었더라. 심지어 내가 그걸 완전히 말린 후에도 다시 켜지지 않았어. 난 이런 일이 생겨서 너무 끔찍한 기분이야. 그래서, 우리가 확인해봐야 하는 몇 가지 해결책이 있어. 예를 들면, 아직 품질 보증 기간 중이야? 방수가 되었어야 하는 것이라서, 이 기기가 결함이 있었던 게 분명해. 그렇다면, 네가 교환할 수 있어야 해. 만일 품질 보증 기간이 남아 있지 않다면, 내가 새 MP3 플레이어를 사주고 싶어. 내가 이용하던 동안에 고장 났으니까 그렇게 하는 게 맞는 것 같아.

| 마무리

내가 무엇을 할 수 있는지 알려주길 바람
let me know what I can do

Please let me know what I can do **to make this right**.

이 문제를 해결하기 위해 내가 뭘 할 수 있는지 알려주면 좋겠어.

고득점 어휘/표현

어휘 표현　while -ing ~하는 동안　　let A do A에게 ~하게 해주다　　waterproof 방수가 되는　　work (기계 등이) 작동하다, 가동하다　　lap (경주 등에서 반복해서 도는) 구간, 한 바퀴　　quit -ing ~하는 것을 중단하다　　completely 완전히　　turn (back) on (다시) 켜지다　　terrible 끔찍한　　solution 해결책　　under warranty 품질 보증 기간 중인　　be supposed to do ~해야 하다, ~하기로 되어 있다　　device 기기, 장치　　must have p.p. ~한 것이 분명하다　　faulty 결함이 있는　　be able to do ~할 수 있다　　exchange ~을 교환하다

OPIc AL Week 1　51

🔊 MP3 1_25

Q13 기기가 고장 났던 경험

That's the end of the situation. Tell me about an experience that a piece of your equipment broke or didn't work. What was it, and how did it happen? How did you resolve the problem? Tell me as much as possible.

상황극이 종료 되었습니다. 당신이 가지고 있는 장비 하나가 고장 나거나 작동하지 않았던 경험에 관해 말해주세요. 그 장비는 무엇이었으며, 어떻게 그런 일이 일어났나요? 그 문제를 어떻게 해결했나요? 가능한 한 많이 말해주세요.

모범답변

| 도입부

I had a real problem [최근에] with my laptop.
저는 최근에 제 노트북에 진짜 문제가 있었어요.

| 본문

I've been [재택 근무를 하다] for a while now because of the pandemic. One morning, I made [최악의 실수] possible — I [~을 엎질렀다] my coffee [노트북 전체에]. I couldn't believe I had done that. I [당황했다] and tried my best to [~을 닦아내다] all the liquid but I was too late. The screen went totally black. After that, I [전혀 몰랐다] what to do, so I called my brother since he's [기계를 잘 다루는]. He told me to place my laptop in [~을 가득채운 보관 용기] uncooked rice. He said the rice would [빨아들이다] all the liquid. It sounded really [이상한] to me, but I didn't have any other choice at the time. [보아 하니], it didn't work. I [결국 ~했다] going to the service center to repair it. I was so [좌절한, 좌절감을 느끼는].

저는 유행병 때문에 한동안 재택 근무를 해오고 있는 상태예요. 어느 날 아침에, 최악의 실수가 가능하게 되어 버렸는데, 제가 커피를 노트북 전체에 엎질러 버렸어요. 제가 무슨 짓을 한 건지 믿기지 않았죠. 저는 너무 당황해서 액체를 모두 닦아내려고 최선을 다했지만, 너무 늦은 상태였어요. 화면이 완전히 까맣게 변했어요. 그 뒤로, 저는 어떻게 해야 할지 몰라서, 남동생에게 전화를 걸었는데, 남동생이 기계를 잘 다루기 때문이었죠. 동생은 저에게 생쌀을 가득채운 보관 용기 안에 노트북을 넣어두라고 말했어요. 동생은 쌀이 모든 액체를 빨아들일 거라고 했죠. 저는 그 말이 정말 이상하게 들렸지만, 당시엔 다른 어떤 선택권도 없었어요. 보아 하니, 아무런 효과도 나타나지 않았어요. 저는 결국 수리하기 위해 서비스 센터로 가게 되었죠. 너무 큰 좌절감이 들었어요.

| 마무리

Now, I'm [~를 더 많이 조심하는] my coffee around my laptop. It was a stupid mistake that could've turned out a lot worse for me.
지금, 저는 노트북 주변에서는 커피를 훨씬 더 많이 조심하고 있어요.

모범 답안

recently / working remotely from home / the worst mistake / spilled / all over my laptop / panicked / wipe off / had no idea / good with technology / a container that was filled with / draw out / strange / Apparently / ended up / frustrated / a lot more careful with

Q13 기기가 고장 났던 경험

That's the end of the situation. Tell me about an experience that a piece of your equipment broke or didn't work. What was it, and how did it happen? How did you resolve the problem? Tell me as much as possible.

상황극이 종료 되었습니다. 당신이 가지고 있는 장비 하나가 고장 나거나 작동하지 않았던 경험에 관해 말해주세요. 그 장비는 무엇이었으며, 어떻게 그런 일이 일어났나요? 그 문제를 어떻게 해결했나요? 가능한 한 많이 말해주세요.

모범답변   MP3 1_26

| 도입부

최근 노트북에 진짜 문제가 있었음
had a real problem recently with my laptop

I had a real problem recently with my laptop.
저는 최근에 제 노트북에 진짜 문제가 있었어요.

| 본문

- 커피를 노트북 전체에 엎질러 버림
  spilled my coffee all over my laptop

- 생쌀로 가득한 보관 용기 안에 노트북을 넣어 둠
  place my laptop in a container that was filled with uncooked rice

- 결국 서비스 센터에 감
  ended up going to the service center

I've been working remotely from home for a while now because of the pandemic. One morning, I made the worst mistake possible — I spilled my coffee all over my laptop. I couldn't believe I had done that. I panicked and tried my best to wipe off all the liquid, but I was too late. The screen went totally black. After that, I had no idea what to do, so I called my brother since he's good with technology. He told me to place my laptop in a container that was filled with uncooked rice. He said the rice would draw out all the liquid. It sounded really strange to me, but I didn't have any other choice at the time. Apparently, it didn't work. I ended up going to the service center to repair it. I was so frustrated.

저는 유행병 때문에 한동안 재택 근무를 해오고 있는 상태예요. 어느 날 아침에, 최악의 실수가 가능하게 되어 버렸는데, 제가 커피를 노트북 전체에 엎질러 버렸어요. 제가 무슨 짓을 한 건지 믿기지 않았죠. 저는 너무 당황해서 액체를 모두 닦아내려고 최선을 다했지만, 너무 늦은 상태였어요. 화면이 완전히 까맣게 변했어요. 그 뒤로, 저는 어떻게 해야 할지 몰라서, 남동생에게 전화를 걸었는데, 남동생이 기계를 잘 다루기 때문이었죠. 동생은 저에게 생쌀을 가득채운 보관 용기 안에 노트북을 넣어두라고 말했어요. 동생은 쌀이 모든 액체를 빨아들일 거라고 했죠. 저는 그 말이 정말 이상하게 들렸지만, 당시엔 다른 어떤 선택권도 없었어요. 보아 하니, 아무런 효과도 나타나지 않았어요. 저는 결국 수리하기 위해 서비스 센터로 가게 되었죠. 너무 큰 좌절감이 들었어요.

| 마무리

노트북 주변에서는 커피를 훨씬 더 조심함
a lot more careful with my coffee around my laptop

Now, I'm a lot more careful with my coffee around my laptop.
지금, 저는 노트북 주변에서는 커피를 훨씬 더 많이 조심하고 있어요.

고득점 어휘/표현

어휘 표현   work remotely from home 재택 근무를 하다   make A possible A를 가능하게 하다   spill ~을 엎지르다, 쏟다   panic 크게 당황하다, 겁에 질리다   go 형용사 ~하게 변하다   place ~을 두다, 놓다   be filled with ~로 가득하다   sound 형용사 ~하게 들리다, ~한 것 같다   apparently 보아 하니, 듣자 하니   work 효과가 있다, 작용하다   end up -ing 결국 ~하게 되다   repair ~을 수리하다   frustrated 좌절한

STEP 5 나만의 OPIc 답변 만들어 보기

• 친구에게 MP3 플레이어 구입 전 질문

• 친구에게 빌린 MP3 플레이어를 고장 낸 상황 문제 해결하기

• 기기가 고장 났던 경험

DAY 7 ★★★★☆ Q 14 15 국내 여행

음성강의 듣기

STEP 1 기출 포인트 파악하기

가장 많이 나오는 2 COMBO 세트

❶ 지난 5년간 여행이 더 어려워진 이유

You indicated in the survey that you travel domestically. People say that traveling has become more difficult in the past 5 years. Tell me about the types of changes you have observed while traveling and talk about how these changes have affected travelers.

설문조사에서 당신은 국내에서 여행을 다닌다고 했습니다. 사람들은 지난 5년 동안 여행을 다니는 게 더 어려워졌다고 말합니다. 여행 중에 어떤 종류의 변화를 관찰했는지 말한 다음, 이러한 변화들이 어떻게 여행객들에게 영향을 미쳤는지 이야기해주세요.

❷ 여행 관련 우려와 걱정

What are some issues people have regarding trips? What are the main issues or concerns they typically raise or discuss? What causes these concerns? What is being done to address them for the future?

사람들이 여행과 관련해 겪는 문제로 어떤 것이 있나요? 사람들이 보통 제기하거나 이야기하는 주된 이슈 또는 우려 사항으로 어떤 것이 있나요? 무엇이 이런 우려 사항들을 초래하나요? 미래에 대비해 이런 문제들을 처리하는 데 어떤 조치가 취해지고 있나요?

오픽 꿀팁 | 추가 빈출 문제

- **좋아하는 국내 여행 장소**
  You indicated in the survey that you like to travel domestically. Tell me about some of the places you like to travel to and why you like going there.
  당신은 국내에서 휴가를 보낸다고 했습니다. 여행 가기 좋아하는 장소가 어디인지, 왜 좋아하는지 말해주세요.

- **여행 가기 전 준비**
  Can you tell me about the things you do in order to prepare for trips?
  여행 준비를 위해 당신이 준비하는 일들에 대해 말해 주시겠어요?

- **과거와 현재의 여행 비교와 어려워진 점**
  People say that traveling has become more difficult in the past 5 years. Tell me about the types of changes you have observed while traveling and talk about how these changes have affected travelers.
  사람들은 지난 5년 동안 여행이 더 어려워졌다고 말합니다. 당신이 여행 중에 느낀 변화와 이러한 변화가 여행자들에게 어떤 영향을 미쳤는지 말해주세요.

STEP 2 어휘와 패턴 익히기

제시된 오늘의 어휘와 패턴을 익히고 답변에 사용하고자 하는 어휘나 패턴에 체크해보세요.

어휘

- ☐ 국내에서 — domestically
- ☐ 편리한 — convenient
- ☐ 선택지, 선택권 — options
- ☐ 식사 — dining
- ☐ 숙박 — accommodations
- ☐ 계획하다, 계획 — plan
- ☐ 비교하다 — compare
- ☐ 휴식을 취하다, 쉬다 — relax
- ☐ 유행병 — pandemic
- ☐ 걱정, 우려 — concerns
- ☐ 안전, 안전성 — safety
- ☐ 접촉하다 — contact
- ☐ 노출시키다 — expose
- ☐ 조치하다, 해결하다 — address
- ☐ 목적지 — destination
- ☐ 대중교통 — public transportation
- ☐ 정상으로 돌아가다 — return to normal

패턴

- with the help of   ~의 도움으로

With the help of the internet and social media, people can easily plan their own trips.
인터넷과 소셜 미디어의 도움으로, 사람들이 쉽게 각자의 여행을 계획할 수 있어요.
I traveled there _____ local people.
저는 현지인들의 도움으로 그곳을 여행했어요.

- one of the 최상급 복수명사   가장 ~한 것들 중 하나

One of the biggest concerns is the safety of trains and buses while traveling domestically.
가장 큰 걱정들 중 하나는 국내를 여행하는 동안 기차와 버스의 안정성 문제예요.
_____ is social distancing.
가장 큰 이슈들 중 하나는 사회적 거리두기예요.

STEP 3 나만의 문장 만들기

주어진 우리말을 보고 빈칸을 채우고 아래 모범 답안을 확인해보세요.

❶ 지난 5년간 여행이 더 어려워진 이유 - 가족 중심 → 개인 중심

과거에는, 가족과 함께 집에서 전통적인 연휴를 보내는 게 아주 중요했음	In the past, it was [아주 중요한] for people to [전통적인 연휴를 보내다].
요즘은, 훨씬 더 많은 사람들이 각자 여행을 떠나는 데 활용함	Nowadays, [훨씬 더] people use this time to take [각자의 여행].
지금은, 여행하면서 쉴 수 있는 소중한 기회로 여김	Now, people see this time as [소중한 기회] to travel and [쉬다, 휴식을 취하다].

❷ 여행 관련 우려와 걱정

이러한 문제를 해결하기 위해 많은 것들이 시행되었음	A lot has been done to [조치하다, 해결하다] this problem.
여행객들은 요즘 차로 이동하려고 함	First, travelers [~하기로 선택하다] travel by car now.
대중 교통 회사들은 여행을 더욱 안전하게 하려고 노력함.	Second, public transportation [제공자, 제공 기관] try to make traveling safer.

모범 답안

❶ very important / spend traditional holidays / a lot more / their own trips / a valuable chance / relax
❷ address / choose to / providers

STEP 4 실전 문제 풀어보고 확인하기

실전 문제를 듣고 빈칸을 채우거나 소리내 말해보고 아래 모범 답안을 확인해보세요.

🔊 MP3 1_27

Q14 지난 5년간 여행이 더 어려워진 이유

You indicated in the survey that you travel domestically. People say that traveling has become more difficult in the past 5 years. Tell me about the types of changes you have observed while traveling and talk about how these changes have affected travelers.

설문조사에서 당신은 국내에서 여행을 다닌다고 했습니다. 사람들은 지난 5년 동안 여행을 다니는 게 더 어려워졌다고 말합니다. 여행 중에 어떤 종류의 변화를 관찰했는지 말한 다음, 이러한 변화들이 어떻게 여행객들에게 영향을 미쳤는지 이야기해주세요.

모범답변

| 도입부

Well, I think traveling nowadays is more convenient than it was [과거에]. This is because people have more [선택지들] and chances to travel.

음, 저는 요즘 여행을 다니는 게 과거보다 더욱 편리하다고 생각해요. 왜냐하면 사람들은 더 많은 선택지와 여행할 수 있는 기회가 있기 때문이에요.

| 본문

I saw some of these changes [여행하는 동안]. First, there are so many options for dining and [숙박]. Plus, with the help of the internet and social media, people can easily plan their own trips. By using YouTube or Instagram, they can [비교하다] each option and know [정확하게] what to expect. Second, the time when people travel has changed. In the past, it was very important for people to spend [전통적인 연휴], like Chuseok and Seolnal, at home with their families. However, nowadays, a lot more people use this time to take their own trips. Now, people see this time as a [소중한] chance to travel and relax.

저는 여행하는 동안 이런 몇 가지 변화들을 봤어요. 첫 번째로, 식사 그리고 숙박에 관해 매우 많은 선택지들이 있어요. 게다가, 인터넷과 소셜 미디어의 도움으로, 사람들이 쉽게 각자의 여행을 계획할 수 있어요. 유튜브나 인스타그램을 이용해, 사람들은 각각의 선택지를 비교할 수 있고 어떤 것들을 기대할 수 있는지 정확하게 알 수 있죠. 두 번째로, 사람들이 여행하는 시기도 바뀌었죠. 과거에는, 사람들이 가족과 함께 집에서 추석과 설날 같은 전통적인 연휴를 보내는 게 아주 중요했어요. 하지만, 요즘에는, 훨씬 더 많은 사람들이 각자 여행을 떠나는 데 이 시간을 활용해요. 지금은, 사람들이 이 시간을 여행하면서 쉴 수 있는 소중한 기회로 여기고 있죠.

| 마무리

These are the biggest changes I can think of.

이것들이 제가 생각할 수 있는 가장 큰 변화들이에요.

모범 답안

in the past / options / while traveling / accommodations / compare / exactly / traditional holidays / valuable

Q14 지난 5년간 여행이 더 어려워진 이유

You indicated in the survey that you travel domestically. People say that traveling has become more difficult in the past 5 years. Tell me about the types of changes you have observed while traveling and talk about how these changes have affected travelers.

설문조사에서 당신은 국내에서 여행을 다닌다고 했습니다. 사람들은 지난 5년 동안 여행을 다니는 게 더 어려워졌다고 말합니다. 여행 중에 어떤 종류의 변화를 관찰했는지 말한 다음, 이러한 변화들이 어떻게 여행객들에게 영향을 미쳤는지 이야기해주세요.

모범답변　　🔊 MP3 1_28

| 도입부

과거보다 편리함
more convenient than it was in the past

Well, I think traveling nowadays is more **convenient** than it was in the past. This is because people have more **options** and chances to travel.

음, 저는 요즘 여행을 다니는 게 과거보다 더욱 편리하다고 생각해요. 왜냐하면 사람들은 더 많은 선택지와 여행할 수 있는 기회가 있기 때문이에요.

| 본문

- **선택지들이 많음**
  so many options

- **소셜 미디어의 도움, 쉽게 여행을 계획함**
  with the help of social media, easily plan their trips

- **과거: 가족과 함께 전통적인 연휴를 보냄**
  in the past, spend traditional holidays with their families

- **현재: 각자 여행을 떠나는 데 이 시간을 활용함**
  nowadays, use this time to take their own trips

I saw some of these changes while traveling. First, there are so many options for **dining** and **accommodations**. Plus, **with the help of** the internet and social media, people can easily plan their own trips. By using YouTube or Instagram, they can compare each option and know exactly **what to expect**. Second, the time when people travel has changed. In the past, it was very important for people to spend traditional holidays, like Chuseok and Seolnal, at home with their families. However, nowadays, a lot more people use this time to take their own trips. Now, people see this time **as** a valuable chance to travel and relax.

저는 여행하는 동안 이런 몇 가지 변화들을 봤어요. 첫 번째로, 식사 그리고 숙박에 관해 매우 많은 선택지들이 있어요. 게다가, 인터넷과 소셜 미디어의 도움으로, 사람들이 쉽게 각자의 여행을 계획할 수 있어요. 유튜브나 인스타그램을 이용해, 사람들은 각각의 선택지를 비교할 수 있고 어떤 것들을 기대할 수 있는지 정확하게 알 수 있죠. 두 번째로, 사람들이 여행하는 시기도 바뀌었죠. 과거에는, 사람들이 가족과 함께 집에서 추석과 설날 같은 전통적인 연휴를 보내는 게 아주 중요했어요. 하지만, 요즘에는, 훨씬 더 많은 사람들이 각자 여행을 떠나는 데 이 시간을 활용해요. 지금은, 사람들이 이 시간을 여행하면서 쉴 수 있는 소중한 기회로 여기고 있죠.

| 마무리

이것들이 가장 큰 변화들임
These are the biggest changes.

These are the biggest changes I can think of.

이것들이 제가 생각할 수 있는 가장 큰 변화들이에요.

고득점 어휘/표현

dining 식사　　accommodations 숙박　　social media 소셜 미디어　　compare 비교하다　　traditional 전통적인　　valuable 가치 있는　　relax 휴식을 취하다

Q15 여행 관련 우려와 걱정

What are some issues people have regarding trips? What are the main issues or concerns they typically raise or discuss? What causes these concerns? What is being done to address them for the future?

사람들이 여행과 관련해 겪는 문제로 어떤 것이 있나요? 사람들이 보통 제기하거나 이야기하는 주된 이슈 또는 우려 사항으로 어떤 것이 있나요? 무엇이 이런 우려 사항들을 초래하나요? 미래에 대비해 이런 문제들을 처리하는 데 어떤 조치가 취해지고 있나요?

모범답변

│도입부

Most of the issues [~에 관한] traveling these days have to do with the pandemic.
요즘 여행에 관한 이슈의 대부분이 유행병과 관련되어 있어요.

│본문

One of the biggest [걱정, 우려] is the [안정성] of trains and buses while traveling domestically. Since so many people come into close contact while traveling, it [야기하다] a lot of worry about being exposed to the virus. But, a lot has been done to [처리하다] this problem. First, travelers choose to travel by car now. If they drive themselves to their [목적지], then they will limit their [~와 접촉하다] other travelers. Second, public transportation [제공자, 제공 기관] try to make traveling safer. For example, trains only sell tickets for half of the seats. So, trains are not crowded with many people.
가장 큰 걱정들 중 하나는 국내를 여행하는 동안 기차와 버스의 안정성 문제예요. 이동 중에 많은 사람들이 밀접하게 접촉할 수 있기 때문에, 바이러스 노출에 대한 걱정이 많아지죠. 하지만, 이러한 문제를 해결하기 위해 많은 것들이 처리되었어요. 첫 번째로, 여행객들은 요즘 차로 이동하려고 해요. 그들이 목적지까지 운전해서 간다면, 다른 여행객들과 접촉을 제한할 수 있을거에요. 두 번째로, 대중 교통 회사들은 여행을 더욱 안전하게 하려고 노력해요. 예를 들면, 기차 좌석 수의 절반만 판매해요. 그래서 기차는 승객들로 붐비지 않아요.

│마무리

However, I think this problem will continue until everything [정상으로 돌아가다].
하지만, 제 생각에 이 문제는 모든 것이 정상화되기까지 계속 될 것 같아요.

모범 답안

issues / regarding / concerns / safety / causes / address / contact with / providers / returns to normal

Q15 여행 관련 우려와 걱정

What are some issues people have regarding trips? What are the main issues or concerns they typically raise or discuss? What causes these concerns? What is being done to address them for the future?

사람들이 여행과 관련해 겪는 문제로 어떤 것이 있나요? 사람들이 보통 제기하거나 이야기하는 주된 이슈 또는 우려 사항으로 어떤 것이 있나요? 무엇이 이런 우려 사항들을 초래하나요? 미래에 대비해 이런 문제들을 처리하는 데 어떤 조치가 취해지고 있나요?

모범답변

🔊 MP3 1_30

| 도입부

유행병과 관련됨
have to do with the pandemic

Most of the issues regarding traveling these days have to do with the pandemic.
요즘 여행에 관한 이슈의 대부분이 유행병과 관련되어 있어요.

| 본문

- 걱정들 중 하나는 기차와 버스의 안정성임
  One of the biggest concerns is the safety of trains and buses.

- 여행객들은 차로 이동하려 함
  Travelers choose to travel by car now.

- 기차 좌석 수의 절반만 판매함
  Trains only sell tickets for half of the seats.

One of the biggest concerns is the safety of trains and buses while traveling domestically. Since so many people come into close contact while traveling, it causes a lot of worry about being exposed to the virus. But, a lot has been done to address this problem. First, travelers choose to travel by car now. If they drive themselves to their destination, then they will limit their contact with other travelers. Second, public transportation providers try to make traveling safer. For example, trains only sell tickets for half of the seats. So, trains are not crowded with many people.

가장 큰 걱정들 중 하나는 국내를 여행하는 동안 기차와 버스의 안정성 문제예요. 이동 중에 많은 사람들이 밀접하게 접촉할 수 있기 때문에, 바이러스 노출에 대한 걱정이 많아지죠. 하지만, 이러한 문제를 해결하기 위해 많은 것들이 처리되었어요. 첫 번째로, 여행객들은 요즘 차로 이동하려고 해요. 그들이 목적지까지 운전해서 간다면, 다른 여행객들과 접촉을 제한할 수 있을거에요. 두 번째로, 대중 교통 회사들은 여행을 더욱 안전하게 하려고 노력해요. 예를 들면, 기차 좌석 수의 절반만 판매해요. 그래서 기차는 승객들로 붐비지 않아요.

| 마무리

이 문제는 모든 것이 정상화될 때까지 지속될 것 같음
This problem will continue until everything returns to normal.

However, I think this problem will continue until everything returns to normal.
하지만, 제 생각에 이 문제는 모든 것이 정상화되기까지 계속 될 것 같아요.

고득점 어휘/표현

어휘 표현   concerns 걱정, 우려   safety 안전, 안전성   domestically 국내에서   contact 접촉하다   expose 노출시키다   address (어려운 문제등을) 다루다, 처리하다   destination 목적지   public transportation 대중교통   providers 제공자, 제공 기관   crowded 붐비는   return to normal 정상으로 돌아가다

STEP 5 나만의 OPIc 답변 만들어 보기

- 지난 5년간 여행이 더 어려워진 이유

- 여행 관련 우려와 걱정

OPIc
진짜학습지

Week 2

OPIc
진짜학습지 AL

초판 4쇄 발행 2025년 6월 15일

지은이 멀티캠퍼스·시원스쿨어학연구소
펴낸곳 (주)에스제이더블유인터내셔널
펴낸이 양홍걸 이시원

홈페이지 www.siwonschool.com
주소 서울시 영등포구 영신로 166 시원스쿨
교재 구입 문의 02)2014-8151
고객센터 02)6409-0878

ISBN 979-11-6150-588-6 13740
Number 1-110806-12123000-04

이 책은 저작권법에 따라 보호받는 저작물이므로 무단복제와 무단전재를 금합니다. 이 책 내용의 전부 또는 일부를 이용하려면 반드시 저작권자와 ㈜에스제이더블유인터내셔널의 서면 동의를 받아야 합니다.

Week 2

이번 주 학습 목표

- 다양한 어휘와 복잡한 문장 구조를 사용하여 발화량을 높일 수 있다.
- 익숙하지 않은 공통형 주제에도 도입부 – 본문 – 마무리의 순서로 답변할 수 있다.
- 사건의 시작과 끝을 문장과 문장 간의 결속력을 높여 답변할 수 있다.

전체 MP3 모음

DAY 1 문항 구성 및 난이도

문항 구성

자기소개	1 자기소개	선택형 음악 감상하기	8 좋아하는 음악 장르와 가수
공통형 지형	2 우리나라의 지형적 특징		9 음악을 듣는 장소와 시간
	3 어렸을 때 좋아했던 우리나라의 장소		10 음악을 좋아하게 된 계기와 변화
	4 내가 가 본 국내 장소 관련 경험	롤플레이 (공통형) 가구	11 가구점 직원에게 가구 질문
공통형 패션	5 우리나라 사람들의 패션		12 구매한 가구 관련 문제 해결
	6 내가 좋아하는 옷과 패션 스타일		13 구매한 가구에 문제가 있었던 경험
	7 과거와 현재의 패션 비교	선택형 영화 보기	14 과거와 현재의 영화 작품 변화
			15 친구들과 이야기하는 영화 관련 이슈

시험 난이도 ★★★★☆

Self-Assessment 5-5

DAY 2 ☆☆☆☆☆ Q 1 자기소개

DATE _____

STEP 1 어휘와 패턴 익히기

제시된 오늘의 어휘와 패턴을 익히고 답변에 사용하고자 하는 어휘나 패턴에 체크해보세요

어휘

- ☐ 인사 부서 — human resources department
- ☐ 출판사 — publishing company
- ☐ 채용 — recruitment
- ☐ 경영(진) — management
- ☐ 의사 소통 — communication
- ☐ 고용 — hiring
- ☐ ~을 처리하다, 다루다 — handle

패턴

- **To tell you a little about myself,** 내 자신과 관련해 조금 말하자면,

  To tell you a little about myself, I work in the human resources department of a mid-sized publishing company.
  제 자신과 관련해 조금 말하자면, 저는 중견 출판사의 인사부에 근무하고 있어요.

  _____, I'm currently working at a publishing company.
  제 자신과 관련해 조금 말하자면, 저는 현재 출판사에서 근무하고 있어요.

- **I'm the kind of person who** 나는 ~하는 유형의 사람이다

  I'm the kind of person who always enjoys new experiences.
  저는 항상 새로운 경험을 즐기는 유형의 사람입니다.

  _____ not _____ enjoys outdoor activities.
  저는 야외 활동을 즐기지 않는 유형의 사람이에요.

STEP 2 실전 문제 풀어보고 확인하기

실전 문제를 듣고 아래 핵심 아이디어를 확인한 뒤 소리내 말해보세요.

🔊 MP3 2_1

Q1 자기소개

Let's start the interview now. Tell me a little bit about yourself.
인터뷰를 시작합니다. 당신에 대해 말해주세요.

모범답변   🔊 MP3 2_2

| 도입부

당신과 이야기를 나누게 되어 기쁨
nice to be speaking with you

Hi, Ava. My name is Tae-Hyeon, but you can call me Tom. It's nice to be speaking with you.
안녕하세요, 에바. 제 이름은 태현이지만, 톰이라고 불러도 됩니다. 당신과 이야기를 나누게 되어 기쁩니다.

| 본문

- 중견 출판사의 인사부에 근무
  work in the human resources department of a mid-sized publishing company
- 스트레스가 많을 수 있지만 즐거움
  can be stressful, but I enjoy it
- 항상 새로운 경험을 즐기는 유형의 사람
  kind of person who always enjoys new experiences

To tell you a little about myself, I work in the human resources department of a mid-sized publishing company. I mainly focus on recruitment and hiring, but I also handle most of the communication between employees and management. My job can be stressful, but I enjoy it. I have been working there for about five years now. Besides my work, I like to go hiking with my friends on the weekends. Overall, I'm the kind of person who always enjoys new experiences.

제 자신과 관련해 조금 말하자면, 저는 중견 출판사의 인사부에 근무하고 있어요. 주로 직원 모집과 고용 업무를 중심으로 하고 있지만, 직원들과 경영진 사이에서 대부분의 의사 소통도 담당하고 있습니다. 제 일이 스트레스가 많을 수 있지만, 저는 즐겁습니다. 이곳에서 근무한지 5년이 다 되어갑니다. 제 일 외에는, 주말마다 친구들과 하이킹 가는 것을 좋아합니다. 전반적으로, 저는 항상 새로운 경험을 즐기는 유형의 사람입니다.

| 마무리

오늘 함께 즐거운 대화 나누길 바람
hope we will have a nice conversation today

I hope we will have a nice conversation today, Ava.
오늘 함께 즐거운 대화 나눌 수 있기를 바랍니다, 에바.

고득점 어휘/표현

어휘 표현 a little 조금, 약간   human resources department 인사 부서   mid-sized 중견의, 중간 크기의   focus on ~을 중심으로 하다, ~에 초점을 맞추다   recruitment 채용   hiring 고용   handle ~을 처리하다, 다루다   management 경영(진)   about 약, 대략   besides ~ 외에는, ~ 외에도   overall 전반적으로

DAY 3 ★★★★☆ Q 2 3 4 지형

STEP 1 기출 포인트 파악하기

가장 많이 나오는 3 COMBO 세트

❶ 우리나라의 지형적 특징

Tell me about the geography of your country. Are there mountains, lakes, or rivers? What is your country's landscape like?

당신 나라의 지형에 관해 말해주세요. 산이나 호수, 또는 강이 있나요? 당신 나라의 풍경은 어떤 모습인가요?

❷ 어렸을 때 좋아했던 우리나라의 장소

Pick a favorite place in your country that you visited in your childhood and describe it in as much detail as possible. What memories do you have from that place? What was it like there when you were a child?

어린 시절에 당신 나라에서 방문했던 가장 좋아하는 곳을 골라 가능한 한 자세하게 설명해주세요. 그 장소와 관련해 어떤 기억이 남아 있나요? 어렸을 때 그곳은 어떤 모습이었나요?

❸ 내가 가 본 국내 장소 관련 경험

People may have memorable experiences when they explore their country's geography. Maybe you had one while climbing a famous mountain or hiking through a beautiful forest. Tell me about a memorable time you had at a natural place in your country.

사람들은 국내 지형을 탐험하면서 기억에 남는 경험을 할 수 있습니다. 당신도 유명한 산을 오르거나 아름다운 숲 속에서 하이킹하면서 그런 경험을 해본 적이 있을 수도 있어요. 당신 나라의 자연 공간에서 겪은 기억에 남는 시간에 관해 말해주세요.

STEP 2 어휘와 패턴 익히기

제시된 오늘의 어휘와 패턴을 익히고 답변에 사용하고자 하는 어휘나 패턴에 체크해보세요.

어휘

- ☐ 지형, 지리 — geography
- ☐ 풍경 — landscape
- ☐ 굉장히 아름다운, 아주 멋진 — stunning
- ☐ 산으로 되어 있는, 산이 많은 — mountainous
- ☐ 산봉우리 — peak
- ☐ 숨이 멎을 듯한 — breathtaking
- ☐ 반도 — peninsula
- ☐ 등산하다 — hike up a mountain
- ☐ 경치가 좋은 — scenic
- ☐ 물장구치다 — splash in the waves
- ☐ 목적지, 도착지 — destination

패턴

• **be surrounded by** ~로 둘러싸여 있다

Aside from mountains, Korea is a peninsula, so it's surrounded by the ocean.
산 외에도, 한국은 반도이기 때문에 바다로 둘러싸여 있습니다.

I grew up in the countryside where _____ the beauties of nature.
저는 자연의 아름다움으로 둘러싸인 지방에서 자랐습니다.

• **remember -ing** ~했던 것을 기억하다

I actually remember relaxing in the shade there when I got too hot in the sun.
제가 실제로 햇빛 아래에서 너무 더워지면 그곳에 있는 그늘에서 쉬었던 게 기억납니다.

I _____ in a great seaside resort in the summer vacation.
여름 휴가에 멋진 해변 리조트에 묵었던 게 기억나요.

STEP 3 나만의 문장 만들기

주어진 우리말을 보고 빈칸을 채우고 아래 모범 답안을 확인해보세요.

❶ 우리나라의 지형적 특징 - 산

내가 듣기로는 지방 지역의 70퍼센트가 산으로 되어 있다고 함	I've heard that 70% of [지방 지역] is [산으로 되어 있는].
하이킹 코스가 어디에나 있음	[하이킹 코스들] are everywhere.
나뭇잎 색이 바뀌는 가을이 가장 아름다워 보인다고 생각	I think the mountains [가장 아름다워 보이다] in the autumn when the leaves are changing colors.

❷ 우리나라의 지형적 특징 - 해변

한국은 반도이기 때문에 바다로 둘러싸여 있음	Korea is [반도], so it's [~로 둘러싸인] the ocean.
방문할 수 있는 아름다운 해변이 많이 있음	There are a lot of [아름다운 해변들] to visit.
등산했다가 해변에서 쉬는 것을 전부 같은 날에 하는 것을 아주 좋아함	I love to [등산하다] and [해변에서 쉬다] all in the same day.

❸ 어렸을 때 좋아했던 우리나라의 장소 - 설명

강릉을 설명하자면, 어디에나 소나무가 있음	[~을 설명하자면] Gangneung, there are [소나무] everywhere.
여러 해변이 강릉의 주요 명소임	The beaches are Gangneung's [주요 명소].
여름에는 항상 가족들로 붐빔	They were always [붐비는] with families [여름에는].

❹ 내가 가본 국내 장소 관련 경험 - 설명

우리가 가장 좋아했던 목적지는 설악산이었는데, 한국에서 가장 잘 알려진 산들 중의 하나임	Our [가장 좋아하는 목적지] was Seoraksan, which is one of [가장 잘 알려진] mountains in Korea.
산등성이가 붉은색과 오렌지색, 그리고 노란색으로 덮여 있었음	[산등성이가 덮여 있다] in [색, 색조] of red, orange, and yellow.
얼마나 아름다웠는지 여전히 머리 속에 그 이미지가 남아 있음	I still have a [머리 속의 이미지(심적인 이미지)] of [얼마나 아름다웠는지].

모범 답안

❶ the countryside / mountainous / Hiking trails / look best
❷ a peninsula / surrounded by / beautiful beaches / hike up a mountain / relax on the beach
❸ To describe / pine trees / main attraction / crowded / in the summertime
❹ favorite destination / the most well-known / The mountainside was covered / shades / mental image / how beautiful it was

STEP 4 실전 문제 풀어보고 확인하기

실전 문제를 듣고 빈칸을 채우거나 소리내 말해보고 아래 모범 답안을 확인해보세요.

🔊 MP3 2_3

Q2 우리나라의 지형적 특징

Tell me about the geography of your country. Are there mountains, lakes, or rivers? What is your country's landscape like?

당신 나라의 지형에 관해 말해주세요. 산이나 호수, 또는 강이 있나요? 당신 나라의 풍경은 어떤 모습인가요?

모범답변

| 도입부

I really think Korea's [지형] is the most beautiful in the world. There are [아주 멋진 풍경] no matter where you go in the country.

저는 정말로 한국의 지형이 전 세계에서 가장 아름답다고 생각해요. 전국 어디를 가든 상관없이 아주 멋진 풍경이 있죠.

| 본문

First, I've heard that 70% of the [지방 지역] is [산으로 되어 있는]. Hiking trails are everywhere, and people can follow them to the top of every peak to see [정말] [숨이 멎을 듯한 경치]. Personally, I think the mountains [가장 아름다워 보이다] in the autumn when the leaves are changing colors. [~ 외에도] mountains, Korea is a [반도], so [이것은 ~로 둘러싸여 있다] the ocean. There are a lot of beautiful beaches to visit. I love to [등산하다] and relax on the beach all in the same day. Last, [언급할 만한 가치가 있다] some of the islands, too. There are many [경치 좋은 섬들] just off the coast. Jeju, which is a large island [멀리 남쪽에], is unique since it has an almost tropical feel to it.

우선, 제가 듣기로는 지방 지역의 70퍼센트가 산으로 되어 있다고 해요. 하이킹 코스가 어디에나 있고, 사람들은 정말 숨이 멎을 정도의 경치를 보기 위해 모든 산봉우리 정상까지 코스를 따라 올라갈 수 있죠. 개인적으로, 저는 그 산들이 나뭇잎 색이 바뀌는 가을에 가장 아름다워 보인다고 생각해요. 산 외에도, 한국은 반도이기 때문에 바다로 둘러싸여 있습니다. 방문할 수 있는 아름다운 해변이 많이 있죠. 저는 등산을 갔다가 해변에서 쉬는 것을 전부 같은 날에 하는 걸 아주 좋아합니다. 마지막으로, 몇몇 섬들도 언급할 만한 가치가 있습니다. 해안에서 가까운 곳에 경치 좋은 섬들이 많이 있습니다. 멀리 남쪽에 있는 큰 섬인 제주도는 거의 열대 지역 같은 느낌이 있기 때문에 특별하죠.

| 마무리

Korea's geography is [감흥을 불러일으키는].

한국의 지형은 많은 감흥을 줍니다.

모범 답안

geography / stunning landscapes / countryside / mountainous / truly / breathtaking views / look best / Aside from / peninsula / it's surrounded by / hike up a mountain / it's worth mentioning / scenic islands / further to the south / inspiring

Q2 우리나라의 지형적 특징

Tell me about the geography of your country. Are there mountains, lakes, or rivers? What is your country's landscape like?

당신 나라의 지형에 관해 말해주세요. 산이나 호수, 또는 강이 있나요? 당신 나라의 풍경은 어떤 모습인가요?

모범답변

 MP3 2_4

| 도입부

한국의 지형이 전 세계에서 가장 아름다움
Korea's geography is the most beautiful in the world

> I really think Korea's geography is the most beautiful in the world. There are stunning landscapes no matter where you go in the country.
>
> 저는 정말로 한국의 지형이 전 세계에서 가장 아름답다고 생각해요. 전국 어디를 가든 상관없이 아주 멋진 풍경이 있죠.

| 본문

- 지방 지역의 70%가 산으로 되어 있음
  70% of the countryside is mountainous
- 하이킹 코스가 어디에나 있음
  hiking trails are everywhere
- 한국은 반도, 바다로 둘러 쌓여 있음
  Korea is a peninsula, it's surrounded by the ocean
- 방문할 수 있는 아름다운 해변이 많이 있음
  a lot of beautiful beaches to visit

> First, I've heard that 70% of the countryside is mountainous. Hiking trails are everywhere, and people can follow them to the top of every peak to see truly breathtaking views. Personally, I think the mountains look best in the autumn when the leaves are changing colors. Aside from mountains, Korea is a peninsula, so it's surrounded by the ocean. There are a lot of beautiful beaches to visit. I love to hike up a mountain and relax on the beach all in the same day. Last, it's worth mentioning some of the islands, too. There are many scenic islands just off the coast. Jeju, which is a large island further to the south, is unique since it has an almost tropical feel to it.
>
> 우선, 제가 듣기로는 지방 지역의 70퍼센트가 산으로 되어 있다고 해요. 하이킹 코스가 어디에나 있고, 사람들은 정말 숨이 멎을 정도의 경치를 보기 위해 모든 산봉우리 정상까지 코스를 따라 올라갈 수 있죠. 개인적으로, 저는 그 산들이 나뭇잎 색이 바뀌는 가을에 가장 아름다워 보인다고 생각해요. 산 외에도, 한국은 반도이기 때문에 바다로 둘러싸여 있습니다. 방문할 수 있는 아름다운 해변이 많이 있죠. 저는 등산을 갔다가 해변에서 쉬는 것을 전부 같은 날에 하는 걸 아주 좋아합니다. 마지막으로, 몇몇 섬들도 언급할 만한 가치가 있습니다. 해안에서 가까운 곳에 경치 좋은 섬들이 많이 있습니다. 멀리 남쪽에 있는 큰 섬인 제주도는 거의 열대 지역 같은 느낌이 있기 때문에 특별하죠.

| 마무리

감흥을 줌
inspiring

> Korea's geography is inspiring.
>
> 한국의 지형은 많은 감흥을 줍니다.

고득점 어휘/표현

---

 stunning 아주 멋진, 굉장히 아름다운   **no matter where** 어디에서 ~하든 (상관없이)   **mountainous** 산으로 되어 있는, 산이 많은   **peak** 산봉우리   **breathtaking** 숨이 멎을 듯한   **aside from** ~ 외에도, ~뿐만 아니라   **peninsula** 반도   **scenic** 경치가 좋은   **just off the coast** 해안에서 가까운 곳에   **tropical** 열대 지역의   **inspiring** 감흥을 불러일으키는

🔊 MP3 2_5

Q3 어렸을 때 좋아했던 우리나라의 장소

Pick a favorite place in your country that you visited in your childhood and describe it in as much detail as possible. What memories do you have from that place? What was it like there when you were a child?

어린 시절에 당신 나라에서 방문했던 가장 좋아하는 곳을 골라 가능한 한 자세하게 설명해주세요. 그 장소와 관련해 어떤 기억이 남아 있나요? 어렸을 때 그곳은 어떤 모습이었나요?

모범답변

| 도입부

For our family trips every summer, we [~하곤 했다] go to Gangneung, which is on the east coast. It's a popular getaway for families living in Seoul [~이기 때문에] it's a quiet, seaside city.

해마다 여름에 가족 여행을 위해, 우리는 동해안에 위치한 강릉에 가곤 했어요. 조용한 해변 도시라서 서울에 사는 가족들에겐 인기 있는 휴가지입니다.

| 본문

First, to describe Gangneung, there are [소나무들] everywhere, and there are even small pine forests along some of the beaches. I actually [쉬었던 것이 기억난다] in the [그늘] there when I got too hot in the sun. Second, the beaches are Gangneung's main [명소], so they were always [~로 붐비는] families in the summertime. When we were there, I could [거의 ~않다] see the sand because of all the people. The water was [~로 가득 찬] kids playing and [물장구치는] in the waves, too. Finally, thinking of the beach, I have a [좋은 기억] of lighting fireworks with my dad at night. We shot them over the water, and I remember them exploding in different colors above the waves.

우선, 강릉을 설명하자면, 어디에나 소나무가 있고, 심지어 몇몇 해변을 따라 작은 소나무 숲도 있어요. 제가 실제로 햇빛이 너무 뜨거워지면 그곳에 있는 그늘에서 쉬었던 것이 기억납니다. 두 번째로, 여러 해변들이 강릉의 주요 명소이기 때문에, 여름에는 항상 가족들로 붐벼요. 우리가 그곳에 갔을 때, 사람들이 너무 많아서 모래사장이 거의 보이지 않을 정도였어요. 바다에도 물장구치면서 노는 아이들로 가득했어요. 마지막으로, 해변을 떠올려 보면, 밤에 아빠와 함께 폭죽에 불을 붙이던 좋은 기억이 있어요. 우리는 물 위로 그걸 쏘아 올렸는데, 파도 위에서 다양한 색으로 터졌던 게 기억나요.

| 마무리

Now, I only have happy memories of them.

지금은, 즐거웠던 기억만 남아 있어요.

모범 답안

would / since / pine trees / remember relaxing / shade / attraction / crowded with / barely / full of / splashing / fond memory

Q3 어렸을 때 좋아했던 우리나라의 장소

Pick a favorite place in your country that you visited in your childhood and describe it in as much detail as possible. What memories do you have from that place? What was it like there when you were a child?

어린 시절에 당신 나라에서 방문했던 가장 좋아하는 곳을 골라 가능한 한 자세하게 설명해주세요. 그 장소와 관련해 어떤 기억이 남아 있나요? 어렸을 때 그곳은 어떤 모습이었나요?

모범답변 🔊 MP3 2_6

| 도입부

동해안에 위치한 강릉에 가곤함
would go to Gangneung, which is on the east coast.

For our family trips every summer, we would go to Gangneung, which is on the east coast. It's a popular getaway for families living in Seoul since it's a quiet, seaside city.

해마다 여름에 가족 여행을 위해, 우리는 동해안에 위치한 강릉에 가곤 했어요. 조용한 해변 도시라서 서울에 사는 가족들에겐 인기 있는 휴가지입니다.

| 본문

• 강릉을 설명하자면, 어디에나 소나무 숲 있음
to describe Gangneung, there are pine trees everywhere

• 여름에는 항상 가족들로 붐빔
always crowded with families in the summertime

• 밤에 아빠와 함께 폭죽에 불을 붙이던 좋은 기억 있음
have a fond memory of lighting fireworks with my dad at night

First, to describe Gangneung, there are pine trees everywhere, and there are even small pine forests along some of the beaches. I actually remember relaxing in the shade there when I got too hot in the sun. Second, the beaches are Gangneung's main attraction, so they were always crowded with families in the summertime. When we were there, I could barely see the sand because of all the people. The water was full of kids playing and splashing in the waves, too. Finally, thinking of the beach, I have a fond memory of lighting fireworks with my dad at night. We shot them over the water, and I remember them exploding in different colors above the waves.

우선, 강릉을 설명하자면, 어디에나 소나무가 있고, 심지어 몇몇 해변을 따라 작은 소나무 숲도 있어요. 제가 실제로 햇빛이 너무 뜨거워지면 그곳에 있는 그늘에서 쉬었던 것이 기억납니다. 두 번째로, 여러 해변들이 강릉의 주요 명소이기 때문에, 여름에는 항상 가족들로 붐벼요. 우리가 그곳에 갔을 때, 사람들이 너무 많아서 모래사장이 거의 보이지 않을 정도였어요. 바다에도 물장구치면서 노는 아이들로 가득했어요. 마지막으로, 해변을 떠올려 보면, 밤에 아빠와 함께 폭죽에 불을 붙이던 좋은 기억이 있어요. 우리는 물 위로 그걸 쏘아 올렸는데, 파도 위에서 다양한 색으로 터졌던 게 기억나요.

| 마무리

즐거웠던 기억만 남아있음
only have happy memories of them

Now, I only have happy memories of them.

지금은, 즐거웠던 기억만 남아 있어요.

고득점 어휘/표현

어휘 표현 getaway 휴가지 along (길 등) ~을 따라 remember -ing ~했던 것을 기억하다 attraction 명소 barely 거의 ~ 않다
splash in the waves 물장구치다 fond 좋아하는 explode 터지다, 폭발하다

Q4 내가 가본 국내 장소 관련 경험

People may have memorable experiences when they explore their country's geography. Maybe you had one while climbing a famous mountain or hiking through a beautiful forest. Tell me about a memorable time you had at a natural place in your country.

사람들은 국내 지형을 탐험하면서 기억에 남는 경험을 할 수 있습니다. 당신도 유명한 산을 오르거나 아름다운 숲 속에서 하이킹하면서 그런 경험을 해본 적이 있을 수도 있어요. 당신 나라의 자연 공간에서 겪은 기억에 남는 시간에 관해 말해주세요.

모범답변

| 도입부

When I was growing up, my father loved the [야외], so he always took us hiking and camping. Our [가장 좋아하는 목적지] was Seoraksan, which is one of the most [잘 알려진] mountains in Korea. I have a lot of fond memories from those trips.

제가 자랄 때, 아빠가 야외를 아주 좋아하셔서, 항상 우리를 데리고 하이킹과 캠핑하러 갔어요. 우리가 가장 좋아했던 목적지는 설악산이었는데, 한국에서 가장 잘 알려진 산들 중의 하나예요. 저는 그때 갔던 여행에서 얻은 좋은 기억이 많이 있어요.

| 본문

First, I remember the [경치]. We went there in the autumn, so all the leaves were [색이 바뀌고 있는, 단풍이 들고 있는]. The mountainside was covered in shades of red, orange, and yellow. We rested on a cliff that [내려다보였다] over the valley, and I still have a mental image of how beautiful it was. Second, I remember the trail we took was fairly [힘드는]. My dad had to [내게 많은 격려를 해주다] because I was so tired, but it made [정상에 도달하는 것] even more [만족스러운]. Last, I remember seeing the Dinosaur Ridge while we were hiking. The peaks really did look like the back of some kind of spiky dinosaur. I'd never seen a natural feature that looked so cool before.

우선, 경치가 기억나요. 우리는 가을에 그곳으로 갔기 때문에, 모든 나뭇잎 색이 바뀌고 있었죠. 산등성이가 붉은색과 오렌지색, 그리고 노란색으로 덮여 있었어요. 우리는 아래로 계곡이 내려다보이는 절벽에서 휴식을 취했는데, 얼마나 아름다웠는지 여전히 머리 속에 그 이미지가 남아 있어요. 두 번째로, 우리가 걸었던 산길이 꽤 힘들었던 게 기억나요. 아빠는 제가 너무 지치는 바람에 저를 많이 격려해주셔야 했지만, 그것 때문에 정상에 도달한 게 훨씬 더 만족스러워졌어요. 마지막으로, 하이킹하는 동안 공룡능선을 본 게 기억나요. 그 산봉우리들이 정말 어떤 종류의 뾰족한 공룡 등이랑 똑같이 생겼어요. 저는 전에 한 번도 그렇게 멋져 보이는 자연적인 특징을 본 적이 없었죠.

| 마무리

Anyway, hiking with my dad in Seoraksan is [분명히] one of my favorite [어린 시절의 기억들].

어쨌든, 아빠와 함께 설악산에서 하이킹한 건 분명히 제가 가장 좋아하는 어린 시절의 기억들 중 하나입니다.

모범 답안

outdoors / favorite destination / well-known / scenery / changing colors / looked down / challenging / give me a lot of encouragement / reaching the peak / satisfying / definitely / childhood memories

Q4 내가 가본 국내 장소 관련 경험

People may have memorable experiences when they explore their country's geography. Maybe you had one while climbing a famous mountain or hiking through a beautiful forest. Tell me about a memorable time you had at a natural place in your country.

사람들은 국내 지형을 탐험하면서 기억에 남는 경험을 할 수 있습니다. 당신도 유명한 산을 오르거나 아름다운 숲 속에서 하이킹하면서 그런 경험을 해본 적이 있을 수도 있어요. 당신 나라의 자연 공간에서 겪은 기억에 남는 시간에 관해 말해주세요.

모범답변

🔊 MP3 2_8

도입부

우리가 가장 좋아했던 목적지는 설악산임
our favorite destination was Seoraksan

When I was growing up, my father loved the outdoors, so he always took us hiking and camping. Our favorite destination was Seoraksan, which is one of the most well-known mountains in Korea. I have a lot of fond memories from those trips.

제가 자랄 때, 아빠가 야외를 아주 좋아하셔서, 항상 우리를 데리고 하이킹과 캠핑하러 갔어요. 우리가 가장 좋아했던 목적지는 설악산이었는데, 한국에서 가장 잘 알려진 산들 중의 하나예요. 저는 그때 갔던 여행에서 얻은 좋은 기억이 많이 있어요.

본문

- 가을에 그곳으로 갔기 때문에, 모든 나뭇잎 색이 바뀌고 있었음
  went there in the autumn, so all the leaves were changing colors
- 걸었던 산길이 꽤 힘들었던 게 기억남
  remember the trail we took was fairly challenging
- 하이킹하는 동안 공룡 능선을 본 게 기억남
  remember seeing the Dinosaur Ridge while we were hiking

First, I remember the scenery. We went there in the autumn, so all the leaves were changing colors. The mountainside was covered in shades of red, orange, and yellow. We rested on a cliff that looked down over the valley, and I still have a mental image of how beautiful it was. Second, I remember the trail we took was fairly challenging. My dad had to give me a lot of encouragement because I was so tired, but it made reaching the peak even more satisfying. Last, I remember seeing the Dinosaur Ridge while we were hiking. The peaks really did look like the back of some kind of spiky dinosaur. I'd never seen a natural feature that looked so cool before.

우선, 경치가 기억나요. 우리는 가을에 그곳으로 갔기 때문에, 모든 나뭇잎 색이 바뀌고 있었죠. 산등성이가 붉은색과 오렌지색, 그리고 노란색으로 덮여 있었어요. 우리는 아래로 계곡이 내려다보이는 절벽에서 휴식을 취했는데, 얼마나 아름다웠는지 여전히 머리 속에 그 이미지가 남아 있어요. 두 번째로, 우리가 걸었던 산길이 꽤 힘들었던 게 기억나요. 아빠는 제가 너무 지치는 바람에 저를 많이 격려해주셔야 했지만, 그것 때문에 정상에 도달한 게 훨씬 더 만족스러워졌어요. 마지막으로, 하이킹하는 동안 공룡능선을 본 게 기억나요. 그 산봉우리들이 정말 어떤 종류의 뾰족한 공룡 등이랑 똑같이 생겼어요. 저는 전에 한 번도 그렇게 멋져 보이는 자연적인 특징을 본 적이 없었죠.

마무리

분명 내가 가장 좋아하는 어린 시절의 기억들 중 하나
definitely one of my favorite childhood memories

Anyway, hiking with my dad in Seoraksan is definitely one of my favorite childhood memories.

어쨌든, 아빠와 함께 설악산에서 하이킹한 건 분명 제가 가장 좋아하는 어린 시절의 기억들 중 하나입니다.

고득점 어휘/표현

어휘 표현

scenery 경치, 풍경   cliff 절벽   trail 산길, 등산로   fairly 꽤, 상당히   challenging 힘든, 어려운   encouragement 격려   peak 정상, 산봉우리   satisfying 만족감을 주는   spiky 뾰족한   feature 특징

STEP 5 나만의 OPIc 답변 만들어 보기

• 우리나라의 지형적 특징

| 도입부 | ▶ | 본문 | ▶ | 마무리 |

• 어렸을 때 좋아했던 우리나라의 장소

| 도입부 | ▶ | 본문 | ▶ | 마무리 |

• 내가 가 본 국내 장소 관련 경험

| 도입부 | ▶ | 본문 | ▶ | 마무리 |

DAY 4 Q 5 6 7 패션

★★★★☆

음성강의 듣기

DATE _____

STEP 1 기출 포인트 파악하기

가장 많이 나오는 3 COMBO 세트

❶ 우리나라 사람들의 패션

I'd like to know about the kinds of clothes people in your country typically wear. Do people wear different clothes for work and for leisure? Tell me about the clothes in your country in detail.

당신 나라의 사람들이 일반적으로 입는 옷 종류에 관해 알고 싶습니다. 사람들이 직장에서, 그리고 여가 시간에 다른 옷을 입나요? 당신 나라의 옷과 관련해 자세히 말해주세요.

❷ 내가 좋아하는 옷과 패션 스타일

How would you describe your personal style? What kind of clothes are you wearing today? What is your favorite fashion style? Tell me everything you can about your personal fashion style.

당신의 스타일을 어떻게 설명하고 싶나요? 오늘은 어떤 종류의 옷을 입고 있나요? 가장 좋아하는 패션 스타일은 무엇인가요? 당신의 개인적인 패션 스타일과 관련해 가능한 한 모두 말해주세요.

❸ 과거와 현재의 패션 비교

Fashion is constantly changing. I'd like to know about the clothes that people wore when you were younger. What style was popular? Was it similar to styles today? How were clothes different from those that are popular now?

패션은 지속적으로 변하고 있습니다. 당신이 어렸을 때 사람들이 입었던 옷에 관해 알고 싶어요. 어떤 스타일이 인기 있었나요? 요즘 스타일과 비슷했나요? 지금 인기 있는 옷과 어떻게 달랐나요?

STEP 2 어휘와 패턴 익히기

제시된 오늘의 어휘와 패턴을 익히고 답변에 사용하고자 하는 어휘나 패턴에 체크해보세요.

어휘

- ☐ 무채색 — neutral colors
- ☐ 옷, 복장 — outfit
- ☐ 외모, 겉모습 — appearance
- ☐ 복장 규정 — dress code
- ☐ ~와 어울리다 — go with
- ☐ 옷, 의상 — wardrobe
- ☐ 트렌드, 유행, 경향 — trend
- ☐ 다시 유행을 타다 — come back in style
- ☐ 패딩 점퍼 — puffy coat
- ☐ 말끔하게 — neatly
- ☐ 편안함 — comfort
- ☐ ~을 편하게 느끼다 — be comfortable in
- ☐ 후드티 — hoodie
- ☐ 느긋한 — laidback
- ☐ 잘 맞다, 어울리다 — fit
- ☐ ~에 돈을 많이 소비하다 — spend a lot of money on
- ☐ 뽐내다, 과시하다 — show off
- ☐ 발목 길이의 — ankle-length
- ☐ 돌고 돌다 — move in circles

패턴

- **tend to** ~하는 경향이 있다

People **tend to** wear neutral colors, and it's rare to see shocking or surprising outfits.
사람들이 무채색으로 입는 경향이 있어서, 충격적이거나 놀라운 옷을 보는 게 흔치 않습니다.

I _____ wear clothes that are practical rather than fashionable.
저는 유행하는 옷 보다 실용적인 옷을 입으려는 경향이 있어요.

- **as long as** ~하기만 하면, ~하는 한

As long as you dress neatly, then work clothes and casual clothes are mostly the same.
말끔하게 차려 입기만 한다면, 직장에서 입는 옷과 일상복이 대부분 동일합니다.

I'm willing to buy a leisurewear _____ it is comfortable.
편하기만 하다면, 저는 레저웨어를 기꺼이 살 의향이 있어요.

STEP 3 나만의 문장 만들기

주어진 우리말을 보고 빈칸을 채우고 아래 모범 답안을 확인해보세요.

❶ 우리나라 사람들의 패션 – 설명

옷이 꽤 보수적임	The clothing is 꽤 보수적인 .
사람들이 무채색으로 입는 경향이 있음	People tend to wear 무채색 .
충격적이거나 놀라운 옷을 보는 게 흔치 않음	It's rare to see 충격적인 or 놀라운 옷 .

❷ 우리나라 사람들의 패션 – 직장에서 입는 옷과 여가 시간에 입는 옷 차이점

직장에서 입는 옷과 여가 시간에 입는 옷 사이의 차이점과 관련해서는, 많이 다르지 않음	As for the difference between 직장과 여가 시간에 입는 옷 , there aren't many.
요즘은, 많은 사무실에 일상복 규정이 있음	Nowadays, a lot of offices have 일상복 규정 .
말끔하게 차려 입기만 한다면, 직장에서 입는 옷과 일상복이 대부분 동일함	~하기만 한다면 you dress 말끔하게 , then work clothes and casual clothes are 대부분 동일한 .

❸ 내가 좋아하는 옷과 패션 스타일

거의 매일 청바지를 입는데, 편하기 때문	I wear 청바지 most days because they're 편안한 .
선호하는 패션 스타일은 느긋한 차림	I guess my preferred fashion style is 느긋한 .
내가 점점 더 관심을 갖게 되는 패션의 한 가지는 하이탑 스니커즈임	One piece of fashion I'm becoming more interested in is 하이탑 스니커즈 .

❹ 과거와 현재의 패션 비교 – 옷

현재의 몇몇 패션 트렌드는 2000년대의 스타일에서 비롯된 것처럼 보임	Some 현재의 패션 트렌드 seem to draw 2000년대의 스타일에서 .
예를 들어, 헐렁한 발목 길이의 바지가 그때 당시에 인기 있었음	For example, 헐렁한 , 발목 길이의 바지들 were popular back then.
지금은 많은 사람들이 비슷한 스타일의 바지를 입는 게 보임	Now I see a lot of people wearing 비슷한 스타일의 바지 .

모범 답안

❶ fairly conservative / neutral colors / shocking / surprising outfits
❷ work and leisure clothes / casual dress codes / As long as / neatly / mostly the same
❸ jeans / comfortable / laidback / high-top sneakers
❹ current fashion trends / from styles in the 2000s / loose-fitting / ankle-length pants / a similar style of jeans

STEP 4 실전 문제 풀어보고 확인하기

실전 문제를 듣고 빈칸을 채우거나 소리내 말해보고 아래 모범 답안을 확인해보세요.

🔊 MP3 2_9

Q5 우리나라 사람들의 패션

I'd like to know about the kinds of clothes people in your country typically wear. Do people wear different clothes for work and for leisure? Tell me about the clothes in your country in detail.

당신 나라의 사람들이 일반적으로 입는 옷 종류에 관해 알고 싶습니다. 사람들이 직장에서, 그리고 여가 시간에 다른 옷을 입나요? 당신 나라의 옷과 관련해 자세히 말해주세요.

모범답변

| 도입부

I'm not the most 〔유행에 민감한〕 person. So, I don't think I know that much about clothes.

제가 패션에 아주 민감한 사람은 아닙니다. 그래서, 옷에 관해 그렇게 많이 안다고 생각진 않아요.

| 본문

First, I can say two things about it, though. For one, the clothing is fairly 〔보수적인〕. I mean, people 〔~하는 경향이 있다〕 wear 〔무채색〕, and it's 〔흔치 않은〕 to see shocking or surprising outfits. 〔게다가〕, I do believe people dress 〔말끔하게〕. Image is important here, and I think people 〔~을 반영하다〕 that in their clothing and personal appearance. As for the difference between work and 〔여가 시간에 입는〕 clothes, there aren't many. Nowadays, a lot of offices have casual 〔복장 규정〕. Some men still wear suits to work, but it's not as 〔흔한〕 as it used to be. 〔~하는 한〕 you dress neatly, then work clothes and casual clothes are mostly the same.

우선, 그럼에도 불구하고 두 가지를 말씀 드릴 수 있어요. 한 가지는, 옷이 꽤 보수적입니다. 제 말은, 사람들이 무채색으로 입는 경향이 있어서, 충격적이거나 놀라운 옷을 보는 게 흔치 않아요. 게다가, 저는 사람들이 말끔하게 차려 입는다고 생각합니다. 이곳에선 이미지가 중요하기 때문에, 사람들이 자신의 옷과 외모에 그런 면을 반영하는 것 같아요. 직장에서 입는 옷과 여가 시간에 입는 옷 사이의 차이점과 관련해서는, 많이 다르지 않아요. 요즘은, 많은 사무실에 일상복 규정이 있어요. 어떤 남자들은 여전히 정장을 입고 출근하지만, 전에 그랬던 것만큼 흔하진 않죠. 말끔하게 차려 입기만 한다면, 직장에서 입는 옷과 일상복이 대부분 동일합니다.

| 마무리

That's all I can think of for now.

이게 지금 제가 생각할 수 있는 다예요.

모범 답안

fashionable / conservative / tend to / neutral colors / rare / In addition / neatly / reflect / leisure / dress codes / common / As long as

Q5 우리나라 사람들의 패션

I'd like to know about the kinds of clothes people in your country typically wear. Do people wear different clothes for work and for leisure? Tell me about the clothes in your country in detail.

당신 나라의 사람들이 일반적으로 입는 옷 종류에 관해 알고 싶습니다. 사람들이 직장에서, 그리고 여가 시간에 다른 옷을 입나요? 당신 나라의 옷과 관련해 자세히 말해주세요.

모범답변 MP3 2_10

| 도입부

옷에 관해 그렇게 많이 안다고 생각하진 않음
don't think I know that much about clothes

> I'm not the most fashionable person. So, I don't think I know that much about clothes.
> 제가 패션에 아주 민감한 사람은 아닙니다. 그래서, 옷에 관해 그렇게 많이 안다고 생각하진 않아요.

| 본문

- 사람들이 무채색으로 입는 경향이 있음
  people tend to wear neutral colors
- 충격적이거나 놀라운 옷을 보는 게 흔치 않음
  rare to see shocking or surprising outfits
- 요즘은, 많은 사무실에 일상복 규정이 있음
  Nowadays, a lot of offices have casual dress codes.

> First, I can say two things about it, though. For one, the clothing is **fairly conservative**. I mean, people tend to wear neutral colors, and it's rare to see shocking or surprising outfits. In addition, I do believe people dress **neatly**. Image is important here, and I think people **reflect** that in their clothing and **personal appearance**. **As for** the difference between work and leisure clothes, there aren't many. Nowadays, a lot of offices have casual dress codes. Some men still wear suits to work, but it's not **as common as** it used to be. **As long as** you dress neatly, then work clothes and casual clothes are **mostly** the same.
> 우선, 그럼에도 불구하고 두 가지를 말씀 드릴 수 있어요. 한 가지는, 옷이 꽤 보수적입니다. 제 말은, 사람들이 무채색으로 입는 경향이 있어서, 충격적이거나 놀라운 옷을 보는 게 흔치 않아요. 게다가, 저는 사람들이 말끔하게 차려 입는다고 생각합니다. 이곳에선 이미지가 중요하기 때문에, 사람들이 자신의 옷과 외모에 그런 면을 반영하는 것 같아요. 직장에서 입는 옷과 여가 시간에 입는 옷 사이의 차이점과 관련해서는, 많이 다르지 않아요. 요즘은, 많은 사무실에 일상복 규정이 있어요. 어떤 남자들은 여전히 정장을 입고 출근하지만, 전에 그랬던 것만큼 흔하진 않죠. 말끔하게 차려 입기만 한다면, 직장에서 입는 옷과 일상복이 대부분 동일합니다.

| 마무리

이게 다임
That's all

> That's all I can **think of** for now.
> 이게 지금 제가 생각할 수 있는 다예요.

고득점 어휘/표현

어휘 표현

typically 일반적으로, 보통   in detail 자세히   though (문장 끝이나 중간에서) 그럼에도 불구하고, 하지만   fairly 꽤, 상당히   conservative 보수적인   tend to ~하는 경향이 있다   neutral colors 무채색   rare 흔치 않은, 드문   outfit 옷, 복장   in addition 게다가, 추가로   neatly 말끔하게   reflect ~을 반영하다   appearance 외모, 겉모습   dress code 복장 규정

🔊 MP3 2_11

Q6 내가 좋아하는 옷과 패션 스타일

How would you describe your personal style? What kind of clothes are you wearing today? What is your favorite fashion style? Tell me everything you can about your personal fashion style.
당신의 스타일을 어떻게 설명하고 싶나요? 오늘은 어떤 종류의 옷을 입고 있나요? 가장 좋아하는 패션 스타일은 무엇인가요? 당신의 개인적인 패션 스타일과 관련해 가능한 한 모두 말해주세요.

모범답변

도입부

My personal style is mostly [결정되는] by comfort. If I'm not comfortable in something, then I don't want to wear it. So, I have a very [평상복의, 캐주얼의] fashion style.
제 개인적인 스타일은 대부분 편안함에 의해 결정됩니다. 제가 뭔가에 편하지 않다면, 입고 싶어하지 않죠. 그래서, 저는 아주 캐주얼한 패션 스타일입니다.

본문

First, I wear jeans most days because they're comfortable and [~와 어울리다] anything. Then, since it's cold today, I'm wearing my favorite [모자 달린 옷, 후드티]. Second, I guess my [선호되는] fashion style is [느긋한]. But, don't mistake this for [지저분한] — I still like to look neat. [~하다고 해도] my clothes are casual, I like for them to [맞다] well and be clean. I'm actually pretty [~에 대해 까다로운] how my clothes fit. Last, one piece of fashion I'm becoming more interested in is high-top sneakers. There are so many styles, and the right pair or color can completely change your [옷(차림)]. People [많은 돈을 쓰다] in them, too. So, my clothing might be casual, but I like to [뽐내다] my sneakers.
우선, 저는 거의 매일 청바지를 입는데, 편하면서도 어떤 것과도 잘 어울리기 때문입니다. 그리고, 오늘은 날씨가 추워서, 제가 가장 좋아하는 후드티를 입고 있어요. 두 번째로, 제가 선호하는 패션 스타일은 느긋한 차림인 것 같아요. 하지만, 이걸 지저분한 것으로 오해하지 않으셨으면 하는데, 그럼에도 불구하고 말끔해 보이는 걸 좋아하기 때문입니다. 설사 제 옷이 캐주얼하다고 해도, 잘 맞으면서 깔끔한 게 좋아요. 저는 사실 제 옷이 얼마나 잘 맞는지에 대해 꽤 까다롭죠. 마지막으로, 제가 점점 더 관심을 갖게 되는 패션의 한 가지는 하이탑 스니커즈예요. 아주 많은 스타일이 있기 때문에, 딱 어울리는 한 켤레나 색상이면 옷차림을 완전히 달라 보이게 만들어줄 수 있죠. 사람들도 이것에 돈을 많이 소비합니다. 그래서, 제 옷이 캐주얼할 지는 모르겠지만, 제 스니커즈로 뽐내는 걸 좋아해요.

마무리

That's about it. Maybe I should work on my wardrobe, but I like my style.
이 정도가 다예요. 아마 제 옷에 공을 들이긴 해야겠지만, 저는 제 스타일이 마음에 들어요.

모범 답안

determined / casual / go with / hoodie / preferred / laidback / messy / Even if / fit / picky about / outfit / spend a lot of money / show off with

Q6 내가 좋아하는 옷과 패션 스타일

How would you describe your personal style? What kind of clothes are you wearing today? What is your favorite fashion style? Tell me everything you can about your personal fashion style.

당신의 스타일을 어떻게 설명하고 싶나요? 오늘은 어떤 종류의 옷을 입고 있나요? 가장 좋아하는 패션 스타일은 무엇인가요? 당신의 개인적인 패션 스타일과 관련해 가능한 한 모두 말해주세요.

모범답변 MP3 2_12

| 도입부

대부분 편안함에 의해 결정됨
mostly determined by comfort

> My personal style is mostly determined by comfort. If I'm not comfortable in something, then I don't want to wear it. So, I have a very casual fashion style.
>
> 제 개인적인 스타일은 대부분 편안함에 의해 결정됩니다. 제가 뭔가에 편하지 않다면, 입고 싶어하지 않죠. 그래서, 저는 아주 캐주얼한 패션 스타일입니다.

| 본문

- 편하기 때문에 거의 매일 청바지 입음
  wear jeans most days because they're comfortable
- 선호하는 패션 스타일은 느긋한 차림임
  my preferred fashion style is laidback
- 점점 더 관심을 갖게 되는 패션의 한 가지는 하이탑 스니커즈임
  becoming more interested in is high-top sneakers

> First, I wear jeans most days because they're comfortable and go with anything. Then, since it's cold today, I'm wearing my favorite hoodie. Second, I guess my preferred fashion style is laidback. But, don't mistake this for messy — I still like to look neat. Even if my clothes are casual, I like for them to fit well and be clean. I'm actually pretty picky about how my clothes fit. Last, one piece of fashion I'm becoming more interested in is high-top sneakers. There are so many styles, and the right pair or color can completely change your outfit. People spend a lot of money on them, too. So, my clothing might be casual, but I like to show off with my sneakers.
>
> 우선, 저는 거의 매일 청바지를 입는데, 편하면서도 어떤 것과도 잘 어울리기 때문입니다. 그리고, 오늘은 날씨가 추워서, 제가 가장 좋아하는 후드티를 입고 있어요. 두 번째로, 제가 선호하는 패션 스타일은 느긋한 차림인 것 같아요. 하지만, 이걸 지저분한 것으로 오해하지 않으셨으면 하는데, 그럼에도 불구하고 말끔해 보이는 걸 좋아하기 때문입니다. 설사 제 옷이 캐주얼하다고 해도, 잘 맞으면서 깔끔한 게 좋아요. 저는 사실 제 옷이 얼마나 잘 맞는지에 대해 꽤 까다롭죠. 마지막으로, 제가 점점 더 관심을 갖게 되는 패션의 한 가지는 하이탑 스니커즈예요. 아주 많은 스타일이 있기 때문에, 딱 어울리는 한 켤레나 색상이면 옷차림을 완전히 달라 보이게 만들어줄 수 있죠. 사람들도 이것에 돈을 많이 소비합니다. 그래서, 제 옷이 캐주얼할 지는 모르겠지만, 제 스니커즈로 뽐내는 걸 좋아해요.

| 마무리

이 정도가 다임
That's about it.

> That's about it. Maybe I should work on my wardrobe, but I like my style.
>
> 이 정도가 다예요. 아마 제 옷에 공을 들이긴 해야겠지만, 저는 제 스타일이 마음에 들어요.

고득점 어휘/표현

 어휘 표현
comfort 편안함 be comfortable in ~을 편하게 느끼다 go with ~와 어울리다 hoodie 후드티 preferred 선호하는 laidback 느긋한 mistake A for B A를 B로 오해하다 neat 말끔한 fit 잘 맞다, 어울리다 picky 까다로운 spend a lot of money on ~에 돈을 많이 소비하다 show off 뽐내다, 과시하다 work on ~에 공을 들이다, 노력을 기울이다 wardrobe 옷, 의상

🔊 MP3 2_13

Q7 과거와 현재의 패션 비교

Fashion is constantly changing. I'd like to know about the clothes that people wore when you were younger. What style was popular? Was it similar to styles today? How were clothes different from those that are popular now?

패션은 지속적으로 변하고 있습니다. 당신이 어렸을 때 사람들이 입었던 옷에 관해 알고 싶어요. 어떤 스타일이 인기 있었나요? 요즘 스타일과 비슷했나요? 지금 인기 있는 옷과 어떻게 달랐나요?

모범답변

| 도입부

I agree with you, Ava, that fashion is [지속적으로] changing. But, [동시에], similar styles tend to come back. In that way, I think a lot of the clothing today is [~와 비슷한] what people wore when I was younger.

패션이 지속적으로 변하고 있다는 에바 당신 말에 동의해요. 하지만, 동시에, 비슷한 스타일이 다시 나타나는 경향이 있습니다. 그런 면에서, 저는 요즘 많은 옷이 제가 더 어렸을 때 사람들이 입었던 것과 비슷하다고 생각해요.

| 본문

First, some [현재의] fashion trends [~처럼 보이다] draw from styles in the 2000s. I don't know fashion that well, but there are some trends that I've [알아차렸다]. For example, [헐렁한], [발목 길이의] pants were popular back then, and now I see a lot of people wearing a similar style of jeans. I was really surprised, too, because I thought baggy pants would never [다시 돌아오다] in style! Puffy coats are, too, and I remember begging my mom for one when I was a teenager. [~뿐만 아니라, ~외에도] that, some trends with shoes and accessories are similar. Everyone seems to have white sneakers again, but maybe they never fall out of fashion. Plus, some young people are wearing bucket hats again, which my friends and I wore [옛날에]. To me, it seems that fashion really does move in circles.

우선, 현재의 몇몇 패션 트렌드는 2000년대의 스타일에서 비롯된 것처럼 보입니다. 제가 패션을 그렇게 잘 아는 건 아니지만, 제 눈에 띈 트렌드가 몇 가지 있어요. 예를 들어, 헐렁한 발목 길이의 바지가 그 때 당시에 인기 있었는데, 지금은 많은 사람들이 비슷한 스타일의 바지를 입는 게 보입니다. 저도 정말 놀랐는데, 배기 팬츠가 절대로 다시 유행할 것 같지 않았거든요! 패딩 잠바도 마찬가지인데, 제가 십대였을 때 엄마에게 하나 사달라고 졸랐던 기억이 나요. 그뿐만 아니라, 몇몇 신발과 액세서리 트렌드도 비슷해요. 모든 사람이 다시 흰색 스니커즈를 갖고 있는 것 같은데, 아마 그 스니커즈는 절대로 유행이 끝나지 않을 것 같아요. 게다가, 일부 젊은 사람들은 버킷햇도 다시 쓰고 있는데, 이건 옛날에 제 친구들과 저도 썼던 거예요. 제가 보기엔, 정말 패션이 돌고 도는 게 분명한 것 같아요.

| 마무리

So, I think there are not many differences between current and past fashion trends.

그래서, 저는 현재와 과거의 패션 트렌드가 크게 다르지 않다고 생각합니다.

모범 답안

constantly / at the same time / similar to / current / seem to / noticed / loose-fitting / ankle-length / come back / On top of / back in the day

Q7 과거와 현재의 패션 비교

Fashion is constantly changing. I'd like to know about the clothes that people wore when you were younger. What style was popular? Was it similar to styles today? How were clothes different from those that are popular now?

패션은 지속적으로 변하고 있습니다. 당신이 어렸을 때 사람들이 입었던 옷에 관해 알고 싶어요. 어떤 스타일이 인기 있었나요? 요즘 스타일과 비슷했나요? 지금 인기 있는 옷과 어떻게 달랐나요?

모범답변

🔊 MP3 2_14

| 도입부

비슷한 스타일이 다시 나타나는 경향 있음
similar styles tend to come back

I agree with you, Ava, that fashion is constantly changing. But, at the same time, similar styles tend to come back. In that way, I think a lot of the clothing today is similar to what people wore when I was younger.

패션이 지속적으로 변하고 있다는 에바 당신 말에 동의해요. 하지만, 동시에, 비슷한 스타일이 다시 나타나는 경향이 있습니다. 그런 면에서, 저는 요즘 많은 옷이 제가 더 어렸을 때 사람들이 입었던 것과 비슷하다고 생각해요.

| 본문

- 현재의 몇몇 패션 트렌드는 2000년대의 스타일에서 비롯된 것처럼 보임
some current fashion trends seem to draw from styles in the 2000s

- 헐렁한 발목 길이의 바지가 그때 당시에 인기 있었음
loose-fitting, ankle-length pants were popular back then

- 몇몇 신발과 액세서리 트렌드도 비슷함
some trends with shoes and accessories are similar

- 모든 사람이 다시 흰색 스니커즈를 갖고 있는 것 같음
seems to have white sneakers again

First, some current fashion trends seem to draw from styles in the 2000s. I don't know fashion that well, but there are some trends that I've noticed. For example, loose-fitting, ankle-length pants were popular back then, and now I see a lot of people wearing a similar style of jeans. I was really surprised, too, because I thought baggy pants would never come back in style! Puffy coats are, too, and I remember begging my mom for one when I was a teenager. On top of that, some trends with shoes and accessories are similar. Everyone seems to have white sneakers again, but maybe they never fall out of fashion. Plus, some young people are wearing bucket hats again, which my friends and I wore back in the day. To me, it seems that fashion really does move in circles.

우선, 현재의 몇몇 패션 트렌드는 2000년대의 스타일에서 비롯된 것처럼 보입니다. 제가 패션을 그렇게 잘 아는 건 아니지만, 제 눈에 띈 트렌드가 몇 가지 있어요. 예를 들어, 헐렁한 발목 길이의 바지가 그때 당시에 인기 있었는데, 지금은 많은 사람들이 비슷한 스타일의 바지를 입는 게 보입니다. 저도 정말 놀랐는데, 배기 팬츠가 절대로 다시 유행할 것 같지 않았거든요! 패딩 잠바도 마찬가지인데, 제가 십대였을 때 엄마에게 하나 사달라고 졸랐던 기억이 나요. 그뿐만 아니라, 몇몇 신발과 액세서리 트렌드도 비슷해요. 모든 사람이 다시 흰색 스니커즈를 갖고 있는 것 같은데, 아마 그 스니커즈는 절대로 유행이 끝나지 않을 것 같아요. 게다가, 일부 젊은 사람들은 버킷햇도 다시 쓰고 있는데, 이건 옛날에 제 친구들과 저도 썼던 거예요. 제가 보기엔, 정말 패션이 돌고 도는 게 분명한 것 같아요.

| 마무리

현재와 과거의 패션 트렌드가 크게 다르지 않음
not many differences between current and past fashion trends

So, I think there are not many differences between current and past fashion trends.

그래서, 저는 현재와 과거의 패션 트렌드가 크게 다르지 않다고 생각합니다.

고득점 어휘/표현

STEP 5 나만의 OPIc 답변 만들어 보기

• 우리나라 사람들의 패션

| 도입부 | ▶ | 본문 | ▶ | 마무리 |

• 내가 좋아하는 옷과 패션 스타일

| 도입부 | ▶ | 본문 | ▶ | 마무리 |

• 과거와 현재의 패션 비교

| 도입부 | ▶ | 본문 | ▶ | 마무리 |

DAY 5

Q 8 9 10
음악 감상하기

★★★☆☆

DATE _____

음성강의 듣기

STEP 1 기출 포인트 파악하기

가장 많이 나오는 3 COMBO 세트

❶ 좋아하는 음악 장르와 가수

You indicated in the survey that you listen to music. What kinds of music do you listen to? Who are some of your favorite musicians or composers?

설문조사에서 당신은 음악을 듣는다고 했습니다. 어떤 종류의 음악을 듣나요? 가장 좋아하는 몇몇의 음악가 또는 작곡가는 누구인가요?

❷ 음악을 듣는 장소와 시간

When and where do you usually listen to music? Do you listen to the radio? Do you go to concerts? Tell me about the different ways you enjoy music.

보통 언제, 어디에서 음악을 듣나요? 라디오를 듣나요? 콘서트에 가나요? 음악을 즐기는 여러 다른 방법에 관해 말해주세요.

❸ 음악을 좋아하게 된 계기와 변화

When did you first become interested in music? What kinds of music did you like at first? Tell me how your interest in music developed from your childhood until today.

언제 처음 음악에 관심을 갖게 되었나요? 처음에는 어떤 종류의 음악이 마음에 들었나요? 어렸을 때부터 지금까지 음악에 대한 관심이 어떻게 발전되었는지 말해주세요.

STEP 2 어휘와 패턴 익히기

제시된 오늘의 어휘와 패턴을 익히고 답변에 사용하고자 하는 어휘나 패턴에 체크해보세요.

어휘

- ☐ 작곡가 — composer
- ☐ 장르 — genre
- ☐ 악기 — instrument
- ☐ 속도감이 빠른 — fast-paced
- ☐ (음악, 동영상 등의) 재생 — streaming
- ☐ 노이즈 캔슬링 헤드폰 (주변 소음이 들리지 않는 헤드폰) — noise-canceling headphones
- ☐ 취향, 입맛 — taste
- ☐ 가사 — lyrics
- ☐ 질, 품질 — quality
- ☐ 행사장, 개최 장소 — venue
- ☐ 군중, 무리, 사람들 — crowd
- ☐ 모이다 — gather
- ☐ 발전하다, 변하다 — develop
- ☐ ~에 영향을 미치다 — have an influence on
- ☐ ~에 중독된, 사로잡힌, 집착하는 — obsessed with
- ☐ 하려 하다 — try to do

패턴

- **would have to be A** A여야 할 것이다

My favorite genre would have to be rock.
가장 좋아하는 장르는 록이라고 해야 할 것 같습니다.
I _____ more careful.
제가 좀 더 주의해야만 할 것 같아요.

- **be drawn to** ~에 흥미를 느끼다, 이끌리다

I'm also drawn to the instruments, especially the electric guitar and drums.
저는 악기에도 흥미를 느끼는데, 특히 전기 기타와 드럼이 그렇습니다.
I _____ music from my earliest year.
저는 어릴 적부터 음악에 흥미를 느꼈어요.

STEP 3 나만의 문장 만들기

주어진 우리말을 보고 빈칸을 채우고 아래 모범 답안을 확인해보세요.

❶ 좋아하는 음악 장르와 가수 - 장르

가장 좋아하는 장르는 록이라고 해야 할 것 같음	My favorite genre [~여야 할 것이다] rock.
저는 록을 들을 때, 천하무적이 된 기분이 듦	I [천하무적이 된 기분이 들다] when I listen to it.
이런 기분은 일상 생활의 모든 스트레스를 견디는 데 정말 도움이 됨	This feeling really helps me [~을 견디다, ~을 다루다] all the stress in my everyday life.

❷ 좋아하는 음악 장르와 가수 - 가수

가장 좋아하는 뮤지션과 관련해서는, '푸 파이터스'에 관해 말할 수 있음	As for my [가장 좋아하는 뮤지션], I can tell you about Foo Fighters.
평생 동안 이 밴드의 팬	I [팬이었다] of theirs for forever.
미국 밴드, 긍정적인 메시지를 담은 에너지 넘치는 노래들로 잘 알려져 있음	They're an American band that [~로 잘 알려져 있다] their energetic songs with [긍정적인 메시지].

❸ 음악을 듣는 장소와 시간

통근할 때 음악 들음	I listen to music [내가 통근할 때].
매일 대중 교통을 이용하면서 2시간 보냄	I [(시간을)보내다] two hours every day [대중 교통을 이용하면서].
대부분 음악 스트리밍 앱을 이용해서 음악 들음	I [대부분] use [스트리밍 앱] to listen to music.

❹ 음악을 좋아하게 된 계기와 변화

인기 있는 보이 밴드의 뮤직 비디오를 우연히 보게 됨	I saw a popular boy band music video [우연히].
그 밴드에 약간 중독됨	I became [약간 중독된] with the band.
지금은 음악에 대한 관심의 폭이 더 넓어짐	I have [더 폭넓은 관심] in music now.

모범 답안

❶ would have to be / feel invincible / deal with
❷ favorite musician / 've been a fan / are known for / positive messages
❸ when I commute / spend / on public transportation / mostly / streaming apps
❹ by chance / a little obsessed / a wider interest

STEP 4 실전 문제 풀어보고 확인하기

실전 문제를 듣고 빈칸을 채우거나 소리내 말해보고 아래 모범 답안을 확인해보세요.

🔊 MP3 2_15

Q8 좋아하는 음악 장르와 가수

You indicated in the survey that you listen to music. What kinds of music do you listen to? Who are some of your favorite musicians or composers?
설문조사에서 당신은 음악을 듣는다고 했습니다. 어떤 종류의 음악을 듣나요? 가장 좋아하는 몇몇의 음악가 또는 작곡가는 누구인가요?

모범답변

| 도입부

Music has always been a huge part of my life. I listen to it every day.
음악은 항상 제 삶에 있어 아주 큰 일부분이었습니다. 저는 매일 음악을 듣습니다.

| 본문

First, while I listen to all different types of music, my favorite genre would have to be rock. I feel 〔천하무적의〕 when I listen to it, like nothing can 〔~을 귀찮게 하다〕 me. This feeling really helps me 〔~을 견디다〕 all the stress in my everyday life. I 〔~에도 흥미를 느끼다〕 the instruments, 〔특히〕 the electric guitar and drums. I'm always amazed when I hear a 〔실력 있는, 재능 있는〕 guitarist or drummer, and it's even better at live shows. As for my favorite musician, I can tell you about Foo Fighters. I've been a fan of theirs for forever. They're an American band that 〔~로 알려져 있다〕 their energetic, 〔속도감이 빠른〕 songs with positive messages. I was 〔아주 운좋게도〕 see them live a few years ago when they played in Seoul. It was one of the most memorable nights of my life.

우선, 제가 다른 종류의 음악을 모두 듣기는 하지만, 가장 좋아하는 장르는 록이라고 해야 할 것 같아요. 저는 록을 들을 때, 마치 아무도 저를 건드릴 수 없는 것처럼 천하무적이 된 기분이 들어요. 이런 기분은 제가 일상 생활의 모든 스트레스를 견디는 데 정말 도움이 됩니다. 저는 악기에도 흥미를 느끼는데, 특히 전기 기타와 드럼이 그렇습니다. 실력 있는 기타리스트나 드러머의 연주를 들으면 항상 놀라워하는데, 라이브 공연에서 듣는 게 훨씬 더 좋습니다. 제가 가장 좋아하는 뮤지션과 관련해서는, 푸 파이터스에 관해 말할 수 있어요. 저는 평생 동안 이 밴드의 팬이었습니다. 미국 밴드인데, 긍정적인 메시지를 담은 에너지 넘치고 속도감이 빠른 노래들로 잘 알려져 있죠. 몇 년 전에 서울에서 공연했을 때 아주 운좋게도 라이브로 볼 수 있었습니다. 제 삶에서 가장 기억에 남는 밤들 중의 하나였어요.

| 마무리

What about you, Ava? Do you like rock music, too?
당신은 어떤가요, 에바? 당신도 록 음악을 좋아하나요?

모범 답안

invincible / bother / deal with / 'm also drawn to / especially / talented / are known for / fast-paced / lucky enough to

Q8 좋아하는 음악 장르와 가수

You indicated in the survey that you listen to music. What kinds of music do you listen to? Who are some of your favorite musicians or composers?
설문조사에서 당신은 음악을 듣는다고 했습니다. 어떤 종류의 음악을 듣나요? 가장 좋아하는 몇몇의 음악가 또는 작곡가는 누구인가요?

모범답변   🔊 MP3 2_16

| 도입부

음악은 삶에 있어 아주 큰 일부분임
Music has been a huge part of my life.

Music has always been a huge part of my life. I listen to it every day.
음악은 항상 제 삶에 있어 아주 큰 일부분이었습니다. 저는 매일 음악을 듣습니다.

| 본문

- 가장 좋아하는 장르는 록임
  my favorite genre would have to be rock

- 악기에도 흥미를 느낌
  drawn to the instruments

- '푸 파이터스'에 대해 말할 수 있음
  can tell you about Foo Fighters

First, while I listen to all different types of music, my favorite genre would have to be rock. I feel invincible when I listen to it, like nothing can bother me. This feeling really helps me deal with all the stress in my everyday life. I'm also drawn to the instruments, especially the electric guitar and drums. I'm always amazed when I hear a talented guitarist or drummer, and it's even better at live shows. As for my favorite musician, I can tell you about Foo Fighters. I've been a fan of theirs for forever. They're an American band that are known for their energetic, fast-paced songs with positive messages. I was lucky enough to see them live a few years ago when they played in Seoul. It was one of the most memorable nights of my life.

우선, 제가 다른 종류의 음악을 모두 듣기는 하지만, 가장 좋아하는 장르는 록이라고 해야 할 것 같아요. 저는 록을 들을 때, 마치 아무도 저를 건드릴 수 없는 것처럼 천하무적이 된 기분이 들어요. 이런 기분은 제가 일상 생활의 모든 스트레스를 견디는 데 정말 도움이 됩니다. 저는 악기에도 흥미를 느끼는데, 특히 전기 기타와 드럼이 그렇습니다. 실력 있는 기타리스트나 드러머의 연주를 들으면 항상 놀라워하는데, 라이브 공연에서 듣는 게 훨씬 더 좋습니다. 제가 가장 좋아하는 뮤지션과 관련해서는, 푸 파이터스에 관해 말할 수 있어요. 저는 평생 동안 이 밴드의 팬이었습니다. 미국 밴드인데, 긍정적인 메시지를 담은 에너지 넘치고 속도감이 빠른 노래들로 잘 알려져 있죠. 몇 년 전에 서울에서 공연했을 때 아주 운좋게도 라이브로 볼 수 있었습니다. 제 삶에서 가장 기억에 남는 밤들 중의 하나였어요.

| 마무리

당신도 록 음악을 좋아하는지
Do you like rock music, too?

What about you, Ava? Do you like rock music, too?
당신은 어떤가요, 에바? 당신도 록 음악을 좋아하나요?

고득점 어휘/표현

어휘 표현 invincible 천하무적의   bother ~을 귀찮게 하다, 괴롭히다   deal with ~을 견디다, ~에 대처하다   be drawn to ~에 흥미를 느끼다, 이끌리다   instrument 악기   talented 실력 있는, 재능 있는   be known for ~로 알려져 있다   fast-paced 속도감이 빠른

Q9 음악을 듣는 장소와 시간

When and where do you usually listen to music? Do you listen to the radio? Do you go to concerts? Tell me about the different ways you enjoy music.
보통 언제, 어디에서 음악을 듣나요? 라디오를 듣나요? 콘서트에 가나요? 음악을 즐기는 여러 다른 방법에 관해 말해주세요.

모범답변

| 도입부

Like most people, I listen to music when I'm moving around the city, especially on [대중 교통].
대부분의 사람들과 마찬가지로, 저도 도시 곳곳을 다닐 때 음악을 듣는데, 특히 대중 교통을 이용할 때 그렇습니다.

| 본문

First, I listen to music when I [통근하다]. My commute to work [(시간이)걸리다] about an hour, so that means I spend two hours every day on public transportation. Obviously, I go through a lot of music. Since I mostly use streaming apps to listen to music, it's easy to find new songs and artists to listen to. Plus, the main app I use always [추천하다] great new songs for me [~을 바탕으로] what I like. Oh, and when I'm listening to music on the subway, I use a pair of noise-canceling headphones. The [음질] is great, and I can't hear any other [방해가 되는 소음] from the train. As for the other ways I enjoy music, well, I used to go to concerts [항상]. But because of [유행병], there haven't been any concerts. Small [행사장] have to deal with too many [규제] like group sizes, and large crowds can't [모이다] for big concerts at stadiums. It's been really disappointing.

우선, 저는 통근할 때 음악을 듣습니다. 직장으로 가는 제 통근 거리가 약 1시간 소요되는데, 이는 제가 매일 대중 교통을 이용하면서 2시간을 보낸다는 의미입니다. 분명, 저는 많은 음악을 거쳐 가면서 듣습니다. 대부분 음악 스트리밍 앱을 이용해 음악을 듣기 때문에, 새로운 노래와 아티스트를 찾아 듣는 게 쉽죠. 게다가, 제가 주로 이용하는 앱은 제가 좋아하는 것을 바탕으로 항상 아주 좋은 신곡을 추천해줍니다. 아, 그리고 제가 지하철에서 음악을 듣는 중에는, 노이즈 캔슬링 헤드폰을 이용합니다. 음질이 아주 뛰어나고, 지하철에서 방해가 되는 다른 어떤 소음도 들리지 않습니다. 제가 음악을 즐기는 다른 방법들과 관련해서는, 항상 콘서트를 보러 다니곤 했습니다. 하지만, 유행병 때문에, 콘서트가 전혀 열리지 않았죠. 소규모 공연장은 인원 규모 같은 너무 많은 규제에 대처해야 하고, 경기장에서 열리는 큰 콘서트엔 대규모 관객이 모일 수 없습니다. 정말 실망스러웠어요.

| 마무리

So, for now, I'll just [계속해서 듣다] to music on my phone the subway.
그래서, 일단은, 그냥 지하철에서 전화기로 계속 음악을 들을 생각이에요.

모범 답안

public transportation / commute / takes / recommends / based on / sound quality / distracting noises / all the time / the pandemic / venues / restrictions / gather / keep listening

Q9 음악을 듣는 장소와 시간

When and where do you usually listen to music? Do you listen to the radio? Do you go to concerts? Tell me about the different ways you enjoy music.

보통 언제, 어디에서 음악을 듣나요? 라디오를 듣나요? 콘서트에 가나요? 음악을 즐기는 여러 다른 방법에 관해 말해주세요.

모범답변

🔊 MP3 2_18

| 도입부

도시 곳곳을 다닐 때 음악을 들음
listen to music when I'm moving around the city

> Like most people, I listen to music when I'm moving around the city, especially on public transportation.
>
> 대부분의 사람들과 마찬가지로, 저도 도시 곳곳을 다닐 때 음악을 듣는데, 특히 대중 교통을 이용할 때 그렇습니다.

| 본문

• 통근할 때 음악을 들음
listen to music when I commute

• 지하철에서는 노이즈 캔슬링 이어폰을 사용함
on the subway, use a pair of noise-canceling headphones

• 항상 콘서트를 보러 다니곤 했음
used to go to concerts all the time

> First, I listen to music when I commute. My commute to work takes about an hour, so that means I spend two hours every day on public transportation. Obviously, I go through a lot of music. Since I mostly use streaming apps to listen to music, it's easy to find new songs and artists to listen to. Plus, the main app I use always recommends great new songs for me based on what I like. Oh, and when I'm listening to music on the subway, I use a pair of noise-canceling headphones. The sound quality is great, and I can't hear any other distracting noises from the train. As for the other ways I enjoy music, well, I used to go to concerts all the time. But because of the pandemic, there haven't been any concerts. Small venues have to deal with too many restrictions like group sizes, and large crowds can't gather for big concerts at stadiums. It's been really disappointing.
>
> 우선, 저는 통근할 때 음악을 듣습니다. 직장으로 가는 제 통근 거리가 약 1시간 소요되는데, 이는 제가 매일 대중 교통을 이용하면서 2시간을 보낸다는 의미입니다. 분명, 저는 많은 음악을 거쳐 가면서 듣습니다. 대부분 음악 스트리밍 앱을 이용해 음악을 듣기 때문에, 새로운 노래와 아티스트를 찾아 듣는 게 쉽죠. 게다가, 제가 주로 이용하는 앱은 제가 좋아하는 것을 바탕으로 항상 아주 좋은 신곡을 추천해줍니다. 아, 그리고 제가 지하철에서 음악을 듣는 중에는, 노이즈 캔슬링 헤드폰을 이용합니다. 음질이 아주 뛰어나고, 지하철에서 방해가 되는 다른 어떤 소음도 들리지 않습니다. 제가 음악을 즐기는 다른 방법들과 관련해서는, 항상 콘서트를 보러 다니곤 했습니다. 하지만, 유행병 때문에, 콘서트가 전혀 열리지 않았죠. 소규모 공연장은 인원 규모 같은 너무 많은 규제에 대처해야 하고, 경기장에서 열리는 큰 콘서트엔 대규모 관객이 모일 수 없습니다. 정말 실망스러웠어요.

| 마무리

지하철에서 전화기로 계속 음악을 들을 생각임
keep listening to music on my phone on the subway

> So, for now, I'll just keep listening to music on my phone on the subway.
>
> 그래서, 일단은, 그냥 지하철에서 전화기로 계속 음악을 들을 생각이에요.

고득점 어휘/표현

어휘표현 commute ⑧ 통근하다 ⑲ 통근 obviously 분명히, 명백히 go through ~을 거치다 streaming (음악, 동영상 등) 인터넷에 연결된 상태에서 실시간으로 재생하는 일 recommend ~을 추천하다 based on ~을 바탕으로, 기반으로 noise-canceling headphones 노이즈 캔슬링 헤드폰(주변 소음이 들리지 않는 헤드폰) venue 행사장, 개최 장소

Q10 음악을 좋아하게 된 계기와 변화

When did you first become interested in music? What kinds of music did you like at first? Tell me how your interest in music developed from your childhood until today.
언제 처음 음악에 관심을 갖게 되었나요? 처음에는 어떤 종류의 음악이 마음에 들었나요? 어렸을 때부터 지금까지 음악에 대한 관심이 어떻게 발전되었는지 말해주세요.

모범답변

도입부

I [~였던 것이 분명하다] in middle school when I first became interested in music. It actually had [~에 엄청난 영향] me.
제가 처음 음악에 관심을 갖게 된 게 중학교를 다닐 때였던 것이 분명해요. 사실 저에게 엄청난 영향을 미쳤습니다.

본문

First, before I started listening to music, I was a [수줍음을 많이 타는] kid. Then one day, I saw a popular boy band music video [우연히], and I was [~에 놀란] how cool and [자신감 있는] they were. I remember feeling really [영감을 받은]. If they could be that confident, then maybe I could, too. From that time, I became a little [~에 중독된] the band. I styled my hair like they did, and I even tried to rap like one of the members! It was silly, but it helped me make some new friends who were also into the group. Second, to talk about how my [취향] in music [발전되었다], I still like K-pop, but I [관심의 폭이 더 넓어졌다] in music now. These days, I [~을 더 좋아하다] singer-songwriters. Their music is so beautiful and [표현력이 있는]. The [가사] help me understand my own feelings. I think it's really sincere music.
우선, 저는 음악 듣는 것을 시작하기 전에는, 수줍음을 많이 타는 아이였어요. 그러다가 어느 날, 인기 있는 보이 밴드의 뮤직 비디오를 우연히 보게 되었는데, 멋있고 자신감 있는 모습이 놀라웠어요. 정말 큰 영감을 받았던 기억이 납니다. 그들이 그렇게 자신감을 가질 수 있다면, 아마 저도 그럴 수 있겠다 싶었죠. 그때부터, 저는 그 밴드에 약간 중독되었어요. 그들처럼 머리 스타일도 바꾸고, 심지어 그 멤버들 중의 한 명처럼 랩을 해보기도 했죠! 우습긴 했지만, 마찬가지로 그 그룹에 빠져 있던 친구들도 몇 명 새로 사귀는 데 도움이 되었어요. 두 번째로, 제 음악 취향이 어떻게 발전되었는지 말씀 드리자면, 제가 여전히 케이팝을 좋아하긴 하지만, 지금은 음악에 대한 관심의 폭이 더 넓어졌어요. 요즘, 저는 싱어송라이터를 더 좋아해요. 그 음악이 너무 아름답고 표현력이 있어요. 가사가 제 자신의 감정을 이해하는 데 도움이 돼요. 정말 진정한 음악인 것 같아요.

마무리

[돌이켜보면], I guess music has been really important in my life.
돌이켜보면, 음악이 제 삶에서 정말 중요했던 것 같아요.

모범 답안

must've been / a huge influence on / shy / by chance / amazed at / confident / inspired / obsessed with / were also into / taste / developed / have a wider interest / prefer / expressive / lyrics / Looking back

Q10 음악을 좋아하게 된 계기와 변화

When did you first become interested in music? What kinds of music did you like at first? Tell me how your interest in music developed from your childhood until today.

언제 처음 음악에 관심을 갖게 되었나요? 처음에는 어떤 종류의 음악이 마음에 들었나요? 어렸을 때부터 지금까지 음악에 대한 관심이 어떻게 발전되었는지 말해주세요.

모범답변

| 도입부

중학교를 다닐 때였던 것이 분명함
must've been in middle school

> I must've been in middle school when I first became interested in music. It actually had a huge influence on me.
> 제가 처음 음악에 관심을 갖게 된 게 중학교를 다닐 때였던 것이 분명해요. 사실 저에게 엄청난 영향을 미쳤습니다.

| 본문

- 인기 있는 보이 밴드의 뮤직 비디오를 우연히 보게 됨
saw a popular boy band music video by chance

- 그 밴드에 약간 중독됨
became a little obsessed with the band

- 지금은 음악에 대한 관심의 폭이 더 넓어짐
have a wider interest in music now

> First, before I started listening to music, I was a shy kid. Then one day, I saw a popular boy band music video by chance, and I was amazed at how cool and confident they were. I remember feeling really inspired. If they could be that confident, then maybe I could, too. From that time, I became a little obsessed with the band. I styled my hair like they did, and I even tried to rap like one of the members! It was silly, but it helped me make some new friends who were also into the group. Second, to talk about how my taste in music developed, I still like K-pop, but I have a wider interest in music now. These days, I prefer singer-songwriters. Their music is so beautiful and expressive. The lyrics help me understand my own feelings. I think it's really sincere music.
> 우선, 저는 음악 듣는 것을 시작하기 전에는, 수줍음을 많이 타는 아이였어요. 그러다가 어느 날, 인기 있는 보이 밴드의 뮤직 비디오를 우연히 보게 되었는데, 멋있고 자신감 있는 모습이 놀라웠어요. 정말 큰 영감을 받았던 기억이 납니다. 그들이 그렇게 자신감을 가질 수 있다면, 아마 저도 그럴 수 있겠다 싶었죠. 그때부터, 저는 그 밴드에 약간 중독되었어요. 그들처럼 머리 스타일도 바꾸고, 심지어 그 멤버들 중의 한 명처럼 랩을 해보기도 했죠! 우스긴 했지만, 마찬가지로 그 그룹에 빠져 있던 친구들도 몇 명 새로 사귀는 데 도움이 되었어요. 두 번째로, 제 음악 취향이 어떻게 발전되었는지 말씀 드리자면, 제가 여전히 케이팝을 좋아하긴 하지만, 지금은 음악에 대한 관심의 폭이 더 넓어졌어요. 요즘, 저는 싱어송라이터를 더 좋아해요. 그 음악이 너무 아름답고 표현력이 있어요. 가사가 제 자신의 감정을 이해하는 데 도움이 돼요. 정말 진정한 음악인 것 같아요.

| 마무리

음악이 삶에서 정말 중요했음
music has been really important in my life

> Looking back, I guess music has been really important in my life.
> 돌이켜보면, 음악이 제 삶에서 정말 중요했던 것 같아요.

고득점 어휘/표현

 어휘 표현 develop 발전하다, 변하다   must have p.p. ~한 것이 분명하다, 틀림없다   shy 수줍음을 많이 타는   randomly 무작위로   be amazed at ~에 놀라워하다   confident 자신감 있는   inspired 영감을 받은   obsessed with ~에 중독된, 사로잡힌, 집착하는   silly 우스운, 바보 같은, 어리석은   taste 취향, 입맛   interest in ~에 대한 관심   expressive 표현력이 있는   lyrics 가사

STEP 5 나만의 OPIc 답변 만들어 보기

• 좋아하는 음악 장르와 가수

도입부	본문	마무리

• 음악을 듣는 장소와 시간

도입부	본문	마무리

• 음악을 좋아하게 된 계기와 변화

도입부	본문	마무리

DAY 6 Q 11 12 13 가구

★★★★☆

DATE _____

음성강의 듣기

STEP 1 기출 포인트 파악하기

가장 많이 나오는 3 COMBO 세트

❶ 가구점 직원에게 가구 질문

I'd like to give you a situation to act out. You need to buy some new furniture for your home. Speak to the store clerk at a furniture store and describe what you want. Ask three or four questions about the furniture that is available for sale.

당신에게 주어진 상황에 대해 역할극을 해주세요. 집에 놓을 새 가구를 좀 구입해야 합니다. 가구 매장에 있는 점원에게 말해 원하는 것을 설명해주세요. 구입 가능한 가구와 관련해 서너 가지 질문을 해주세요.

❷ 구매한 가구 관련 문제 해결

I'm sorry, but there is a problem I need you to resolve. Your new furniture has arrived at your home, but you've noticed a serious problem with it. Call the store and tell them about the problem in detail. Then, offer some suggestions about how you can resolve the problem as quickly as possible.

유감스럽게도, 당신이 해결해야 할 문제가 있습니다. 당신의 새 가구가 집에 도착하긴 했지만, 한 가지 심각한 문제를 알게 되었습니다. 매장에 전화를 걸어 그 문제를 자세히 말해보세요. 그런 다음, 가능한 한 빨리 그 문제를 해결할 수 있는 방법과 관련해 몇 가지 의견을 제시해주세요.

❸ 구매한 가구에 문제가 있었던 경험

That's the end of the situation. Have you ever bought furniture that had a problem? Maybe it wasn't what you expected. The color could have been wrong, or it didn't fit the way you had planned it to. Tell me about a time when you had a problem with a new piece of furniture.

상황극이 종료 되었습니다. 당신은 문제가 있는 가구를 구입해 본 적이 있나요? 아마 그런 가구를 기대하진 않았을 겁니다. 색상이 잘못된 것이었을 수도 있고, 아니면 계획했던 방식에 맞지 않았을 수도 있습니다. 새로운 가구에 문제가 있었던 때와 관련해 말해주세요.

STEP 2 어휘와 패턴 익히기

제시된 오늘의 어휘와 패턴을 익히고 답변에 사용하고자 하는 어휘나 패턴에 체크해보세요.

어휘

- ☐ 2인용 안락의자 — love seat
- ☐ 편한 — comfortable
- ☐ 치수 — measurements
- ☐ ~와 맞다, 어울리다 — fit
- ☐ ~을 갖다 놓다 — drop off
- ☐ A를 설치하다 — set A up
- ☐ 측정하다, 재다 — make a measurement
- ☐ 소파 — couch
- ☐ 예산 — budget
- ☐ 특가 서비스, 특가 제품 — deal
- ☐ ~을 제공하다 — offer
- ☐ ~을 구입하다 — purchase
- ☐ ~을 닦다 — wipe off
- ☐ 흠집이 나다, 긁히다 — get scratched
- ☐ ~을 수리하다 — repair
- ☐ 환불(액) — refund
- ☐ 공급업체 — supplier
- ☐ 창고 — warehouse
- ☐ 재입고 수수료 — restocking fee

패턴

- **take advantage of**   ~을 이용하다

  So, if there are any deals I can take advantage of, I probably should.
  그래서, 제가 이용할 수 있는 어떤 특가 서비스가 있다면, 아마 그렇게 해야 할 거예요.
  I want to _____ the sale.
  저는 이 세일을 이용하길 원합니다.

- **switch A with B**   A를 B와 바꾸다

  Then, they can just switch it with the new one.
  그런 다음, 새것과 바꿔 가기만 하면 됩니다.
  I need to _____ the faulty sofa _____ a new product.
  저는 이 흠 있는 소파를 새 상품으로 바꾸는 것이 필요해요.

STEP 3 나만의 문장 만들기

주어진 우리말을 보고 빈칸을 채우고 아래 모범 답안을 확인해보세요.

❶ 가구점 직원에게 질문

이곳에서 소파를 판매하는지	Do you [판매하다] sofas here?
현재 어떠한 할인 행사든 진행하고 있는지	[진행하고 있나요] any [할인 행사] at the moment?
대형 가구를 구입하는 경우에, 배달 서비스를 제공하는지	If I buy [대형 가구], do you [제공하다] delivery services?

❷ 구매한 가구 관련 문제 해결 – 상황 설명

표면에 따라 생긴 깊은 상처 발견	I noticed [깊은 흠집] along its surface.
배송중에 흠집이 난 것 같음	Maybe it got scratched [배송 중에].
이해해 줄 수 있길 바람	I hope you [~을 이해할 수 있다] the problem.

❸ 구매한 가구 관련 문제 해결 – 제안

새 탁자를 보내줄 수 있음	You can send me [새 탁자].
수리할 수 있는 방법이 있다면, 수리 기사를 보내서 흠집을 고쳐주면 됨	If there's [~을 수리할 방법] it, then you should [수리기사를 보내다] to [고치다] the scratch.
전액 환불을 받고 그냥 이 탁자를 내가 직접 치워버리는 것임	I should get [전액 환불], and I'll simply get rid of the table on my own.

❹ 구매한 가구에 문제가 있었던 경험 – 상황 설명

한 인기 있는 가구 공급업체 웹사이트에서 완벽한 소파를 찾음	I found the perfect sofa on a popular furniture [공급업체의 웹사이트].
마지막으로 한 번 더 치수를 확인한 후에, 주문함	After checking [치수] one last time, I ordered it.
제품이 도착한 날, 운송업자들은 아파트에 들여놓기 버거워했음	On the day that it arrived, [운송업자들이 ~을 버거워했다] to [그것을 들여놓다] my apartment.

모범 답안

❶ sell / Are you holding / sales / a large piece of furniture / offer
❷ a deep scratch / during shipping / can understand
❸ a new table / a way to repair / send a repairman / fix / a full refund
❹ supplier's website / the measurements / the movers struggled / get it into

STEP 4 실전 문제 풀어보고 확인하기

실전 문제를 듣고 빈칸을 채우거나 소리내 말해보고 아래 모범 답안을 확인해보세요.

🔊 MP3 2_21

Q11 가구점 직원에게 가구 질문

I'd like to give you a situation to act out. You need to buy some new furniture for your home. Speak to the store clerk at a furniture store and describe what you want. Ask three or four questions about the furniture that is available for sale.
당신에게 주어진 상황에 대해 역할극을 해주세요. 집에 놓을 새 가구를 좀 구입해야 합니다. 가구 매장에 있는 점원에게 말해 원하는 것을 설명해주세요. 구입 가능한 가구와 관련해 서너 가지 질문을 해주세요.

모범답변

| 도입부

Excuse me, do you have a moment to help me? I'm [~을 찾고 있다] some furniture for my new apartment. [~해도 괜찮을까요] I ask you a few questions? Ok, great! Thanks a lot.
실례지만, 저 좀 잠깐 도와주시겠어요? 제가 새 아파트에 놓을 가구를 좀 찾고 있어요. 제가 질문을 몇 가지 해도 괜찮을까요? 네, 잘됐네요! 정말 감사합니다.

| 본문

For my first question, do you [판매하다] sofas here? I would like to buy one for my apartment, but [문제는], my apartment is rather small. A large sofa would [~을 차지하다] too much space. Would you [추천하다] a love seat instead? I want a sofa so my guests will be comfortable when they visit. Do you mind if I check some of [치수]? Second of all, are you [~을 진행 중인] any sales at the moment? I'm surprised by how expensive some of the furniture is. These prices don't [내 예산에 맞다]. So, if there are any [특가 행사] I can take advantage of, I probably should. Last, if I buy a large piece of furniture, do you [제공하다] delivery services? Is there [별도의 비용] for delivery, or do you offer it for free? I'm OK with paying for it, if I have to.
첫 번째 질문으로, 이곳에서 소파를 판매하나요? 제 아파트에 놓을 수 있게 하나 구입하고 싶은데, 문제는, 제 아파트가 다소 작습니다. 큰 소파는 공간을 너무 많이 차지할 거예요. 대신 2인용 안락의자를 하나 추천해주시겠어요? 손님들이 방문할 때 편하게 있을 수 있도록 소파를 하나 원합니다. 제가 몇 가지 치수를 확인해봐도 괜찮을까요? 두 번째는, 현재 어떤 할인 행사든 진행하고 있나요? 어떤 가구는 너무 비싸서 놀랐어요. 이 가격들은 제 예산과 맞지 않습니다. 그래서, 제가 이용할 수 있는 어떤 특가 서비스가 있다면, 아마 그렇게 해야 할 거예요. 마지막으로, 제가 대형 가구를 구입하는 경우에, 배달 서비스를 제공해주시나요? 별도의 배달 요금이 있나요, 아니면 무료로 제공해주시나요? 돈을 지불해야 한다면 그렇게 해도 괜찮아요.

| 마무리

OK, those are all of my questions. I really [~에 대해 감사하다] your help.
자, 이게 제 모든 질문이에요. 도와주셔서 정말 감사합니다.

모범 답안

looking for / Do you mind if / sell / the thing is / take up / recommend / the measurements / holding / fit my budget / deals / offer / an extra cost / appreciate

Q11 가구점 직원에게 가구 질문

I'd like to give you a situation to act out. You need to buy some new furniture for your home. Speak to the store clerk at a furniture store and describe what you want. Ask three or four questions about the furniture that is available for sale.

당신에게 주어진 상황에 대해 역할극을 해주세요. 집에 놓을 새 가구를 좀 구입해야 합니다. 가구 매장에 있는 점원에게 말해 원하는 것을 설명해주세요. 구입 가능한 가구와 관련해 서너 가지 질문을 해주세요.

모범답변

| 도입부

질문을 몇 가지 해도 괜찮은지
Do you mind if I ask you a few questions?

Excuse me, do you have a moment to help me? I'm looking for some furniture for my new apartment. Do you mind if I ask you a few questions? Ok, great! Thanks a lot.

실례지만, 저 좀 잠깐 도와주시겠어요? 제가 새 아파트에 놓을 가구를 좀 찾고 있어요. 제가 질문을 몇 가지 해도 괜찮을까요? 네, 잘됐네요! 정말 감사합니다.

| 본문

- 이곳에서 소파를 판매하는지
  do you sell sofas here
- 현재 어떠한 할인 행사든 진행하고 있는지
  holding any sales at the moment
- 배달 서비스를 제공하는지
  offer delivery services

For my first question, do you sell sofas here? I would like to buy one for my apartment, but the thing is, my apartment is *rather* small. A large sofa would take up too much space. Would you recommend a *love seat* instead? I want a sofa so my guests will be comfortable when they visit. Do you mind if I check some of the measurements? Second of all, are you holding any sales at the moment? I'm surprised by how expensive some of the furniture is. These prices don't fit my budget. So, if there are any *deals* I can *take advantage of*, I probably should. Last, if I buy a large piece of furniture, do you offer delivery services? Is there an extra cost for delivery, or do you offer it for free? I'm OK with paying for it, if I have to.

첫 번째 질문으로, 이곳에서 소파를 판매하나요? 제 아파트에 놓을 수 있게 하나 구입하고 싶은데, 문제는, 제 아파트가 다소 작습니다. 큰 소파는 공간을 너무 많이 차지할 거예요. 대신 2인용 안락의자를 하나 추천해주시겠어요? 손님들이 방문할 때 편하게 있을 수 있도록 소파를 하나 원합니다. 제가 몇 가지 치수를 확인해봐도 괜찮을까요? 두 번째는, 현재 어떤 할인 행사든 진행하고 있나요? 어떤 가구는 너무 비싸서 놀랐어요. 이 가격들은 제 예산과 맞지 않습니다. 그래서, 제가 이용할 수 있는 어떤 특가 서비스가 있다면, 아마 그렇게 해야 할 거예요. 마지막으로, 제가 대형 가구를 구입하는 경우에, 배달 서비스를 제공해주시나요? 별도의 배달 요금이 있나요, 아니면 무료로 제공해주시나요? 돈을 지불해야 한다면 그렇게 해도 괜찮아요.

| 마무리

도와주셔서 감사함
appreciate your help

OK, those are all of my questions. I really appreciate your help.

자, 이게 제 모든 질문이에요. 도와주셔서 정말 감사합니다.

고득점 어휘/표현

 rather 다소, 조금, 오히려　**take up** ~을 차지하다　**love seat** 2인용 안락의자　**measurements** 치수　**budget** 예산　**deal** 특가 서비스, 특가 제품　**extra** 별도의, 추가의　**for free** 무료로

Q12 구매한 가구 관련 문제 해결

I'm sorry, but there is a problem I need you to resolve. Your new furniture has arrived at your home, but you've noticed a serious problem with it. Call the store and tell them about the problem in detail. Then, offer some suggestions about how you can resolve the problem as quickly as possible.

유감스럽게도, 당신이 해결해야 할 문제가 있습니다. 당신의 새 가구가 집에 도착하긴 했지만, 한 가지 심각한 문제를 알게 되었습니다. 매장에 전화를 걸어 그 문제를 자세히 말해보세요. 그런 다음, 가능한 한 빨리 그 문제를 해결할 수 있는 방법과 관련해 몇 가지 의견을 제시해주세요.

모범답변

| 도입부

Hi, is this the furniture store? Your delivery team just [~을 갖다 놓았다] a table I purchased from your store. I [그것을 설치했다] in my dining room, but I [~을 알아차리다] a serious problem with it. I need to talk to you about it.

안녕하세요, 가구 매장이죠? 배송팀이 제가 매장에서 구입한 탁자를 막 갖다 놓았어요. 제가 식사 공간에 설치하긴 했는데, 한 가지 심각한 문제가 눈에 띄었습니다. 이 문제와 관련해서 이야기해봐야 합니다.

| 본문

To [설명하다] the problem, I noticed a deep [흠집] along its [표면] as I [~을 닦고 있었다] the new table. Maybe it got scratched [배송 중에] or while they were moving it. Anyway, I hope you can understand the problem. Now, as for what we should do, there are a few ways we can [이 문제를 해결하다]. First, you can send me a new table. I think this is the best [해결책], since the delivery team would have to come to [~을 가져가다] this table. Then, they can just switch it with the new one. Second, if there's a way to [수리하다] it, then you should send a repairman to fix the scratch. Maybe there's a technique for [흠집을 제거하는 것]. Finally, for the worst-case scenario, I should [전액 환불을 받다], and I'll simply [~을 치우다, 없애다] the table [직접]. I don't think this is a great solution, though.

이 문제를 설명 드리자면, 제가 새 탁자를 닦다가 표면을 따라 생긴 깊은 흠집이 발견했습니다. 아마 배송 중에, 아니면 배송팀 직원들이 옮기는 중에 흠집이 난 것 같습니다. 어쨌든, 이 문제를 이해해주실 수 있기를 바랍니다. 이제, 어떻게 해야 할 지와 관련해서, 함께 이 문제를 해결할 수 있는 몇 가지 방법이 있습니다. 첫 번째는, 저에게 새 탁자를 보내주시는 겁니다. 저는 이게 최상의 해결책이라고 생각하는데, 배송팀이 이 탁자를 수거해 가기 위해 와야 할 것이기 때문입니다. 그런 다음, 새 것과 바꿔 가기만 하면 됩니다. 두 번째는, 수리할 수 있는 방법이 있다면, 수리 기사를 보내주셔서 흠집을 고쳐주시면 됩니다. 아마 흠집을 제거하는 기술이 있을 거예요. 마지막으로, 최악의 경우에 해당되는 시나리오는, 제가 전액 환불을 받고 그냥 이 탁자를 직접 치워버리는 겁니다. 하지만, 저는 이것이 아주 좋은 해결책이라고 생각하진 않아요.

| 마무리

I hope one of these solutions [(계획 등이)~에게 괜찮다] you.

이 해결책들 중의 하나가 괜찮길 바랍니다.

모범 답안

dropped off / set it up / noticed / describe / scratch / surface / was wiping off / during shipping / resolve this issue / solution / pick up / repair / removing scratches / get a full refund / get rid of / on my own / works for

Q12 구매한 가구 관련 문제 해결

I'm sorry, but there is a problem I need you to resolve. Your new furniture has arrived at your home, but you've noticed a serious problem with it. Call the store and tell them about the problem in detail. Then, offer some suggestions about how you can resolve the problem as quickly as possible.

유감스럽게도, 당신이 해결해야 할 문제가 있습니다. 당신의 새 가구가 집에 도착하긴 했지만, 한 가지 심각한 문제를 알게 되었습니다. 매장에 전화를 걸어 그 문제를 자세히 말해보세요. 그런 다음, 가능한 한 빨리 그 문제를 해결할 수 있는 방법과 관련해 몇 가지 의견을 제시해주세요.

모범답변

MP3 2_24

| 도입부

이 문제와 관련해 이야기 해야 함
need to talk to you about it

Hi, is this the furniture store? Your delivery team just dropped off a table I purchased from your store. I set it up in my dining room, but I noticed a serious problem with it. I need to talk to you about it.

안녕하세요, 가구 매장이죠? 배송팀이 제가 매장에서 구입한 탁자를 막 갖다 놓았어요. 제가 식사 공간에 설치하긴 했는데, 한 가지 심각한 문제가 눈에 띄었습니다. 이 문제와 관련해서 이야기해봐야 합니다.

| 본문

- 표면을 따라 생긴 깊은 흠집을 발견함
  noticed a deep scratch along its surface
- 새 탁자를 보내주는 것
  send me a new table
- 수리 기사를 보내 흠집을 고치는 것
  send a repairman to fix the scratch
- 전액 환불을 받고 내가 직접 탁자를 치워버리는 것
  get a full refund, get rid of the table on my own

To describe the problem, I noticed a deep scratch along its surface as I was wiping off the new table. Maybe it got scratched during shipping or while they were moving it. Anyway, I hope you can understand the problem. Now, as for what we should do, there are a few ways we can resolve this issue. First, you can send me a new table. I think this is the best solution, since the delivery team would have to come to pick up this table. Then, they can just switch it with the new one. Second, if there's a way to repair it, then you should send a repairman to fix the scratch. Maybe there's a technique for removing scratches. Finally, for the worst-case scenario, I should get a full refund, and I'll simply get rid of the table on my own. I don't think this is a great solution, though.

이 문제를 설명 드리자면, 제가 새 탁자를 닦다가 표면을 따라 생긴 깊은 흠집이 발견했습니다. 아마 배송 중에, 아니면 배송팀 직원들이 옮기는 중에 흠집이 난 것 같습니다. 어쨌든, 이 문제를 이해해주실 수 있기를 바랍니다. 이제, 어떻게 해야 할 지와 관련해서, 함께 이 문제를 해결할 수 있는 몇 가지 방법이 있습니다. 첫 번째는, 저에게 새 탁자를 보내주시는 겁니다. 저는 이게 최상의 해결책이라고 생각하는데, 배송팀이 이 탁자를 수거해 가기 위해 와야 할 것이기 때문입니다. 그런 다음, 새 것과 바꿔 가기만 하면 됩니다. 두 번째는, 수리할 수 있는 방법이 있다면, 수리 기사를 보내주셔서 흠집을 고쳐주시면 됩니다. 아마 흠집을 제거하는 기술이 있을 거예요. 마지막으로, 최악의 경우에 해당되는 시나리오는, 제가 전액 환불을 받고 그냥 이 탁자를 직접 치워버리는 겁니다. 하지만, 저는 이것이 아주 좋은 해결책이라고 생각하진 않아요.

| 마무리

이 해결책들 중 하나가 괜찮길 바람
hope one of these solutions works

I hope one of these solutions works for you.

이 해결책들 중의 하나가 괜찮길 바랍니다.

고득점 어휘/표현

Q13 구매한 가구에 문제가 있었던 경험

That's the end of the situation. Have you ever bought furniture that had a problem? Maybe it wasn't what you expected. The color could have been wrong, or it didn't fit the way you had planned it to. Tell me about a time when you had a problem with a new piece of furniture.

상황극이 종료 되었습니다. 당신은 문제가 있는 가구를 구입해 본 적이 있나요? 아마 그런 가구를 기대하진 않았을 겁니다. 색상이 잘못된 것이었을 수도 있고, 아니면 계획했던 방식에 맞지 않았을 수도 있습니다. 새로운 가구에 문제가 있었던 때와 관련해 말해주세요.

모범답변

| 도입부

When I moved to [새 아파트], I wanted to buy a nice sofa for the living room area. But, it [~임이 드러나다] more difficult than I expected.

제가 새 아파트로 이사 왔을 때, 거실 공간에 놓을 멋진 소파를 하나 구입하고 싶었어요. 하지만, 알고 보니 제가 예상한 것보다 더 어려운 일이었죠.

| 본문

First, I carefully [~을 측정했다] the space where I wanted the sofa to go. I thought I made [정확한] measurements, but maybe I [~을 잘못 읽다] something. I found the perfect sofa on a popular [가구 공급업체의] website. After checking the measurements [마지막으로 한 번 더], I ordered it. On the day that it arrived, the movers [버거워했다] to get it into my apartment. Then they took one look at the spot where I wanted to put it and [즉시] knew it wouldn't fit. They [그래도 시도해봤다], but the sofa was obviously too big. I was so embarrassed, and I had no idea [어떻게 해야 할 지]. Finally, they called the warehouse manager and worked out a deal. They took the couch back and let me [~을 고르다] another one, but I had to pay a restocking fee.

우선, 저는 소파가 놓이기를 원했던 공간의 치수를 신중하게 측정했습니다. 저는 정확히 측정했다고 생각했지만, 아마 뭔가 잘못 읽었던 것 같았어요. 저는 한 인기 있는 가구 공급업체 웹사이트에서 완벽한 소파를 찾았어요. 마지막으로 한 번 더 치수를 확인한 후에, 주문했습니다. 그 제품이 도착한 날, 운송업자들은 그걸 제 아파트에 들여놓기 버거워했어요. 그러고 나서 제가 놓아두길 원했던 자리를 한 번 보고는 들어맞지 않겠다는 걸 즉시 알았죠. 그래도 시도해보긴 했지만, 그 소파는 분명 너무 컸어요. 저는 너무 당황스러웠고, 어떻게 해야 할 지 몰랐습니다. 결국, 그들은 창고 관리 책임자에게 전화해서 한 가지 거래 조건을 제안했습니다. 그 소파를 도로 가져가고 제게 다른 것을 고르게 해줬지만, 저는 재입고 수수료를 지불해야 했죠.

| 마무리

I don't want to make that [당황스러운 실수] again.

다신 그렇게 당황스러운 실수는 저지르고 싶지 않아요.

모범 답안

a new apartment / proved to be / measured / precise / misread / furniture supplier's / one last time / struggled / instantly / still tried / what to do / pick out / embarrassing mistake

Q13 구매한 가구에 문제가 있었던 경험

That's the end of the situation. Have you ever bought furniture that had a problem? Maybe it wasn't what you expected. The color could have been wrong, or it didn't fit the way you had planned it to. Tell me about a time when you had a problem with a new piece of furniture.

상황극이 종료 되었습니다. 당신은 문제가 있는 가구를 구입해 본 적이 있나요? 아마 그런 가구를 기대하진 않았을 겁니다. 색상이 잘못된 것이었을 수도 있고, 아니면 계획했던 방식에 맞지 않았을 수도 있습니다. 새로운 가구에 문제가 있었던 때와 관련해 말해주세요.

모범답변

MP3 2_26

| 도입부

거실 공간에 놓을 멋진 소파를 하나 구입하고 싶었음
wanted to buy a nice sofa for the living room area

When I moved to a new apartment, I wanted to buy a nice sofa for the living room area. But, it proved to be more difficult than I expected.

제가 새 아파트로 이사 왔을 때, 거실 공간에 놓을 멋진 소파를 하나 구입하고 싶었어요. 하지만, 알고 보니 제가 예상한 것보다 더 어려운 일이었죠.

| 본문

- 인기 있는 가구 공급업체 웹사이트에서 완벽한 소파를 찾음
  found the perfect sofa on a popular furniture supplier's website

- 운송업자들은 내 아파트에 들여놓기 버거워함
  movers struggled to get it into my apartment

- 놓을 자리를 보시고는 들어맞지 않다는 걸 금방 앎
  they took one look at the spot, instantly knew it wouldn't fit

- 다른 것을 고르게 해줬지만, 재입고 수수료를 지불해야 했음
  let me pick out another one, had to pay a restocking fee

First, I carefully measured the space where I wanted the sofa to go. I thought I made precise measurements, but maybe I misread something. I found the perfect sofa on a popular furniture supplier's website. After checking the measurements one last time, I ordered it. On the day that it arrived, the movers struggled to get it into my apartment. Then they took one look at the spot where I wanted to put it and instantly knew it wouldn't fit. They still tried, but the sofa was obviously too big. I was so embarrassed, and I had no idea what to do. Finally, they called the warehouse manager and worked out a deal. They took the couch back and let me pick out another one, but I had to pay a restocking fee.

우선, 저는 소파가 놓이기를 원했던 공간의 치수를 신중하게 측정했습니다. 저는 정확히 측정했다고 생각했지만, 아마 뭔가 잘못 읽었던 것 같아요. 저는 한 인기 있는 가구 공급업체 웹사이트에서 완벽한 소파를 찾았어요. 마지막으로 한 번 더 치수를 확인한 후에, 주문했습니다. 그 제품이 도착한 날, 운송업자들은 그걸 제 아파트에 들여놓기 버거워했어요. 그러고 나서 제가 놓아두길 원했던 자리를 한 번 보고는 들어맞지 않겠다는 걸 즉시 알았죠. 그래도 시도해보긴 했지만, 그 소파는 분명 너무 컸어요. 저는 너무 당황스러웠고, 어떻게 해야 할 지 몰랐습니다. 결국, 그들은 창고 관리 책임자에게 전화해서 한 가지 거래 조건을 제안했습니다. 그 소파를 도로 가져가고 제게 다른 것을 고르게 해줬지만, 저는 재입고 수수료를 지불해야 했죠.

| 마무리

다신 그렇게 당황스러운 실수는 저지르고 싶지 않음
don't want to make that embarrassing mistake again

I don't want to make that embarrassing mistake again.

다신 그렇게 당황스러운 실수는 저지르고 싶지 않아요.

고득점 어휘/표현

 어휘 표현

measure ~의 치수를 측정하다, 재다   make a measurement 측정하다, 재다   precise 정확한   misread ~을 잘못 읽다   supplier 공급업체   struggle to ~하는 것을 버거워하다   instantly 금방, 즉시   embarrassed 당황한, 창피한   warehouse 창고   work out ~을 생각해내다   take A back A를 도로 가져가다   couch 소파   pick out ~을 고르다   restocking fee 재입고 수수료

STEP 5 나만의 OPIc 답변 만들어 보기

- 가구점 직원에게 가구 질문

도입부	본문	마무리

- 구매한 가구 관련 문제 해결

- 구매한 가구에 문제가 있었던 경험

DAY 7 ★★★★☆ Q 14 15 영화 보기

STEP 1 기출 포인트 파악하기

가장 많이 나오는 2 COMBO 세트

❶ 과거와 현재의 영화 작품 변화

You indicated in the survey that you like to watch movies. Could you compare the movies made today to movies you watched while you were growing up? How have movies changed over the years? What are the differences and similarities?

설문조사에서 당신은 영화 보는 것을 좋아한다고 했습니다. 요즘 제작되는 영화를 당신이 자라면서 본 영화와 비교해주시겠어요? 세월이 지나면서 영화가 어떻게 변해 왔나요? 어떤 차이점과 유사점이 있나요?

❷ 친구들과 이야기하는 영화 관련 이슈

When you talk to your friends about movies, what topics do you discuss? Why are these issues of interest or concern to you and your friends? What makes them so important?

친구들과 영화에 관해 이야기 나눌 때, 어떤 주제를 상의하나요? 왜 그 이슈들이 당신과 당신 친구들에게 흥미 또는 관심의 대상인가요? 무엇 때문에 그것들이 그렇게 중요한가요?

오픽 꿀팁 | 추가 빈출 문제

- **좋아하는 영화 장르**
  You indicated in the survey that you like to watch movies. What type of movies do you enjoy the most? Why do you like this type more than others? Please tell me in detail.
  설문조사에서 당신은 영화 보는 것을 좋아한다고 했습니다. 당신은 어떤 종류의 영화를 가장 좋아하나요? 어떤 이유로 다른 장르보다 이것을 더 좋아하나요? 자세히 말해주세요.

- **좋아하는 영화 배우**
  I'm wondering if you have a favorite actor or actress. What is it about them that you like? Which of their qualities is the most attractive to you? Tell me as much as you can.
  좋아하는 배우나 여배우가 있는지 알고 싶어요. 당신이 그 배우를 좋아하는 이유는 무엇인가요? 그의 어떤 점이 가장 매력적인가요? 말할 수 있는 만큼 말해주세요.

- **최근 영화 관람**
  Can you describe for me the last time you went to the movies? When was it? Who did you see the movie with? What did you do at the theater? Did anything special happen there? Tell me about what you did in as much detail as possible.
  가장 최근에 영화를 보러 갔던 때를 묘사해 줄 수 있나요? 언제였나요? 누구와 함께 보러갔나요? 당신은 영화관에서 무엇을 했나요? 그곳에서 어떤 특별한 일이 있었나요? 당신이 영화를 보러 가서 했던 일을 최대한 자세하게 말해주세요.

STEP 2 어휘와 패턴 익히기

제시된 오늘의 어휘와 패턴을 익히고 답변에 사용하고자 하는 어휘나 패턴에 체크해보세요.

어휘

- ☐ 기존의, 확립된, 자리잡은 — established
- ☐ 독창적인 — original
- ☐ 속편 — sequel
- ☐ (영화, 연극 등의) 연출, 감독 — direction
- ☐ 수준 높은, 고품질의 — high-quality
- ☐ 상을 받는, 수상 경력이 있는 — award-winning
- ☐ 주인공으로 출연하다 — star
- ☐ 관심을 일으키다 — generate interest
- ☐ ~을 끌어들이다 — attract
- ☐ 명성, 평판 — reputation
- ☐ 반영하다 — reflect
- ☐ 식견을 넓히다 — broaden one's horizons
- ☐ 깨우치는, 계몽적인 — enlightening

패턴

- **either A or B** A 또는 B 둘 중의 하나

They're either sequels to a successful film or a remake.
성공을 거둔 영화의 속편이거나 리메이크 작품 중의 하나입니다.

Unfortunately, I have to choose _____ a horror movie _____ a thriller movie.
안타깝게도, 저는 호러 영화나 스릴러 영화 중에 하나를 선택 해야만 했어요.

- **have a huge impact on** ~에 엄청난 영향을 미치다

The actors in a movie have a huge impact on generating interest among moviegoers.
영화에 출연하는 배우들은 영화 팬들 사이에서 관심을 일으키는 데 엄청난 영향을 미치죠.

Visual effects of movies _____ moviegoers.
영화의 시각 효과는 영화 팬들에게 엄청난 영향을 미칩니다.

STEP 3 나만의 문장 만들기

주어진 우리말을 보고 빈칸을 채우고 아래 모범 답안을 확인해보세요.

❶ 과거와 현재의 영화 작품 변화 – 현재

요즘 영화는 그렇게 많은 위험을 감수하는 것 같지 않음	I think movies today [그렇게 많은 위험을 감수하지 않다].
성공을 거둔 영화의 속편이거나 리메이크 작품 중의 하나임	They're either [성공을 거둔 영화의 속편] or [리메이크 작품].
요즘은, 전 세계적으로 수준이 높고 상을 받는 영화들이 제작되고 있음	Nowadays, [수준 높은], [상을 받는] movies are being made all over the world.

❷ 과거와 현재의 영화 작품 변화 – 과거

과거의 영화들이 더 독창적이었던 것 같음	I think movies in the past were [더 독창적인].
이야기 전개와 연출 면에서 더 많은 위험을 감수했음	They took more risks with their [스토리텔링] and [연출].
과거에는, 제가 본 영화 대부분이 미국에서 제작되었음	In the past, most of the movies I watched [미국에서 만들어졌다].

❸ 친구들과 이야기하는 영화 관련 이슈 – 주인공

항상 영화에 누가 주인공으로 나오는지에 관해 이야기함	We always talk about [누가 주인공으로 나오는지] in the film.
유명한 대형 배우들은 단지 명성만을 바탕으로 많은 사람들을 영화에 끌어들이게 됨	Famous, [대형 배우들] will attract a lot of people to a movie just [~을 바탕으로, 기반으로] their [명성].
따라서, 영화에 누가 주인공으로 나오는지 알면 그 영화과 관련해 많은 걸 알 수 있음	So, knowing [누가 주인공으로 나올 것인지] in a movie tells you a lot about it.

모범 답안

❶ don't take as many risks / sequels to a successful film / a remake / high-quality / award-winning
❷ more original / storytelling / direction / were made in America
❸ who stars / big-name actors / based on / reputation / who's starring

STEP 4 실전 문제 풀어보고 확인하기

실전 문제를 듣고 빈칸을 채우거나 소리내 말해보고 아래 모범 답안을 확인해보세요.

🔊 MP3 2_27

Q14 과거와 현재의 영화 작품 변화

You indicated in the survey that you like to watch movies. Could you compare the movies made today to movies you watched while you were growing up? How have movies changed over the years? What are the differences and similarities?

설문조사에서 당신은 영화 보는 것을 좋아한다고 했습니다. 요즘 제작되는 영화를 당신이 자라면서 본 영화와 비교해주시겠어요? 세월이 지나면서 영화가 어떻게 변해 왔나요? 어떤 차이점과 유사점이 있나요?

모범답변

| 도입부

I've always enjoyed [영화 보러 가는 것]. So, I've noticed a few big changes between movies today and those from when I was young.

저는 항상 영화 보러 가는 걸 즐거워했어요. 그래서, 요즘 영화와 제가 어렸을 때 나온 영화 사이에 몇 가지 큰 변화가 있다는 걸 알게 되었죠.

| 본문

First, I think movies today don't take as many risks. What I mean is, most of the blockbusters that studios [제작하다] are all part of an established series. They aren't original stories. They're either [속편] to a successful film or [리메이크 작품]. I think movies in the past were more original. They [더 많은 위험을 감수했다] with their [이야기 전개, 스토리텔링] and [연출]. Second, nowadays, high-quality, [상을 받는] movies are being made [전 세계적으로]. For example, everyone was surprised when Parasite, a Korean film, [수상했다] the Academy Award for Best Picture. However, in the past, most of the movies I watched were made in America. I think this change shows that more stories will [나오기 시작하다] all over the world, and this is a great [발전] for film fans.

우선, 요즘 영화는 그렇게 많은 위험을 감수하는 것 같지 않습니다. 무슨 말이냐 하면, 영화사들이 제작하는 대부분의 블록버스터 영화들이 전부 기존에 나온 시리즈의 일부입니다. 독창적인 이야기가 아니라는 거죠. 성공을 거둔 영화의 속편이거나 리메이크 작품 중의 하나입니다. 저는 과거의 영화들이 더 독창적이었던 것 같아요. 이야기 전개와 연출 면에서 더 많은 위험을 감수했죠. 두 번째로, 요즘은, 전 세계적으로 수준이 높고 상을 받는 영화들이 제작되고 있습니다. 예를 들어, '기생충'이라는 한국 영화가 아카데미 작품상을 수상했을 때 모든 사람이 놀라워했어요. 하지만, 과거에는, 제가 본 영화 대부분이 미국에서 제작되었습니다. 저는 이러한 변화가 전 세계 곳곳에서 더 많은 이야기들이 쏟아져 나오기 시작할 것임을 보여주는 부분이라고 생각하는데, 이는 영화 팬들에겐 아주 좋은 발전이죠.

| 마무리

These are the biggest differences I've noticed between movies today and in the past.

이것들이 제가 요즘 영화와 과거의 영화 사이에서 알게 된 가장 큰 변화들이에요.

모범 답안

going to movies / produce / sequels / a remake / took more risks / storytelling / direction / award-winning / all over the world / won / start coming from / development

Q14 과거와 현재의 영화 작품 변화

You indicated in the survey that you like to watch movies. Could you compare the movies made today to movies you watched while you were growing up? How have movies changed over the years? What are the differences and similarities?

설문조사에서 당신은 영화 보는 것을 좋아한다고 했습니다. 요즘 제작되는 영화를 당신이 자라면서 본 영화와 비교해주시겠어요? 세월이 지나면서 영화가 어떻게 변해 왔나요? 어떤 차이점과 유사점이 있나요?

모범답변

도입부

몇 가지 큰 변화가 있다는 걸 알게 됨
noticed a few big changes

I've always enjoyed going to movies. So, I've noticed a few big changes between movies today and those from when I was young.

저는 항상 영화 보러 가는 걸 즐거워했어요. 그래서, 요즘 영화와 제가 어렸을 때 나온 영화 사이에 몇 가지 큰 변화가 있다는 걸 알게 되었죠.

본문

• 요즘 영화: 그렇게 많은 위험을 감수하는 것 같지 않음
movies today don't take as many risks.

• 과거의 영화: 더 독창적이었던 것 같음
movies in the past were more original

• 요즘: 수준이 높고 상을 받는 영화들이 제작되고 있음
high-quality, award-winning movies are being made

• 과거: 내가 본 대부분의 영화가 미국에서 제작됨
in the past, most of the movies I watched were made in America

First, I think movies today don't take as many risks. What I mean is, most of the blockbusters that studios produce are all part of an **established** series. They aren't **original** stories. They're either **sequels** to a successful film or a remake. I think movies in the past were more original. They took more risks with their storytelling and direction. Second, nowadays, high-quality, **award-winning** movies are being made all over the world. For example, everyone was surprised when Parasite, a Korean film, won the Academy Award for Best Picture. However, in the past, most of the movies I watched were made in America. I think this change shows that more stories will start coming from all over the world, and this is a great development for film fans.

우선, 요즘 영화는 그렇게 많은 위험을 감수하는 것 같지 않습니다. 무슨 말이냐 하면, 영화사들이 제작하는 대부분의 블록버스터 영화들이 전부 기존에 나온 시리즈의 일부입니다. 독창적인 이야기가 아니라는 거죠. 성공을 거둔 영화의 속편이거나 리메이크 작품 중의 하나입니다. 저는 과거의 영화들이 더 독창적이었던 것 같아요. 이야기 전개와 연출 면에서 더 많은 위험을 감수했죠. 두 번째로, 요즘은, 전 세계적으로 수준이 높고 상을 받는 영화들이 제작되고 있습니다. 예를 들어, '기생충'이라는 한국 영화가 아카데미 작품상을 수상했을 때 모든 사람이 놀라워했어요. 하지만, 과거에는, 제가 본 영화 대부분이 미국에서 제작되었습니다. 저는 이러한 변화가 전 세계 곳곳에서 더 많은 이야기들이 쏟아져 나오기 시작할 것임을 보여주는 부분이라고 생각하는데, 이는 영화 팬들에겐 아주 좋은 발전이죠.

마무리

이것들이 가장 큰 변화들임
these are the biggest changes

These are the biggest changes I've noticed between movies today and in the past.

이것들이 제가 요즘 영화와 과거의 영화 사이에서 알게 된 가장 큰 변화들이에요.

고득점 어휘/표현

compare A to B A와 B를 비교하다　similarity 유사점　take a risk 위험을 감수하다, 모험하다　established 기존의, 확립된, 자리잡은　either A or B A 또는 B 둘 중의 하나　sequel 속편　high-quality 수준 높은, 고품질의　award-winning 상을 받는, 수상 경력이 있는　development 발전, 발달

Q15 친구들과 이야기하는 영화 관련 이슈

When you talk to your friends about movies, what topics do you discuss? Why are these issues of interest or concern to you and your friends? What makes them so important?

친구들과 영화에 관해 이야기 나눌 때, 어떤 주제를 상의하나요? 왜 그 이슈들이 당신과 당신 친구들에게 흥미 또는 관심의 대상인가요? 무엇 때문에 그것들이 그렇게 중요한가요?

모범답변

도입부

Whenever I talk about seeing a new movie with my friends, there are a few issues that we [상의하다].

신작 영화 관람과 관련해 친구들과 이야기할 때마다, 우리가 상의하는 몇 가지 이슈가 있습니다.

본문

First, we always talk about [누가 주인공으로 나오는지] in the film. The actors in a movie have a huge impact on [관심을 일으키는 것] among [영화 팬들]. Obviously, famous, big-name actors will [~을 끌어들이다] a lot of people to a movie just [~을 바탕으로] their reputation. So, knowing who's starring in a movie [~을 알려주다] you a lot about it. Second, we talk about how the movie [현실을 반영하다]. One of my favorite movies is Parasite, the Oscar-winning Korean film. It's about issues of [사회 계급] and the widening [부의 격차]. After watching the movie, my friends and I discussed the [줄거리] and [주제들] for hours. We all had different ideas about the movie's message. By talking about it, we broadened our horizons about social issues. Parasite wasn't just [재미, 오락]. It was enlightening.

우선, 우리는 항상 영화에 누가 주인공으로 나오는지에 관해 이야기해요. 영화에 출연하는 배우들은 영화 팬들 사이에서 관심을 일으키는 데 엄청난 영향을 미치죠. 분명, 유명한 대형 배우들은 단지 명성만을 바탕으로 많은 사람들을 영화에 끌어들이게 되죠. 따라서, 영화에 누가 주인공으로 나오는지 알면 그 영화와 관련해 많은 걸 알 수 있어요. 두 번째로, 영화가 어떻게 현실을 반영했는지에 관해 이야기해요. 제가 가장 좋아하는 영화 중 하나는 오스카상을 수상한 한국 영화인 기생충이에요. 사회 계급 문제와 커지는 빈부 격차에 관한 것이에요. 영화를 보고 난 후, 친구들과 저는 줄거리와 주제에 관해 오랜 시간동안 이야기했어요. 우리 모두 영화의 메시지에 대해 다른 생각을 가지고 있었죠. 각자의 생각에 대해 이야기하면서, 우리는 사회적인 이슈에 대한 식견을 넓힐 수 있었어요. 기생충은 단지 재미를 위한 게 아니었죠. 깨우침을 주는 영화였어요.

마무리

We talk about a lot of other topics [~에 관해서] the movie, too, but these are the most [도움이 되는] when deciding what to watch.

우리가 영화와 관련해 많은 다른 주제에 관한 이야기도 나누긴 하지만, 이것들이 무엇을 볼지 결정할 때 가장 도움이 되는 부분이에요.

모범 답안

discuss / who stars / generating interest / moviegoers / attract / based on / tells / reflects reality / social class / wealth gap / plot / themes / entertainment / regarding / helpful

Q15 친구들과 이야기하는 영화 관련 이슈

When you talk to your friends about movies, what topics do you discuss? Why are these issues of interest or concern to you and your friends? What makes them so important?

친구들과 영화에 관해 이야기 나눌 때, 어떤 주제를 상의하나요? 왜 그 이슈들이 당신과 당신 친구들에게 흥미 또는 관심의 대상인가요? 무엇 때문에 그것들이 그렇게 중요한가요?

모범답변

🔊 MP3 2_30

| 도입부

상의하는 몇 가지 이슈가 있음
a few issues that we discuss

Whenever I talk about seeing a new movie with my friends, there are a few issues that we discuss.
신작 영화 관람과 관련해 친구들과 이야기할 때마다, 우리가 상의하는 몇 가지 이슈가 있습니다.

| 본문

• 영화에 누가 주인공으로 나오는지
who stars in the film

• 영화가 어떻게 현실을 반영했는지
how the movie reflects reality

• 사회적인 이슈에 대한 식견을 넓힐 수 있었음
broadened our horizons about social issues

First, we always talk about who stars in the film. The actors in a movie have a huge impact on generating interest among moviegoers. Obviously, famous, big-name actors will attract a lot of people to a movie just based on their reputation. So, knowing who's starring in a movie tells you a lot about it. Second, we talk about how the movie reflects reality. One of my favorite movies is Parasite, the Oscar-winning Korean film. It's about issues of social class and the widening wealth gap. After watching the movie, my friends and I discussed the plot and themes for hours. We all had different ideas about the movie's message. By talking about it, we broadened our horizons about social issues. Parasite wasn't just entertainment. It was enlightening.

우선, 우리는 항상 영화에 누가 주인공으로 나오는지에 관해 이야기해요. 영화에 출연하는 배우들은 영화 팬들 사이에서 관심을 일으키는 데 엄청난 영향을 미치죠. 분명, 유명한 대형 배우들은 단지 명성만을 바탕으로 많은 사람들을 영화에 끌어들이게 되죠. 따라서, 영화에 누가 주인공으로 나오는지 알면 그 영화와 관련해 많은 걸 알 수 있어요. 두 번째로, 영화가 어떻게 현실을 반영했는지에 관해 이야기해요. 제가 가장 좋아하는 영화 중 하나는 오스카상을 수상한 한국 영화인 기생충이에요. 사회 계급 문제와 커지는 빈부 격차에 관한 것이에요. 영화를 보고 난 후, 친구들과 저는 줄거리와 주제에 관해 오랜 시간동안 이야기했어요. 우리 모두 영화의 메시지에 대해 다른 생각을 가지고 있었죠. 각자의 생각에 대해 이야기하면서, 우리는 사회적인 이슈에 대한 식견을 넓힐 수 있었어요. 기생충은 단지 재미를 위한 게 아니었죠. 깨우침을 주는 영화였어요.

| 마무리

이것들이 가장 도움이 되는 부분임
these are the most helpful

We talk about a lot of other topics regarding the movie, too, but these are the most helpful when deciding what to watch.
우리가 영화와 관련해 많은 다른 주제에 관한 이야기도 나누긴 하지만, 이것들이 무엇을 볼지 결정할 때 가장 도움이 되는 부분이에요.

고득점 어휘/표현

 어휘 표현

of interest to ~가 흥미로워하는   of concern to ~가 관심 있어 하는, ~에게 중요한   based on ~을 바탕으로   reputation 명성, 평판   social class 사회 계급   wealth gap 빈부 격차   broaden one's horizons 식견을 넓히다   enlightening 깨우치는, 계몽적인

STEP 5 나만의 OPIc 답변 만들어 보기

• 과거와 현재의 영화 작품 변화

• 친구들과 이야기하는 영화 관련 이슈

OPIc
진짜학습지

Week
3

OPIc
진짜학습지 AL

초판 4쇄 발행 2025년 6월 15일

지은이 멀티캠퍼스·시원스쿨어학연구소
펴낸곳 (주)에스제이더블유인터내셔널
펴낸이 양홍걸 이시원

홈페이지 www.siwonschool.com
주소 서울시 영등포구 영신로 166 시원스쿨
교재 구입 문의 02)2014-8151
고객센터 02)6409-0878

ISBN 979-11-6150-588-6 13740
Number 1-110806-12123000-04

이 책은 저작권법에 따라 보호받는 저작물이므로 무단복제와 무단전재를 금합니다. 이 책 내용의 전부 또는 일부를 이용하려면 반드시 저작권자와 ㈜에스제이더블유인터내셔널의 서면 동의를 받아야 합니다.

Week 3

이번 주 학습 목표

- 빈출 공통형 주제인 인터넷 문제에 관련도 높은 어휘를 사용해 답변을 전개할 수 있다.
- 묘사 및 설명 문제에서 답변의 논리성과 문단 구성 능력을 향상시킬 수 있다.
- 고난도 문제 유형인 비교/대조, 최신 이슈 관련 문제에 대해 답변할 수 있다.

전체 MP3 모음

DAY 1 문항 구성 및 난이도

DATE _____
문제 풀어보기

문항 구성

자기소개	1 자기소개	선택형 쇼핑	8 쇼핑 습관
공통형 교통	2 우리나라의 대중교통		9 최근 쇼핑 경험
	3 과거와 현재의 대중교통 변화		10 쇼핑 관련 기억에 남는 경험
	4 교통 관련 경험	롤플레이 (공통형) 호텔	11 호텔 예약 질문
공통형 인터넷	5 사람들이 인터넷으로 주로 하는 일들		12 불만족스러운 객실 상태 문제 해결
	6 인터넷에서 하는 활동		13 호텔 숙박 관련 기억에 남는 경험
	7 인터넷 관련 기억에 남는 경험	선택형 공원 가기/ 걷기	14 내가 알고 있는 두 공원 비교
			15 공원 관련 이슈

시험 난이도 ★★★★☆

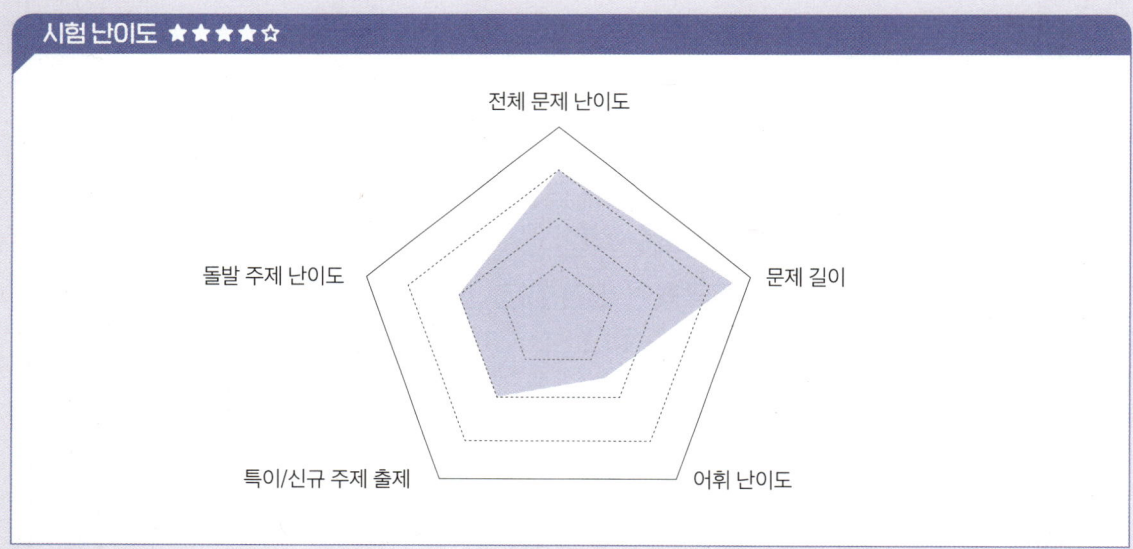

Self-Assessment 5-5

DAY 2

Q 1 자기소개

☆☆☆☆☆

DATE _____

음성강의 듣기

STEP 1 어휘와 패턴 익히기

제시된 오늘의 어휘와 패턴을 익히고 답변에 사용하고자 하는 어휘나 패턴에 체크해보세요

어휘

- ☐ 학위 — degree
- ☐ ~에서 일하다 — work for
- ☐ 성격 — personality
- ☐ 주도적인 — driven
- ☐ 의욕적인 — ambitious
- ☐ 성취하다, 이루다 — achieve

패턴

- **be the best fit for** ~에게 가장 잘 맞다, 적합하다

  I guess this major was the best fit for me.
  이 전공이 저에게 가장 잘 맞았던 것 같아요.

  I think this dress _____ me.
  이 드레스가 저에게 가장 잘 맞았던 것 같아요.

- **either A or B** A 또는 B 둘 중의 하나

  We try to spend time together on the weekends, either by watching a movie or eating a good meal.
  우리는 주말에 영화를 보거나 맛있는 식사를 하면서 함께 시간을 보내려 하고 있어요.

  We spend time together on the weekdays, _____ by taking a walk ____ having dinner.
  우리는 평일에 산책을 하거나 저녁을 먹으면서 시간을 보내요.

STEP 2 실전 문제 풀어보고 확인하기

실전 문제를 듣고 아래 핵심 아이디어를 확인한 뒤 소리내 말해보세요.

🔊 MP3 3_1

Q1 자기소개

Let's start the interview now. Tell me a little bit about yourself.
인터뷰를 시작합니다. 당신에 대해 말해주세요.

모범답변 🔊 MP3 3_2

도입부

만나서 반가움
It's nice to meet you.

Hi, Ava. It's nice to meet you. My name is Hannah, and I am 24 years old.
안녕하세요, 에바. 만나서 반가워요. 제 이름은 한나이고, 24살이에요.

본문

- 졸업할 준비 중, 영문학 학위
  getting ready to graduate, a degree in English literature

- 부모님 그리고 남동생과 살고 있음
  live with my parents and younger brother

- 주말에 함께 시간 보냄
  spend the weekends together

To tell you a little about myself, I'm getting ready to graduate from Yonsei University with a degree in English literature. I've always enjoyed English, so I guess this major was the best fit for me. I'm not sure what I'll do after graduating yet. Besides my studies, I live at home with my parents and younger brother. My mom is a teacher, and my dad works for an advertising agency. We're all busy, so we try to spend time together on the weekends, either by watching a movie or eating a good meal at a restaurant. As for my personality, I'm quiet but driven. I'm ambitious, and I really push myself to achieve my goals.

제 자신에 관해 조금 이야기하자면, 저는 연세대학교에서 영문학 학위를 받고 졸업 준비를 하고 있어요. 항상 영어를 즐거워했기 때문에, 이 전공이 저에게 가장 잘 맞는 것 같아요. 졸업 후에는 무엇을 할지 아직 잘 모르겠어요. 공부 외에는, 부모님, 그리고 남동생과 함께 집에서 살고 있어요. 엄마는 교사이고, 아빠는 광고 대행사에서 근무하고 계시죠. 우리는 모두 바빠서, 주말에 영화를 보거나 레스토랑에서 맛있는 식사를 하면서 함께 시간을 보내려 하고 있죠. 제 성격과 관해서는, 조용하지만 자기 주도적이에요. 제가 아주 의욕적이고, 목표를 이루기 위해 제 자신을 정말 많이 밀어붙이죠.

마무리

이게 다임
That's all.

That's all I can say about myself. Let's have a good chat, Ava!
이게 제 자신에 관해 말할 수 있는 전부예요. 함께 좋은 이야기 나눠봐요, 에바!

고득점 어휘/표현

어휘 표현 degree 학위   major 전공   the best fit for ~에게 가장 잘 맞는 것, 가장 적합한 것   besides ~ 외에는   work for ~에서 근무하다   advertising agency 광고 대행사   either A or B A 또는 B 둘 중의 하나   personality 성격   driven 주도적인   ambitious 아주 의욕적인, 야심 찬   achieve ~을 이루다, 달성하다

DAY 3 ★★★★☆ Q 2 3 4 교통

STEP 1 기출 포인트 파악하기

가장 많이 나오는 3 COMBO 세트

❶ 우리나라의 대중교통

Tell me about how people in your country get around. What kind of transportation do people take? Do people drive, or do they use other means of transportation such as the train or bus? Tell me everything about how people get around.

당신 나라 사람들이 어떻게 돌아다니는지 말해주세요. 사람들이 어떤 종류의 교통편을 이용하나요? 사람들이 차를 운전하나요, 아니면 기차나 버스 같은 다른 교통 수단을 이용하나요? 사람들이 어떻게 다니는 지와 관련해 모두 말해주세요.

❷ 과거와 현재의 대중교통 변화

Tell me how transportation has changed over the years. How is the way people get around different now compared to the past?

교통편이 오랜 시간에 걸쳐 어떻게 변해왔는지 말해주세요. 요즘 사람들이 다니는 방식이 과거에 비해 어떻게 다른가요?

❸ 교통 관련 경험

Tell me about a transportation problem that you experienced. Perhaps your car broke down or you got stuck in a traffic jam. What happened and how did you deal with the situation? Give me all the details.

당신이 경험한 교통 관련 문제에 대해 이야기해 주세요. 아마 자동차가 고장 났거나 교통 체증에 갇혀 있었을 수도 있습니다. 어떤 일이 일어났으며, 그 상황에 어떻게 대처했나요? 자세히 말해주세요.

STEP 2 어휘와 패턴 익히기

제시된 오늘의 어휘와 패턴을 익히고 답변에 사용하고자 하는 어휘나 패턴에 체크해보세요.

어휘

- ☐ 대중교통 — public transportation
- ☐ 통근하다 — commute
- ☐ 장거리 이동, 장거리 여행 — long distance travel
- ☐ 초고속 열차 — bullet trains
- ☐ 급행 노선 — express lines
- ☐ 승차 — pick-up
- ☐ 하차 — drop-off
- ☐ 교통 체증 — traffic jam
- ☐ 경로 — route
- ☐ 믿을 수 있는 — reliable
- ☐ 자주, 빈번히 — frequently
- ☐ 지역 — region
- ☐ 편한 — comfortable
- ☐ 교외 지역 — suburbs
- ☐ 편리한 — convenient
- ☐ (가격이) 알맞은 — affordable
- ☐ ~에 갇히게 되다 — get stuck in
- ☐ ~에 비집고 들어가다 — squeeze into

패턴

- connect A to B   A와 B를 연결하다

It **connects** the city **to** surrounding areas.
그것은 도시와 주변 지역을 연결해요.

There are a lot of bridges that _____ Seoul ___ Gyeonggi Province.
서울과 경기도를 연결하는 다리가 많아요.

- should have p.p(과거분사)   ~했어야 했다

I **should have realized** it was a terrible idea.
저는 그게 끔찍한 생각이라는 걸 알아차려야 했어요.

I _____ we took the wrong way.
저는 우리가 길을 잘못 들었다는 걸 알아차려야 했어요.

STEP 3 나만의 문장 만들기

주어진 우리말을 보고 빈칸을 채우고 아래 모범 답안을 확인해보세요.

❶ 우리나라의 대중교통 - 지하철과 버스

믿을 수 있는 기차와 버스가 중요함	It's important to have [믿을 수 있는] trains and buses.
서울 도시 철도는 도시와 주변 지역을 연결하는 10개 노선이 있음	The Seoul Metro has ten lines that [연결하다] the city to [주변 지역].
이 외에도, 버스를 자주 운행함	On top of that, buses run [자주].

❷ 우리나라의 대중교통 - 초고속 열차

장거리 여행에는 초고속 열차 이용	For [장거리의] travel, people can use [초고속 열차].
다른 도시나 지역으로 이동할 때 환상적임	These are fantastic for traveling to other cities and [지역] around Korea.
장거리 여행에 훨씬 더 나은 선택지임	Bullet trains are [훨씬] the better option for traveling long-distance.

❸ 과거와 현재의 대중교통 변화 - 지하철과 택시

추가 지하철 노선으로 도시와 주변 지역이 더 잘 연결됨	First, [추가의] subway lines have made the city and the surrounding areas more connected than ever.
택시가 여전히 편리하고 요금이 알맞은 선택지임	Second, taxis are still a [편리한] and [요금이 알맞은] option.
이러한 개선사항들로 과거보다 지금 교통편이 훨씬 나아짐	These [개선사항들] have made transportation better now than in the past.

❹ 교통 관련 경험 - 교통 체증

서울 서부 지역에 있는 인기 있는 가구 매장에 쇼핑하러 감	I [쇼핑하러 갔다] at a popular furniture store on the west side of Seoul.
매장에 갈 때는 괜찮았는데, 돌아오는 길에 문제를 겪음	I got to the store OK, but I [문제를 겪었다] on the way home.
차가 거의 움직이지 않았고, 교통 상황을 빠져나올 방법이 없었음	My car [거의 ~않다] moved, and there was no way to [~에서 빠져나오다] the traffic.

모범 답안

❶ reliable / connect / surrounding areas / frequently
❷ long distance / bullet trains / regions / by far
❸ additional / convenient / affordable / improvements
❹ went shopping / ran into trouble / barely / get out of

STEP 4 실전 문제 풀어보고 확인하기

실전 문제를 듣고 빈칸을 채우거나 소리내 말해보고 아래 모범 답안을 확인해보세요.

🔊 MP3 3_3

Q2 우리나라의 대중교통

Tell me about how people in your country get around. What kind of transportation do people take? Do people drive, or do they use other means of transportation such as the train or bus? Tell me everything about how people get around.

당신 나라 사람들이 어떻게 돌아다니는지 말해주세요. 사람들이 어떤 종류의 교통편을 이용하나요? 사람들이 차를 운전하나요, 아니면 기차나 버스 같은 다른 교통 수단을 이용하나요? 사람들이 어떻게 다니는 지와 관련해 모두 말해주세요.

모범답변

| 도입부

Fortunately, Korea, and Seoul in particular, has fantastic [대중교통].
다행히, 한국에는, 그리고 특히 서울에는 환상적인 대중교통이 있어요.

| 본문

For one thing, since so many people have to [통근하다] to work, it's important to have [믿을 수 있는] trains and buses. For example, the Seoul Metro has ten [노선들] that connect the city to [주변 지역들]. [이 외에도], buses run [자주], and thanks to apps, it's always easy to figure out which one you need. Second, for [장거리 여행], people can use [초고속 열차]. These are fantastic for traveling to other cities and [지역] around Korea. To give you an example of how great they are, driving to Busan from Seoul takes about five hours. Plus, you have to [교통 문제에 대처하다]. However, the bullet train takes less than three hours. On top of that, the train is really [편한]. Bullet trains are [훨씬] the better option for traveling long-distance.

우선 첫째로, 매우 많은 사람들이 직장으로 통근해야 하기 때문에, 믿을 수 있는 기차와 버스가 있는 게 중요해요. 예를 들어, 서울 도시 철도는 이 도시와 주변 지역들을 연결하는 10개의 노선이 있어요. 이 외에도, 버스도 자주 운행하고 있고, 여러 앱들 덕분에, 항상 쉽게 어느 것이 필요한지 알아낼 수 있죠. 두 번째로, 장거리 여행의 경우, 사람들은 초고속 열차를 이용할 수 있어요. 이 열차는 한국 곳곳의 다른 도시들과 지역들로 이동할 때 환상적이에요. 얼마나 뛰어난지 한 가지 예를 들자면, 서울에서 부산까지 차를 운전해서 가면 약 5시간이 소요돼요. 게다가, 교통 문제에도 대처해야 하죠. 하지만, 초고속 열차는 3시간이 채 걸리지 않아요. 그 뿐만 아니라, 기차는 정말 편해요. 초고속 열차는 장거리 여행에 있어 훨씬 더 나은 선택지예요.

| 마무리

That's all I have to say about how people get around my country.
여기까지가 우리 나라 사람들이 어떻게 다니는지 말씀 드릴 수 있는 전부예요.

모범 답안

public transportation / commute / reliable / lines / surrounding areas / On top of that / frequently / long distance travel / bullet trains / regions / deal with traffic / comfortable / by far

Q2 우리나라의 대중교통

Tell me about how people in your country get around. What kind of transportation do people take? Do people drive, or do they use other means of transportation such as the train or bus? Tell me everything about how people get around.

당신 나라 사람들이 어떻게 돌아다니는지 말해주세요. 사람들이 어떤 종류의 교통편을 이용하나요? 사람들이 차를 운전하나요, 아니면 기차나 버스 같은 다른 교통 수단을 이용하나요? 사람들이 어떻게 다니는 지와 관련해 모두 말해주세요.

모범답변 MP3 3_4

| 도입부

환상적인 대중교통
fantastic public transportation

Fortunately, Korea, and Seoul in particular, has fantastic public transportation.
다행히, 한국에는, 그리고 특히 서울에는 환상적인 대중교통이 있어요.

| 본문

- 믿을 수 있는 기차와 버스가 있음
  have reliable trains and buses

- 장거리 여행, 고속 열차 이용함
  for long distance travel, use bullet trains

- 기차도 정말 편함
  The train is really comfortable.

For one thing, since so many people have to commute to work, it's important to have reliable trains and buses. For example, the Seoul Metro has ten lines that connect the city to surrounding areas. On top of that, buses run frequently, and thanks to apps, it's always easy to figure out which one you need. Second, for long distance travel, people can use bullet trains. These are fantastic for traveling to other cities and regions around Korea. To give you an example of how great they are, driving to Busan from Seoul takes about five hours. Plus, you have to deal with traffic. However, the bullet train takes less than three hours. On top of that, the train is really comfortable. Bullet trains are by far the better option for traveling long-distance.

우선 첫째로, 매우 많은 사람들이 직장으로 통근해야 하기 때문에, 믿을 수 있는 기차와 버스가 있는 게 중요해요. 예를 들어, 서울 도시 철도는 이 도시와 주변 지역들을 연결하는 10개의 노선이 있어요. 이 외에도, 버스도 자주 운행하고 있고, 여러 앱들 덕분에, 항상 쉽게 어느 것이 필요한지 알아낼 수 있죠. 두 번째로, 장거리 여행의 경우, 사람들은 초고속 열차를 이용할 수 있어요. 이 열차는 한국 곳곳의 다른 도시들과 지역들로 이동할 때 환상적이에요. 얼마나 뛰어난지 한 가지 예를 들자면, 서울에서 부산까지 차를 운전해서 가면 약 5시간이 소요돼요. 게다가, 교통 문제에도 대처해야 하죠. 하지만, 초고속 열차는 3시간이 채 걸리지 않아요. 그 뿐만 아니라, 기차는 정말 편해요. 초고속 열차는 장거리 여행에 있어 훨씬 더 나은 선택지예요.

| 마무리

이게 다임
That's all.

That's all I have to say about how people get around my country.
여기까지가 우리 나라 사람들이 어떻게 다니는지 말씀 드릴 수 있는 전부예요.

고득점 어휘/표현

어휘 표현 get around (여기저기) 다니다   transportation 교통편   means 수단   in particular 특히   reliable 믿을 수 있는   connect A to B A와 B를 연결하다   surrounding 주변의, 둘러싼   on top of ~뿐만 아니라, ~ 외에도   frequently 자주, 빈번히   figure out ~을 알아내다   deal with ~에 대처하다, ~을 처리하다   less than ~가 채 되지 않는, ~ 미만의

Q3 과거와 현재의 대중교통 변화

Tell me how transportation has changed over the years. How is the way people get around different now compared to the past?
교통편이 오랜 시간에 걸쳐 어떻게 변해왔는지 말해주세요. 요즘 사람들이 다니는 방식이 과거에 비해 어떻게 다른가요?

모범답변

도입부

I'd say that [교통편] in Korea is much better nowadays than it was in the past. This is because of [새로운 지하철 노선] and improved taxi services.
한국의 교통편이 과거보다 요즘 훨씬 더 낫다고 말할 수 있어요. 이는 새로운 지하철 노선과 개선된 택시 서비스 때문이죠.

본문

First, [추가의] subway lines have made the city and the surrounding areas more connected than ever. As more people moved into [교외 지역], new lines opened to [~에 도움을 주다] commuting. Now you can easily move in and out of the city. [게다가], [급행 노선] allow people to move clear across the city [시간 지체 없이] at all. Second, when you don't want to take the subway or bus, taxis are still a [편리한] and [요금이 알맞은] option. [특히], new apps have made it simple to call and reserve a taxi. You don't have to stand on the side of the street hoping a taxi drives by anymore. You can set your [승차] and [하차] locations and even pay, all on the app.
우선, 추가 지하철 노선으로 인해 그 어느 때보다 도시와 주변 지역이 더 잘 연결되어 있어요. 더 많은 사람들이 교외 지역으로 이사했기 때문에, 새로운 노선이 통근에 도움을 주기 위해 개통되었죠. 지금은 도시 내외로 편리하게 이동할 수 있어요. 게다가, 급행 노선은 사람들에게 전혀 시간 지체 없이 도시 전역에 걸쳐 막힘 없이 다닐 수 있게 해주죠. 두 번째로, 지하철이나 버스를 타고 싶지 않을 경우에는, 택시가 여전히 편리하고 요금이 알맞은 선택지예요. 특히, 새로운 앱들로 인해 간단하게 택시를 부르고 예약할 수 있게 되었어요. 더 이상 길가에 서서 택시가 지나가길 바라고만 있을 필요가 없죠. 승차 및 하차 지점을 설정할 수도 있고, 심지어 요금도 지불할 수 있는데, 전부 앱으로 가능해요.

마무리

These [개선 사항들] have made transportation better now than in the past.
이러한 개선 사항들로 인해 과거보다 지금 교통편이 훨씬 더 나아졌어요.

모범 답안

transportation / new subway lines / additional / the suburbs / aid with / In addition / express lines / in no time / convenient / affordable / Specifically / pick-up / drop-off / improvements

Q3 과거와 현재의 대중교통 변화

Tell me how transportation has changed over the years. How is the way people get around different now compared to the past?
교통편이 오랜 시간에 걸쳐 어떻게 변해왔는지 말해주세요. 요즘 사람들이 다니는 방식이 과거에 비해 어떻게 다른가요?

모범답변

🔊 MP3 3_6

도입부

과거보다 요즘 훨씬 더 나음
much better nowadays than it was in the past

I'd say that transportation in Korea is much better nowadays than it was in the past. **This is because of** new subway lines and improved taxi services.
한국의 교통편이 과거보다 요즘 훨씬 더 낫다고 말할 수 있어요. 이는 새로운 지하철 노선과 개선된 택시 서비스 때문이죠.

본문

- 추가 지하철 노선
  additifional subway lines
- 택시가 여전히 편리하고 요금이 알맞음
  Taxis are still a convenient and affordable option.

First, additional subway lines have made the city and the surrounding areas more connected than ever. As more people moved into the suburbs, new lines opened to aid with commuting. Now you can easily move in and out of the city. **In addition**, express lines **allow** people **to** move clear across the city in no time at all. Second, when you don't want to take the subway or bus, taxis are still a convenient and affordable option. **Specifically**, new apps have made it simple to call and reserve a taxi. You don't have to stand on the side of the street hoping a taxi drives by anymore. You can set your **pick-up** and **drop-off** locations and even pay, all on the app.
우선, 추가 지하철 노선으로 인해 그 어느 때보다 도시와 주변 지역이 더 잘 연결되어 있어요. 더 많은 사람들이 교외 지역으로 이사했기 때문에, 새로운 노선이 통근에 도움을 주기 위해 개통되었죠. 지금은 도시 내외로 편리하게 이동할 수 있어요. 게다가, 급행 노선은 사람들에게 전혀 시간 지체 없이 도시 전역에 걸쳐 막힘 없이 다닐 수 있게 해주죠. 두 번째로, 지하철이나 버스를 타고 싶지 않을 경우에는, 택시가 여전히 편리하고 요금이 알맞은 선택지예요. 특히, 새로운 앱들로 인해 간단하게 택시를 부르고 예약할 수 있게 되었어요. 더 이상 길가에 서서 택시가 지나가길 바라고만 있을 필요가 없죠. 승차 및 하차 지점을 설정할 수도 있고, 심지어 요금도 지불할 수 있는데, 전부 앱으로 가능해요.

마무리

이러한 개선 사항들로 인해 훨씬 더 나아짐
These improvements have made transportation better.

These improvements have made transportation better now than in the past.
이러한 개선 사항들로 인해 과거보다 지금 교통편이 훨씬 더 나아졌어요.

고득점 어휘/표현

어휘 표현 compared to ~에 비해, ~와 비교해 improved 개선된, 향상된 additional 추가적인 connected 연결된 than ever 그 어느 때보다 suburbs 교외 지역 aid with ~에 도움을 주다 commuting 통근 in addition 게다가, 추가로 clear 막힘 없이, 줄곧 in no time at all 전혀 시간 지체 없이 convenient 편리한 affordable (가격이) 알맞은 reserve ~을 예약하다 drive by (차가) 지나가다 not ~ anymore 더 이상 ~ 않다 pick-up 승차 drop-off 하차 improvement 개선, 향상

Q4 교통 관련 경험

Tell me about a transportation problem that you experienced. Perhaps your car broke down or you got stuck in a traffic jam. What happened and how did you deal with the situation? Give me all the details.

당신이 경험한 교통 관련 문제에 대해 이야기해 주세요. 아마 자동차가 고장 났거나 교통 체증에 갇혀 있었을 수도 있습니다. 어떤 일이 일어났으며, 그 상황에 어떻게 대처했나요? 자세히 말해주세요.

모범답변

| 도입부

Everyone knows that traffic in and around Seoul can be [끔찍한]. That's why I usually [대중교통을 이용하다]. But, one time, I [갇혔다] for hours in [교통 체증] while driving.

서울 및 주변부의 교통 상황이 끔찍할 수 있다는 걸 모두가 알고 있어요. 그게 바로 제가 평소에 대중교통을 이용하는 이유예요. 하지만, 한번은, 운전 중에 몇 시간 동안 교통 체증에 갇혀 있었죠.

| 본문

First, I went shopping one Saturday at a popular furniture store on the west side of Seoul. Since I was buying [부피가 큰], heavy stuff, I had to drive. There was no way I could get everything home using public transportation. I got to the store OK, but I [문제를 겪었다] on the way home. While driving, my GPS took me on [경로] that passed by Seoul Station. I [알아차려야 했다] it was a terrible idea. As I got closer to the city center, traffic [점점 더 악화됐다]. My car [거의 ~않다] moved, and there was no way to [~에서 빠져나오다] the traffic. I was [완전히] stuck. There were so many buses, and every car needed to [~에 비집고 들어가다] the same lane. I got so [좌절한], but there was really nothing I could do. It was one of [최악의 운전 경험들].

우선, 어느 토요일에 서울 서부 지역에 위치한 인기 있는 가구 매장에 쇼핑하러 갔어요. 제가 부피가 크고 무거운 물건을 구입할 예정이었기 때문에, 차를 운전해야 했죠. 대중교통을 이용해서 모든 걸 집으로 가져갈 수 있는 방법이 없었어요. 매장에 갈 때는 괜찮았는데, 집으로 가는 길에 문제를 겪게 됐죠. 운전 중에 제 GPS가 서울역을 지나가는 경로로 안내해주었어요. 그게 끔찍한 생각이라는 걸 알아차려야 했어요. 도심 지역과 더 가까워질수록 교통 상황이 점점 더 악화되었어요. 제 차는 거의 움직이지 않았고, 그 교통 상황에서 빠져나올 방법이 없었죠. 완전히 갇혀 있게 되었어요. 버스도 너무 많았고, 모든 차가 같은 차선에 비집고 들어가 있어야 했어요. 너무 좌절했지만, 제가 할 수 있는 게 정말 아무것도 없었어요. 최악의 운전 경험들 중 하나였어요.

| 마무리

Now I always [운전하는 것을 피하다] through Seoul, especially on Saturdays.

지금은 차를 운전해서 서울을 지나가는 걸 항상 피하고 있어요, 특히 토요일에요.

모범 답안

terrible / take public transportation / got stuck / a traffic jam / bulky / ran into trouble / a route / should've realized / became worse and worse / barely / get out of / completely / squeeze into / frustrated / my worst driving experiences / avoid driving

Q4 교통 관련 경험

Tell me about a transportation problem that you experienced. Perhaps your car broke down or you got stuck in a traffic jam. What happened and how did you deal with the situation? Give me all the details.

당신이 경험한 교통 관련 문제에 대해 이야기해 주세요. 아마 자동차가 고장 났거나 교통 체증에 갇혀 있었을 수도 있습니다. 어떤 일이 일어났으며, 그 상황에 어떻게 대처했나요? 자세히 말해주세요.

모범답변

| 도입부

운전 중에 교통 체증에 갇힘
got stuck in a traffic jam while driving

Everyone knows that traffic in and around Seoul can be terrible. That's why I usually take public transportation. But, one time, I got stuck for hours in a traffic jam while driving.

서울 및 주변부의 교통 상황이 끔찍할 수 있다는 걸 모두가 알고 있어요. 그게 바로 제가 평소에 대중교통을 이용하는 이유예요. 하지만, 한번은, 운전 중에 몇 시간 동안 교통 체증에 갇혀 있었죠.

| 본문

- 인기 있는 가구 매장에 쇼핑하러 갔음
  went shopping at a popular furniture store
- GPS가 서울역을 지나가는 경로를 안내해줌
  My GPS took me on a route that passed by Seoul Station.
- 끔찍한 생각이라는 걸 알아차려야 했음
  should've realized it was a terrible idea
- 좌절함, 할 수 있는 게 없었음
  frustrated, nothing I could do

First, I went shopping one Saturday at a popular furniture store on the west side of Seoul. Since I was buying bulky, heavy stuff, I had to drive. There was no way I could get everything home using public transportation. I got to the store OK, but I ran into trouble on the way home. While driving, my GPS took me on a route that passed by Seoul Station. I should've realized it was a terrible idea. As I got closer to the city center, traffic became worse and worse. My car barely moved, and there was no way to get out of the traffic. I was completely stuck. There were so many buses, and every car needed to squeeze into the same lane. I got so frustrated, but there was really nothing I could do. It was one of my worst driving experiences.

우선, 어느 토요일에 서울 서부 지역에 위치한 인기 있는 가구 매장에 쇼핑하러 갔어요. 제가 부피가 크고 무거운 물건을 구입할 예정이었기 때문에, 차를 운전해야 했죠. 대중교통을 이용해서 모든 걸 집으로 가져갈 수 있는 방법이 없었어요. 매장에 갈 때는 괜찮았는데, 집으로 가는 길에 문제를 겪게 됐죠. 운전 중에 제 GPS가 서울역을 지나쳐가는 경로로 안내해주었어요. 그게 끔찍한 생각이라는 걸 알아차려야 했어요. 도심 지역과 더 가까워질수록 교통 상황이 점점 더 악화되었어요. 제 차는 거의 움직이지 않았고, 그 교통 상황에서 빠져나올 방법이 없었죠. 완전히 갇혀 있게 되었어요. 버스도 너무 많았고, 모든 차가 같은 차선에 비집고 들어가 있어야 했어요. 너무 좌절했지만, 제가 할 수 있는 게 정말 아무것도 없었어요. 최악의 운전 경험들 중 하나였어요.

| 마무리

서울을 지나가는 걸 항상 피함
always avoid driving through Seoul

Now I always avoid driving through Seoul, especially on Saturdays.

지금은 차를 운전해서 서울을 지나가는 걸 항상 피하고 있어요, 특히 토요일에요.

고득점 어휘/표현

어휘 표현

due to ~로 인해, ~ 때문에　　break down 고장 나다　　get stuck in ~에 갇히게 되다　　traffic jam 교통 체증　　bulky 부피가 큰　　run into trouble 문제를 겪다　　on the way home 집으로 가는 도중에　　realize (that) ~임을 알아차리다　　terrible 끔찍한　　get out of ~에서 빠져나오다　　completely 완전히　　squeeze into ~에 비집고 들어가다　　frustrated 좌절한, 불만스러운　　avoid -ing ~하는 것을 피하다

STEP 5 나만의 OPIc 답변 만들어 보기

• 우리나라의 대중교통

| 도입부 | 본문 | 마무리 |

• 과거와 현재의 대중교통 변화

| 도입부 | 본문 | 마무리 |

• 교통 관련 경험

| 도입부 | 본문 | 마무리 |

DAY 4 Q 5 6 7 인터넷 ★★★★☆

음성강의 듣기

STEP 1 기출 포인트 파악하기

가장 많이 나오는 3 COMBO 세트

❶ 사람들이 인터넷으로 주로 하는 일들

What do people normally do on the internet? Do they play games, watch television, or watch movies? Talk about all the things people do online.

사람들은 보통 인터넷으로 무엇을 하나요? 게임을 하거나, TV를 보거나 영화를 보나요? 사람들이 온라인에서 하는 모든 것에 대해 말해주세요.

❷ 인터넷에서 하는 활동

What kinds of things do you do on the internet? Do you find out about new things or do you shop for stuff online? Tell me about the most typical things that you do on the internet.

인터넷으로 어떤 종류의 일을 하나요? 새로운 것들에 관해 알아보나요, 아니면 온라인으로 물품 구매를 위해 쇼핑을 하나요? 인터넷으로 하는 가장 일반적인 일들에 관해 말해주세요.

❸ 인터넷 관련 기억에 남는 경험

We all have things that we remember on the internet. Talk about the memorable things that you have seen on the internet. Why were they memorable?

우리 모두는 인터넷에 대해 기억하는 것이 있습니다. 인터넷에서 본 기억에 남는 것들에 관해 말해주세요. 그것들이 왜 기억에 남았나요?

STEP 2 어휘와 패턴 익히기

제시된 오늘의 어휘와 패턴을 익히고 답변에 사용하고자 하는 어휘나 패턴에 체크해보세요.

어휘

- ☐ 기술 — technology
- ☐ 메시지를 확인하다 — check messages
- ☐ 화상 회의를 하다 — have video meetings
- ☐ 스트리밍 서비스 — streaming service
- ☐ 친목 도모 활동 — socializing
- ☐ 소셜 미디어 — social media
- ☐ 둘러보다 — browse
- ☐ 재택 근무하다 — telecommute
- ☐ ~에 의존하다 — depend on
- ☐ 의존적인 — dependent
- ☐ 직접 — in person
- ☐ 식료품을 주문하다 — order groceries
- ☐ 금융 업무, 은행 업무 — banking
- ☐ 지불하다 — make a payment
- ☐ 송금하다 — transfer money
- ☐ 주식에 투자하다 — invest in stocks

패턴

- **same with**   ~와 마찬가지인, ~와 같은

  Same with clothing.
  옷도 마찬가지예요.
  _____ banking.
  금융 업무도 마찬가지예요.

- **get the hang of**   ~에 대한 요령을 터득하다

  We all **got the hang of** it.
  우리 모두가 요령을 터득했어요.
  I _____ working at home.
  저는 재택 근무에 대한 요령을 터득했어요.

STEP 3 나만의 문장 만들기

주어진 우리말을 보고 빈칸을 채우고 아래 모범 답안을 확인해보세요.

❶ 사람들이 인터넷으로 주로 하는 일들 - 개인 및 업무 관련 사용

친목 도모 활동에 인터넷을 사용함	First, they use the internet for [친목 도모 활동].
일도 인터넷에 의존함	Second, their work [~에 의존하다] the internet, too.
재생 서비스에 나오는 프로그램 시청하며 쉼	Finally, they can [쉬다] by watching shows on a [재생 서비스] using the internet.

❷ 인터넷에서 하는 활동 - 친목 도모 활동, 쇼핑, 금융 업무

친목 도모 활동을 위해 인터넷을 사용함	First, I use the internet for [친목 도모 활동].
대부분의 쇼핑을 온라인으로 함	Second, I do most of my shopping [온라인으로].
모든 금융 업무를 함	Finally, I do all my [금융 업무] over the internet.

❸ 인터넷 관련 기억에 남는 경험 - 재택 근무 경험

유행병 기간에 몇 달 동안 재택 근무를 함	At the time, everyone in my company [재택 근무를 했다] for several months during the [유행병].
모두 집에 있어서 온갖 방해 요소들이 있었음	Since we were all at home, there were all kinds of [방해 요소들].
처음에는 어려웠지만 모두가 요령을 터득함	Telecommuting was difficult [처음에], but eventually, we all [~에 대한 요령을 터득했다] it.

모범 답안

❶ socializing / depends on / relax / streaming service
❷ socializing / online / banking
❸ telecommuted / pandemic / interruptions / at first / got the hang of

STEP 4 실전 문제 풀어보고 확인하기

실전 문제를 듣고 빈칸을 채우거나 소리내 말해보고 아래 모범 답안을 확인해보세요.

🔊 MP3 3_9

Q5 사람들이 인터넷으로 주로 하는 일들

What do people normally do on the internet? Do they play games, watch television, or watch movies? Talk about all the things people do online.

사람들은 보통 인터넷으로 무엇을 하나요? 게임을 하거나, TV를 보거나 영화를 보나요? 사람들이 온라인에서 하는 모든 것에 대해 말해주세요.

모범답변

| 도입부

People do a lot of things 〔인터넷으로〕. I really can't imagine my life without it.

사람들은 인터넷으로 많은 일들을 해요. 인터넷 없는 삶은 정말 상상이 되지 않아요.

| 본문

First, they use the internet for 〔친목 도모 활동〕. They can 〔그들의 메시지를 확인하다〕 and email. Plus, a number of internet connected devices help them 〔소셜 미디어에 접속하다〕 everywhere. Second, their work 〔~에 의존하다〕 the internet, too. Nowadays people usually have 〔화상 회의〕 with clients and coworkers over Zoom. Finally, they can relax by watching shows on 〔재생 서비스〕 using the internet. Also, they can do this on their smart TV or tablet, depending on where they want to relax. I think people use the internet 〔어떤 식으로든〕 all throughout the day. Of course, it's a 〔엄청난 도움〕. But, maybe they're too 〔~에 의존하는〕 it.

우선, 친목 도모 활동에 인터넷을 사용해요. 사람들은 메시지와 이메일을 확인할 수 있어요. 게다가, 인터넷에 연결된 많은 장치들은 그들이 어디서든 소셜 미디어에 접속할 수 있도록 해주죠. 두 번째로, 일도 인터넷에 의존해요. 요즘, 사람들은 보통 줌을 통해 고객 및 동료 직원들과 화상 회의를 해요. 마지막으로, 인터넷을 사용해 재생 서비스에 나오는 프로그램들을 시청하면서 쉴 수도 있어요. 또한, 그들이 어디에서 쉬고 싶은지에 따라 스마트 TV나 태블릿으로도 그렇게 할 수 있어요. 제 생각에는 사람들이 어떤 식으로든 하루 종일 인터넷을 사용하고 있는 것 같아요. 당연히, 엄청난 도움이 되죠. 하지만, 어쩌면 너무 많이 의존하는 것일 수도 있어요.

| 마무리

That's pretty much about it.

이게 다예요.

모범 답안

on the internet / socializing / check their messages / access to social media / depends on / video meetings / a streaming service / in some way / huge help / dependent on

Q5 사람들이 인터넷으로 주로 하는 일들

What do people normally do on the internet? Do they play games, watch television, or watch movies? Talk about all the things people do online.
사람들은 보통 인터넷으로 무엇을 하나요? 게임을 하거나, TV를 보거나 영화를 보나요? 사람들이 온라인에서 하는 모든 것에 대해 말해 주세요.

모범답변 MP3 3_10

| 도입부

인터넷으로 많은 일을 함
do a lot of things on the internet

People do a lot of things on the internet. I really can't imagine my life without it.
사람들은 인터넷으로 많은 일들을 해요. 인터넷 없는 삶은 정말 상상이 되지 않아요.

| 본문

- 메시지와 이메일 확인에 인터넷을 사용함
  use the internet for checking their messages and email

- 일도 기술에 의존함
  Their work depends on technology, too.

- 재생 서비스에 나오는 프로그램들을 시청하며 쉴 수 있음
  relax by watching shows on a streaming service

First, they use the internet for socializing. They can check their messages and email. Plus, a number of internet connected devices help them access to social media everywhere. Second, their work depends on the internet, too. Nowadays people usually have video meetings with clients and coworkers over Zoom. Finally, they can relax by watching shows on a streaming service using the internet. Also, they can do this on their smart TV or tablet, depending on where they want to relax. I think people use the internet in some way all throughout the day. Of course, it's a huge help. But, maybe they're too dependent on it.
우선, 친목 도모 활동에 인터넷을 사용해요. 사람들은 메시지와 이메일을 확인할 수 있어요. 게다가, 인터넷에 연결된 많은 장치들은 그들이 어디서든 소셜 미디어에 접속할 수 있도록 해주죠. 두 번째로, 일도 인터넷에 의존해요. 요즘, 사람들은 보통 줌을 통해 고객 및 동료 직원들과 화상 회의를 해요. 마지막으로, 인터넷을 사용해 재생 서비스에 나오는 프로그램들을 시청하면서 쉴 수도 있어요. 또한, 그들이 어디에서 쉬고 싶은지에 따라 스마트 TV나 태블릿으로도 그렇게 할 수 있어요. 제 생각에는 사람들이 어떤 식으로든 하루 종일 인터넷을 사용하고 있는 것 같아요. 당연히, 엄청난 도움이 되죠. 하지만, 어쩌면 너무 많이 의존하는 것일 수도 있어요.

| 마무리

그게 다임
That's about it.

That's pretty much about it.
이게 다예요.

고득점 어휘/표현

 어휘 표현 a number of 많은 connect 연결하다 access 접속하다 depend on ~에 의존하다 coworker 동료 직원 over (수단) ~으로, ~을 통해 relax 쉬다, 휴식하다 streaming (동영상 등의) 재생 depending on ~에 따라 (다른), ~에 달려 있는 in some way 어떤 식으로든 huge 엄청난, 아주 큰 be dependent on ~에 의존하다

Q6 인터넷에서 하는 활동

What kinds of things do you do on the internet? Do you find out about new things or do you shop for stuff online? Tell me about the most typical things that you do on the internet.
인터넷으로 어떤 종류의 일을 하나요? 새로운 것들에 관해 알아보나요, 아니면 온라인으로 물품 구매를 위해 쇼핑을 하나요? 인터넷으로 하는 가장 일반적인 일들에 관해 말해주세요.

모범답변

| 도입부

Because of [유행병], I think I do most things on the internet these days.
유행병 때문에, 요즘 대부분의 일들을 인터넷으로 하고 있는 것 같아요.

| 본문

First, I use the internet for [친목 도모 활동]. It's [실망스러운] to not be able to meet friends and family [직접], but we [계속 연락하다] through social media. It's like we're always together. Then, I talk to my parents over Zoom often. I think I call my mom every day. It helps us [연락이 되는 상태를 유지하다]. Second, I do most of my shopping online. It's dangerous to go to [붐비는 매장들], so I do everything online. I [식료품을 주문하다] over an app, and they're delivered to my door. Same with clothing. I [둘러보다] through online stores and order whatever [나의 눈길을 끌다]. If it doesn't fit, I just send it back. Finally, I do all my [금융 업무] over the internet. I can [비용을 지불하다], [송금하다], and even [주식에 투자하다], all just by using the internet.

우선, 인터넷을 이용해 친목 도모 활동을 하고 있어요. 친구들과 가족을 직접 만날 수 없어서 실망스럽기는 하지만, 서로 소셜 미디어를 통해 계속 연락하고 있죠. 마치 항상 함께 하고 있는 것 같아요. 그리고, 부모님과 줌으로 자주 이야기해요. 제 생각엔 엄마한테 매일 전화하는 것 같아요. 그게 우리가 계속 연락되는 상태로 유지하는 데 도움이 돼요. 두 번째로, 저는 대부분의 쇼핑을 온라인으로 해요. 붐비는 매장에 가는 게 위험해서 모든 걸 온라인으로 하고 있죠. 앱으로 식료품을 주문하면, 집 앞까지 배송되죠. 옷도 마찬가지예요. 온라인 매장들을 둘러본 다음, 무엇이든 제 눈길을 끄는 게 있으면 주문해요. 맞지 않으면, 그냥 반품해요. 마지막으로, 모든 금융 업무도 인터넷으로 해요. 비용을 지불하거나 송금도 할 수 있고, 심지어 주식에도 투자할 수 있는데, 이 모든 게 인터넷을 이용하는 것만으로도 가능하죠.

| 마무리

The internet has made everything so [편리한]. I [거의 ~않다] have to leave my home anymore.
인터넷으로 인해 모든 게 아주 편리해졌어요. 더 이상 집밖으로 나갈 필요가 거의 없어요.

모범 답안

the pandemic / socializing / disappointing / in person / stay in touch / stay connected / crowded stores / order groceries / browse / catches my eye / banking / make payments / transfer money / invest in stocks / convenient / hardly

Q6 인터넷에서 하는 활동

What kinds of things do you do on the internet? Do you find out about new things or do you shop for stuff online? Tell me about the most typical things that you do on the internet.

인터넷으로 어떤 종류의 일을 하나요? 새로운 것들에 관해 알아보나요, 아니면 온라인으로 물품 구매를 위해 쇼핑을 하나요? 인터넷으로 하는 가장 일반적인 일들에 관해 말해주세요.

모범답변 🔊 MP3 3_12

| 도입부

대부분의 일들을 인터넷으로 함
do most things on the internet

> **Because of** the pandemic, I think I do most things on the internet these days.
>
> 유행병 때문에, 요즘 대부분의 일들을 인터넷으로 하고 있는 것 같아요.

| 본문

- 인터넷을 이용해 친목 도모 활동을 함
  use the internet for socializing

- 소셜 미디어를 통해 계속 연락함
  stay in touch through social media

- 쇼핑을 함, 식료품을 앱으로 주문함
  do shopping, order groceries over an app

- 모든 금융 업무를 함
  do all my banking

> First, I use the internet for **socializing**. It's disappointing to not be able to meet friends and family **in person**, but we **stay in touch** through social media. It's like we're always together. Then, I talk to my parents over Zoom often. I think I call my mom every day. It **helps** us **stay** connected. Second, I do most of my shopping online. It's dangerous to go to crowded stores, so I do everything online. I order groceries over an app, and they're delivered to my door. **Same with** clothing. I browse through online stores and order whatever catches my eye. If it doesn't fit, I just send it back. Finally, I do all my banking over the internet. I can make payments, transfer money, and even invest in stocks, all just by using the internet.
>
> 우선, 인터넷을 이용해 친목 도모 활동을 하고 있어요. 친구들과 가족을 직접 만날 수 없어서 실망스럽기는 하지만, 서로 소셜 미디어를 통해 계속 연락하고 있죠. 마치 항상 함께 하고 있는 것 같아요. 그리고, 부모님과 줌으로 자주 이야기해요. 제 생각엔 엄마한테 매일 전화하는 것 같아요. 그게 우리가 계속 연락되는 상태로 유지하는 데 도움이 돼요. 두 번째로, 저는 대부분의 쇼핑을 온라인으로 해요. 붐비는 매장에 가는 게 위험해서 모든 걸 온라인으로 하고 있죠. 앱으로 식료품을 주문하면, 집 앞까지 배송되죠. 옷도 마찬가지예요. 온라인 매장들을 둘러본 다음, 무엇이든 제 눈길을 끄는 게 있으면 주문해요. 맞지 않으면, 그냥 반품해요. 마지막으로, 모든 금융 업무도 인터넷으로 해요. 비용을 지불하거나 송금도 할 수 있고, 심지어 주식에도 투자할 수 있는데, 이 모든 게 인터넷을 이용하는 것만으로도 가능하죠.

| 마무리

인터넷으로 인해 모든 게 아주 편리해짐
The internet has made everything so convenient.

> The internet has made everything so convenient. I **hardly** have to leave my home anymore.
>
> 인터넷으로 인해 모든 게 아주 편리해졌어요. 더 이상 집밖으로 나갈 필요가 거의 없어요.

고득점 어휘/표현

 어휘 표현   find out about ~에 관해 알아보다   typical 일반적인, 전형적인   pandemic 유행병, 전염병   socializing 친목 도모 활동, 사교 활동   disappointing 실망스러운   in person 직접 (가서)   stay in touch 계속 연락하다   stay connected 계속 연락이 되다   groceries 식료품   browse 둘러보다   catch one's eye ~의 눈길을 끌다   fit 맞다, 어울리다, 적합하다   make a payment 지불하다   transfer money 송금하다   invest in ~에 투자하다   stock 주식   convenient 편리한   hardly ~ anymore 더 이상 거의 ~ 않다

Q7 인터넷 관련 기억에 남는 경험

We all have things that we remember on the internet. Talk about the memorable things that you have seen on the internet. Why were they memorable?
우리 모두는 인터넷에 대해 기억하는 것이 있습니다. 인터넷에서 본 기억에 남는 것들에 관해 말해주세요. 그것들이 왜 기억에 남았나요?

모범답변

| 도입부

I think [가장 기억에 남는] thing I've seen was my first Zoom meeting with my team.
제가 본 것 중에서 가장 기억에 남는 건 우리 팀과 처음 했던 줌 회의였어요.

| 본문

At the time, everyone in my company [재택 근무를 했다] for several months during the pandemic. Cases rose in the city, so my company had all its employees work from home for their safety. However, we had [많은 어려움] with basic things, like recording our working hours and [문서 공유]. My team tried to have its first Zoom meeting, and it was so [어색한]. My director didn't know how to [그의 마이크를 켜다], so he was [무음 상태인] the whole time. Other people never turned on their cameras. Plus, since we were all at home, there were all kinds of [방해 요소들]. My coworker's young son kept asking her for a snack, and another person's cat jumped right in front of his camera. It was so [어수선한]. Finally, we [~할 수 있게 되었다] have a successful meeting.
그때, 우리 회사의 모든 사람이 유행병 기간에 몇 달 동안 재택 근무를 했어요. 도시 내에서 감염 사례가 증가해서, 회사에서는 안전을 위해 전 직원에게 재택 근무를 하게 해주었죠. 하지만, 우리는 근무 시간 기록 및 문서 공유 같은 기본적인 일들에 많은 어려움을 겪었어요. 우리 팀이 첫 줌 회의를 하려 했는데, 정말 어색했어요. 팀장님은 마이크 켜는 방법을 알지 못해서, 회의 시간 내내 무음 상태였죠. 다른 사람들은 카메라를 전혀 켜지 않았어요. 게다가, 우리가 모두 집에 있다 보니까, 온갖 종류의 방해 요소들이 있었죠. 제 동료의 어린 아들은 계속 간식거리를 달라고 보챘고, 다른 사람의 고양이는 카메라 바로 앞으로 뛰어내리기도 했죠. 정말 어수선했어요. 결국에는, 성공적인 회의를 할 수 있게 되었죠.

| 마무리

Telecommuting was difficult at first, but eventually, we all [~에 대한 요령을 터득했다] it.
그게 다예요. 재택 근무가 처음엔 어려웠지만, 결국, 우리 모두가 요령을 터득했어요.

모범 답안

the most memorable / telecommuted / a lot of trouble / sharing documents / awkward / turn his mic on / muted / interruptions / chaotic / managed to / got the hang of

Q7 인터넷 관련 기억에 남는 경험

We all have things that we remember on the internet. Talk about the memorable things that you have seen on the internet. Why were they memorable?
우리 모두는 인터넷에 대해 기억하는 것이 있습니다. 인터넷에서 본 기억에 남는 것들에 관해 말해주세요. 그것들이 왜 기억에 남았나요?

모범답변

| 도입부

우리 팀과의 첫 줌 회의
my first Zoom meeting with my team

I think the most memorable thing I've seen was my first Zoom meeting with my team.
제가 본 것 중에서 가장 기억에 남는 건 우리 팀과 처음 했던 줌 회의였어요.

| 본문

- 재택 근무 했음, 유행병 기간에
  telecommuted, during the pandemic
- 팀장님은 마이크 켜는 방법을 몰랐음
  My director didn't know how to turn his mic on.
- 카메라를 전혀 켜지 않았음
  never turned on their cameras
- 온갖 종류의 방해 요소들이 있었음
  all kinds of interruptions

At the time, everyone in my company telecommuted for several months during the pandemic. Cases rose in the city, so my company had all its employees work from home for their safety. However, we had a lot of trouble with basic things, like recording our working hours and sharing documents. My team tried to have its first Zoom meeting, and it was so awkward. My director didn't know how to turn his mic on, so he was muted the whole time. Other people never turned on their cameras. Plus, since we were all at home, there were all kinds of interruptions. My coworker's young son kept asking her for a snack, and another person's cat jumped right in front of his camera. It was so chaotic. Finally, we managed to have a successful meeting.

그때, 우리 회사의 모든 사람이 유행병 기간에 몇 달 동안 재택 근무를 했어요. 도시 내에서 감염 사례가 증가해서, 회사에서는 안전을 위해 전 직원에게 재택 근무를 하게 해주었죠. 하지만, 우리는 근무 시간 기록 및 문서 공유 같은 기본적인 일들에 많은 어려움을 겪었어요. 우리 팀이 첫 줌 회의를 하려 했는데, 정말 어색했죠. 팀장님은 마이크 켜는 방법을 알지 못해서, 회의 시간 내내 무음 상태였죠. 다른 사람들은 카메라를 전혀 켜지 않았어요. 게다가, 우리가 모두 집에 있다 보니, 온갖 종류의 방해 요소들이 있었죠. 제 동료의 어린 아들은 계속 간식거리를 달라고 보챘고, 다른 사람의 고양이는 카메라 바로 앞으로 뛰어내리기도 했죠. 정말 어수선했어요. 결국에는, 성공적인 회의를 할 수 있게 되었죠.

| 마무리

그게 전부임
That's it.

That's it. Telecommuting was difficult at first, but eventually, we all got the hang of it.
그게 다예요. 재택 근무가 처음엔 어려웠지만, 결국, 우리 모두가 요령을 터득했어요.

고득점 어휘/표현

어휘표현 telecommute 재택 근무를 하다(= work from home)   pandemic 유행병, 전염병   case 사례, 경우   share ~을 공유하다   try to do ~하려 하다   awkward 어색한   muted 무음 상태인   the whole time 그 시간 내내   interruption 방해, 지장   coworker 동료 직원   chaotic 어수선한, 엉망진창인   manage to do (어떻게든) ~할 수 있게 되다, ~해내다   get the hang of ~에 대한 요령을 터득하다

STEP 5 나만의 OPIc 답변 만들어 보기

• 사람들이 인터넷으로 주는 하는 일들

| 도입부 | ▶ | 본문 | ▶ | 마무리 |

• 인터넷에서 하는 활동

| 도입부 | ▶ | 본문 | ▶ | 마무리 |

• 인터넷 관련 기억에 남는 경험

| 도입부 | ▶ | 본문 | ▶ | 마무리 |

DAY 5 Q 8 9 10 쇼핑 ★★★☆☆

DATE _____

음성강의 듣기

STEP 1 기출 포인트 파악하기

가장 많이 나오는 3 COMBO 세트

❶ 쇼핑 습관

You indicated in the survey that you like to go shopping. I would like to know about your interest in shopping. How often do you go shopping? What do you most often buy? Where do you go for your shopping?

설문조사에서 당신은 쇼핑하러 가는 걸 좋아한다고 했습니다. 쇼핑에 대해 갖고 계신 관심에 관해 알고 싶습니다. 얼마나 자주 쇼핑하러 가나요? 무엇을 가장 흔히 구입하나요? 어디로 쇼핑하러 가나요?

❷ 최근 쇼핑 경험

When was the last time you went to shop for something? Where did you go and what did you buy? Who did you go with? What was special about that shopping experience?

뭔가 구입하기 위해 마지막으로 쇼핑하러 간 게 언제였나요? 어디로 갔으며, 무엇을 샀나요? 누가 함께 갔나요? 그 쇼핑 경험과 관련해 무엇이 특별했나요?

❸ 쇼핑 관련 기억에 남는 경험

You probably had many interesting experiences while shopping. Perhaps something good, funny or problematic happened. Where were you, what happened, and what did you do to deal with the situation? Tell me about that particular experience in as much detail as possible.

아마 쇼핑하면서 흥미로운 경험이 많았을 겁니다. 어쩌면 좋은 일이나 재미있는 일, 또는 문제가 되었던 일이 일어났을 수도 있습니다. 어디에 있었고, 무슨 일이 있었으며, 그 상황에 대처하기 위해 무엇을 하셨나요? 그 특정 경험을 가능한 한 아주 자세히 말해주세요.

STEP 2 어휘와 패턴 익히기

제시된 오늘의 어휘와 패턴을 익히고 답변에 사용하고자 하는 어휘나 패턴에 체크해보세요.

어휘

- ☐ 요즘 패션 — current fashion
- ☐ 매장을 둘러보다 — explore shops
- ☐ 저렴한 제품을 찾아 다니는 사람 — bargain hunter
- ☐ 옷, 의상 — outfit
- ☐ 섬세한, 미묘한, 정교한 — subtle
- ☐ 한번 착용해보다 — try on
- ☐ (모양새 등이) 매끈한 — sleek
- ☐ A를 재고로 갖고 있다 — have A in stock
- ☐ (크기 등이) 맞다, 어울리다 — fit
- ☐ 스트레스 해소 (방법) — stress relief
- ☐ 재충전하다 — recharge
- ☐ 판매 조건, 거래 제품 — deal
- ☐ 계산하다 — check out
- ☐ 구매, 구매품 — purchase

패턴

- **keep up with** ~에 뒤처지지 않다, ~을 따르다

I try to keep up with current fashion.
저는 요즘 패션에 뒤처지지 않으려고 해요.
He tries to _____ the latest fashions.
그는 최신 유행에 뒤처지지 않으려고 해요.

- **be drawn to** ~에 끌리다, ~에 마음이 가다

I'm drawn to big sales and shopping events.
저는 대규모 세일과 쇼핑 행사에 이끌려요.
I _____ brand-new smart phone.
저는 새로운 스마트폰에 이끌려요.

- **must have p.p(과거분사)** ~임이 틀림없다 (과거 사건에 대한 강한 추측), ~임이 분명하다

The cashier must've missed it when I checked out.
그 계산 담당 직원이 제가 계산할 때 놓친 게 분명했어요.
There _____ some misunderstanding. I didn't order medium size.
착오가 있었던 게 분명했어요. 저는 중간 치수를 주문하지 않았어요.

STEP 3 나만의 문장 만들기

주어진 우리말을 보고 빈칸을 채우고 아래 모범 답안을 확인해보세요.

❶ 쇼핑 습관 - 쇼핑 빈도, 품목, 성향

한 달에 약 두 번 쇼핑을 감	First, I think I go shopping about 〔한 달에 두 번〕.
대체로 의류 쇼핑을 즐김	〔내가 사는 것과 관련해서는〕, I mostly enjoy shopping for clothes.
저렴한 제품을 찾아 다니는 사람이라 대규모 세일과 쇼핑 행사에 끌림	I'm also a 〔저렴한 제품을 찾아 다니는 사람〕, so I 〔~에 이끌리다〕 big sales and shopping events.

❷ 최근 쇼핑 경험 - 검은색 드레스 착용

완벽하다고 생각한 매끈한 검정색 드레스를 봄	I saw a black, 〔매끈한〕 dress in one shop window that I thought was perfect.
한번 착용해 봄	So, I went in to 〔그것을 착용하다〕.
그 매장엔 내 사이즈가 없었음	But, the shop 〔내 사이즈가 없었다〕.

❸ 쇼핑 관련 기억에 남는 경험

매장을 나가려는데, 갑자기 도난 경보기가 울림	When I was trying to leave the store, a security alarm suddenly 〔(경보 등이)울렸다〕.
도난 방지용 택이 재킷에서 제거되지 않았었던 것임	A security tag hadn't been 〔제거된〕 from the jacket!
계산 담당 직원이 계산할 때 놓친 게 분명했음	The 〔계산 담당 직원〕 must've missed it when I checked out.

모범 답안

❶ twice a month / As for what I buy / bargain hunter / 'm drawn to
❷ sleek / try it on / didn't have my size
❸ went off / removed / cashier

STEP 4 실전 문제 풀어보고 확인하기

실전 문제를 듣고 빈칸을 채우거나 소리내 말해보고 아래 모범 답안을 확인해보세요.

🔊 MP3 3_15

Q8 쇼핑 습관

You indicated in the survey that you like to go shopping. I would like to know about your interest in shopping. How often do you go shopping? What do you most often buy? Where do you go for your shopping?

설문조사에서 당신은 쇼핑하러 가는 걸 좋아한다고 했습니다. 쇼핑에 대해 갖고 계신 관심에 관해 알고 싶습니다. 얼마나 자주 쇼핑하러 가나요? 무엇을 가장 흔히 구입하나요? 어디로 쇼핑하러 가나요?

모범답변

| 도입부

Shopping is one of my favorite activities. I can go with my friends or by myself. For me, it's a form of [스트레스 해소(방법)]. It really helps me [재충전하다].

쇼핑은 제가 가장 좋아하는 활동들 중 하나예요. 친구들과 함께 가거나 혼자서 갈 수 있어요. 저에겐, 일종의 스트레스 해소 방법이죠. 제가 재충전하는 데 정말 도움이 돼요.

| 본문

First, I think I go shopping about [한 달에 두 번]. I usually go on at Saturday, when I can spend a whole day shopping in my favorite stores. [내가 구입하는 것과 관련해서는], I mostly enjoy shopping for clothes. I try to [요즘 패션에 뒤처지지 않다], so I'm always [매장들을 둘러보다] for new styles and designs. I'm also [저렴한 제품을 찾아 다니는 사람], so I [~에 이끌리다] big sales and shopping events. I feel so great when I find [놀라운 판매 조건]. Last, I used to like going to popular shopping centers, like Myeongdong and Dongdaemun. But, because of the pandemic, they have become [인적이 끊긴]. So, nowadays, I [~을 계속 하다] the major department stores.

우선, 저는 한 달에 약 두 번 쇼핑하러 가는 것 같아요. 제가 가장 좋아하는 매장에 가서 하루 종일 보낼 수 있는 토요일에 주로 가요. 제가 구입하는 것과 관련해서는, 대체로 의류 쇼핑을 즐겨요. 요즘 패션에 뒤처지지 않으려고 노력해서, 항상 새로운 스타일과 디자인을 찾아 매장들을 둘러봐요. 또한, 제가 저렴한 제품을 찾아 다니는 사람이기도 해서, 대규모 세일과 쇼핑 행사에 이끌리게 돼요. 놀라운 판매 조건을 발견하면 기분이 정말 좋아요. 마지막으로, 전에는 명동이나 동대문 같이 인기 있는 쇼핑 센터에 가는 걸 좋아했어요. 하지만, 유행병 때문에, 인적이 끊기게 되었죠. 그래서, 요즘은, 대형 백화점에 계속 가고 있어요.

| 마무리

We should go shopping together sometime, Ava!

언제 함께 쇼핑하러 가요, 에바!

모범 답안

stress relief / recharge / twice a month / As for what I buy / keep up with current fashion / exploring shops / a bargain hunter / 'm drawn to / an amazing deal / deserted / stick to

Q8 쇼핑 습관

You indicated in the survey that you like to go shopping. I would like to know about your interest in shopping. How often do you go shopping? What do you most often buy? Where do you go for your shopping?

설문조사에서 당신은 쇼핑하러 가는 걸 좋아한다고 했습니다. 쇼핑에 대해 갖고 계신 관심에 관해 알고 싶습니다. 얼마나 자주 쇼핑하러 가나요? 무엇을 가장 흔히 구입하나요? 어디로 쇼핑하러 가나요?

모범답변 MP3 3_16

| 도입부

스트레스 해소 방법
It's a form of stress relief.

Shopping is one of my favorite activities. I can go with my friends or **by myself**. For me, it's a form of **stress relief**. It really **helps** me **recharge**.

쇼핑은 제가 가장 좋아하는 활동들 중 하나예요. 친구들과 함께 가거나 혼자서 갈 수 있어요. 저에겐, 일종의 스트레스 해소 방법이죠. 제가 재충전하는 데 정말 도움이 돼요.

| 본문

• 한 달에 약 두 번 쇼핑하러 감
  go shopping about twice a month

• 대체로 의류 쇼핑을 즐김
  mostly enjoy shopping for clothes

• 저렴한 제품을 찾아 다니는 사람임
  a bargain hunter

First, I think I go shopping about twice a month. I usually go on at Saturday, when I can spend a whole day shopping in my favorite stores. **As for** what I buy, I mostly enjoy shopping for clothes. I try to **keep up with** current fashion, so I'm always **exploring shops** for new styles and designs. I'm also a **bargain hunter**, so **I'm drawn to** big sales and shopping events. I feel so great when I find an **amazing deal**. Last, I **used to** like going to popular shopping centers, like Myeongdong and Dongdaemun. But, because of the pandemic, they have become **deserted**. So, nowadays, I **stick to** the major department stores.

우선, 저는 한 달에 약 두 번 쇼핑하러 가는 것 같아요. 제가 가장 좋아하는 매장에 가서 하루 종일 보낼 수 있는 토요일에 주로 가요. 제가 구입하는 것과 관련해서는, 대체로 의류 쇼핑을 즐겨요. 요즘 패션에 뒤처지지 않으려고 노력해서, 항상 새로운 스타일과 디자인을 찾아 매장들을 둘러봐요. 또한, 제가 저렴한 제품을 찾아 다니는 사람이기도 해서, 대규모 세일과 쇼핑 행사에 이끌리게 돼요. 놀라운 판매 조건을 발견하면 기분이 정말 좋아요. 마지막으로, 전에는 명동이나 동대문 같이 인기 있는 쇼핑 센터에 가는 걸 좋아했어요. 하지만, 유행병 때문에, 인적이 끊기게 되었죠. 그래서, 요즘은, 대형 백화점에 계속 가고 있어요.

| 마무리

언제 함께 쇼핑하러 가요!
We should go shopping together sometime!

We should go shopping together sometime, Ava!

언제 함께 쇼핑하러 가요, 에바!

고득점 어휘/표현

 어휘 표현   by oneself 혼자   a form of 일종의   stress relief 스트레스 해소 (방법)   recharge 재충전하다   as for ~와 관련해서는   try to do ~하려 하다   keep up with ~에 뒤처지지 않다, ~을 따르다   current 현재의   explore ~을 둘러보다, 탐방하다   bargain hunter 저렴한 제품(물건)을 찾아 다니는 사람   be drawn to ~에 이끌리다   deal 판매 조건, 거래 (제품)   used to ~하곤 했다   pandemic 유행병, 전염병   deserted 인적이 끊긴   stick to ~을 계속 하다, 고수하다

Q9 최근 쇼핑 경험

When was the last time you went to shop for something? Where did you go and what did you buy? Who did you go with? What was special about that shopping experience?

뭔가 구입하기 위해 마지막으로 쇼핑하러 간 게 언제였나요? 어디로 갔으며, 무엇을 샀나요? 누가 함께 갔나요? 그 쇼핑 경험과 관련해 무엇이 특별했나요?

모범답변

도입부

I [최근에] went to a coworker's wedding, so I wanted to get [새 옷] for it — something [섬세한] but [세련된].

저는 최근에 직장 동료의 결혼식에 갔기 때문에, 거기 입고 갈 새 옷을 사고 싶었는데, 뭔가 섬세하면서도 세련된 것을 원했어요.

본문

My friend and I met at a coffee shop near Yeouido Station, and then we went to IFC Mall, which has all kinds of stores with [다른 스타일]. It's probably our favorite place to go. Once we were in the mall, we visited several stores. I saw a black, [매끈한] dress in one shop window that I thought was perfect, so I went in to [그것을 착용하다]. But, the shop [내 사이즈가 없었다]. I was so disappointed because it was [정확히 내가 찾고 있던 것]. I asked [매장 직원] when they'd [재고가 더 있다], but it would take too long. The wedding was that weekend. So, we had to keep looking. Finally, I found another dress that was [~와 비슷한] the first one, and luckily the store had it in my size. I tried it on, and it [완벽하게 맞다]. In the end, it turned out to be a successfu88l shopping trip.

제 친구와 저는 여의도역 근처에 있는 커피숍에서 만난 다음, 서로 다른 스타일의 모든 종류의 매장이 있는 IFC 몰에 갔어요. 아마 우리가 찾아가기 가장 좋아하는 곳일 거예요. 이 쇼핑몰에 들어가자마자, 여러 매장을 방문했어요. 한 매장 진열창에서 완벽하다는 생각이 드는 매끈한 검정색 드레스가 보여서, 한번 착용해보러 들어갔어요. 하지만, 그 매장엔 제 사이즈가 없었어요. 정확히 제가 찾고 있던 것이어서 저는 너무 실망했죠. 매장 직원에게 재고가 언제 더 들어오는지 물어봤지만, 시간이 너무 오래 걸렸어요. 결혼식이 그 주말에 있었거든요. 그래서, 우리는 계속 둘러봐야 했죠. 결국, 처음에 본 것과 비슷한 다른 드레스를 발견했고, 다행히 그 매장에는 제 사이즈가 있었어요. 한번 착용해 봤는데, 완벽하게 맞았어요. 결과적으로, 성공적인 쇼핑 외출이 되었던 거죠.

마무리

That's about it for my last shopping experience.

여기까지가 제 마지막 쇼핑 경험에 관한 이야기예요.

모범 답안

recently / a new outfit / subtle / stylish / different styles / sleek / try it on / didn't have my size / exactly what I was looking for / the clerk / have more in stock / similar to / fit perfectly

Q9 최근 쇼핑 경험

When was the last time you went to shop for something? Where did you go and what did you buy? Who did you go with? What was special about that shopping experience?

뭔가 구입하기 위해 마지막으로 쇼핑하러 간 게 언제였나요? 어디로 갔으며, 무엇을 샀나요? 누가 함께 갔나요? 그 쇼핑 경험과 관련해 무엇이 특별했나요?

모범답변　　　　　　　　　　　　　　　　　　　🔊 MP3 3_18

| 도입부

섬세하면서도 세련된 것을 원했음
wanted something subtle but stylish

> I recently went to a coworker's wedding, so I wanted to get a new **outfit** for it — something **subtle** but **stylish**.
> 저는 최근에 직장 동료의 결혼식에 갔기 때문에, 거기 입고 갈 새 옷을 사고 싶었는데, 뭔가 섬세하면서도 세련된 것을 원했어요.

| 본문

- IFC 몰에 감
  went to IFC Mall
- 매끈한 검정색 드레스, 한번 착용해 봄
  a black, sleek dress, went in to try it on
- 사이즈가 없었음
  didn't have my size
- 처음 본 것과 비슷한 다른 드레스를 발견함
  found another dress that was similar to the first one

> My friend and I met at a coffee shop near Yeouido Station, and then we went to IFC Mall, which has all kinds of stores with different styles. It's probably our favorite place to go. **Once** we were in the mall, we visited several stores. I saw a black, **sleek** dress in one shop window that I thought was perfect, so I went in to **try** it **on**. But, the shop didn't have my size. I was so disappointed because it was **exactly** what I was looking for. I asked the clerk when they'd **have** more **in stock**, but it would take too long. The wedding was that weekend. So, we had to keep looking. Finally, I found another dress that was **similar to** the first one, and luckily the store had it in my size. I tried it on, and it fit perfectly. In the end, it **turned out** to be a successful shopping trip.
> 제 친구와 저는 여의도역 근처에 있는 커피숍에서 만난 다음, 서로 다른 스타일의 모든 종류의 매장이 있는 IFC 몰에 갔어요. 아마 우리가 찾아가기 가장 좋아하는 곳일 거예요. 이 쇼핑몰에 들어가자마자, 여러 매장을 방문했어요. 한 매장 진열창에서 완벽하다는 생각이 드는 매끈한 검정색 드레스가 보여서, 한번 착용해보러 들어갔어요. 하지만, 그 매장엔 제 사이즈가 없었어요. 정확히 제가 찾고 있던 것이어서 저는 너무 실망했죠. 매장 직원에게 재고가 언제 더 들어오는지 물어봤지만, 시간이 너무 오래 걸렸어요. 결혼식이 그 주말에 있었거든요. 그래서, 우리는 계속 둘러봐야 했죠. 결국, 처음에 본 것과 비슷한 다른 드레스를 발견했고, 다행히 그 매장에는 제 사이즈가 있었어요. 한번 착용해 봤는데, 완벽하게 맞았어요. 결과적으로, 성공적인 쇼핑 외출이 되었던 거였죠.

| 마무리

이게 다임
That's about it.

> That's about it for my last shopping experience.
> 여기까지가 제 마지막 쇼핑 경험에 관한 이야기예요.

고득점 어휘/표현

어휘 표현　coworker 함께 일하는 사람, 직장 동료　outfit 옷, 의상　subtle 섬세한, 미묘한, 정교한　several 여럿의, 몇몇의　sleek (모양새 등이) 매끈한　try A on A를 착용해보다　disappointed 실망한　exactly 정확히　look for ~을 찾다　have A in stock A를 재고로 갖고 있다　take too long 시간이 너무 오래 걸리다　keep -ing 계속 ~하다　similar to ~와 비슷한　fit (크기 등이) 맞다, 어울리다　in the end 결과적으로, 결국　turn out to be A A인 것으로 드러나다, 판명되다

Q10 쇼핑 관련 기억에 남는 경험

You probably had many interesting experiences while shopping. Perhaps something good, funny or problematic happened. Where were you, what happened, and what did you do to deal with the situation? Tell me about that particular experience in as much detail as possible.

아마 쇼핑하면서 흥미로운 경험이 많았을 겁니다. 어쩌면 좋은 일이나 재미있는 일, 또는 문제가 되었던 일이 일어났을 수도 있습니다. 어디에 있었고, 무슨 일이 있었으며, 그 상황에 대처하기 위해 무엇을 하셨나요? 그 특정 경험을 가능한 한 아주 자세히 말해주세요.

모범답변

| 도입부

Something 〔당황스러운〕 happened to me recently while I was shopping.
최근에는 제가 쇼핑하다가 당황스러운 일이 있었어요.

| 본문

First, I was shopping for new clothes at my favorite store. I had 〔~을 골랐다〕 a new pair of pants, several shirts, and a light jacket. I tried them all on in 〔탈의실〕, and everything 〔아주 잘 맞다〕. I 〔계산했다〕, and the cashier put my 〔구매품들〕 in a bag. Everything was normal. But then, when I was trying to leave the store, 〔도난 경보기〕 suddenly 〔(경보 등이)울렸다〕. It was so loud. I 〔얼어붙었다〕 by the entrance, and everyone in the store looked at me. I was so embarrassed. I had no idea what was happening. Eventually, a store clerk came to me and asked to check my bags. I 〔모든 물건을 건네주었다〕 immediately. He went through my purchases one by one and discovered the problem. A security tag 〔제거되지 않았다〕 from the jacket! 〔계산 담당 직원〕 must've missed it when I checked out. Finally, the clerk removed it and apologized for 〔모든 사고〕.

우선, 저는 가장 좋아하는 매장에서 새 옷을 사기 위해 쇼핑하고 있었어요. 새 바지 한 벌과 여러 셔츠들, 그리고 가벼운 재킷을 하나 골랐어요. 전부 탈의실에서 착용해봤고, 모두 아주 잘 맞았어요. 계산을 한 다음, 계산 담당 직원이 제 구매품들을 쇼핑백에 넣어 주었어요. 모든 게 평소와 같았죠. 하지만 그때, 제가 매장에서 나가려 하고 있었는데, 갑자기 도난 경보기가 울린 거예요. 소리가 너무 컸어요. 저는 출입구 옆에 서서 얼어붙어 있었고, 매장 안에 있던 모든 사람이 저를 쳐다봤죠. 너무 당황스러웠어요. 저는 무슨 일이 일어난 건지 알지 못했어요. 결국, 매장 점원이 와서 제 쇼핑백을 확인해보겠다고 요청했어요. 저는 즉시 모든 물건을 건네주었어요. 그 직원이 제 구매품들을 하나하나 살펴보더니 문제를 발견했어요. 도난 방지용 택 하나가 재킷에서 제거되지 않았던 거였어요! 그 계산 담당 직원이 제가 계산할 때 놓친 게 분명했어요. 결국, 그 직원이 그 택을 제거하고 모든 사고에 대해 사과했어요.

| 마무리

It was embarrassing at the time. But now, it's just a funny story.
당시에는 당황스러운 일이었어요. 하지만 지금은, 그저 웃고 넘길 수 있는 이야기죠.

모범 답안

embarrassing / picked out / the fitting room / fit great / checked out / purchases / a security alarm / went off / froze / handed everything over / hadn't been removed / The cashier / the whole incident

Q10 쇼핑 관련 기억에 남는 경험

You probably had many interesting experiences while shopping. Perhaps something good, funny or problematic happened. Where were you, what happened, and what did you do to deal with the situation? Tell me about that particular experience in as much detail as possible.
아마 쇼핑하면서 흥미로운 경험이 많았을 겁니다. 어쩌면 좋은 일이나 재미있는 일, 또는 문제가 되었던 일이 일어났을 수도 있습니다. 어디에 있었고, 무슨 일이 있었으며, 그 상황에 대처하기 위해 무엇을 하셨나요? 그 특정 경험을 가능한 한 아주 자세히 말해주세요.

모범답변

MP3 3_20

| 도입부

당황스러운 일이 있었음
Something embarrassing happened.

Something embarrassing happened to me recently **while** I was shopping.
최근에는 제가 쇼핑하다가 당황스러운 일이 있었어요.

| 본문

- 계산을 하고 매장을 나가려 하고 있었음
  I checked out, and I was trying to leave the store.
- 도난 경보기가 울림
  A security alarm went off.
- 구매품들을 하나하나 살펴봄
  went through my purchases one by one
- 계산 담당 직원이 놓친 게 분명했음
  The cashier must've missed it.

First, I was shopping for new clothes at my favorite store. I had **picked out** a new pair of pants, several shirts, and a light jacket. I tried them all on in the fitting room, and everything fit great. I **checked out**, and the cashier put my purchases in a bag. Everything was normal. But then, when I was trying to leave the store, a security alarm suddenly **went off**. It was so loud. I froze by the entrance, and everyone in the store looked at me. I was so embarrassed. I **had no idea** what was happening. Eventually, a store clerk came to me and asked to check my bags. I **handed** everything **over** immediately. He **went through** my purchases one by one and discovered the problem. A security tag hadn't been removed from the jacket! The cashier **must've missed** it when I checked out. Finally, the clerk removed it and apologized for the whole incident.

우선, 저는 가장 좋아하는 매장에서 새 옷을 사기 위해 쇼핑하고 있었어요. 새 바지 한 벌과 여러 셔츠들, 그리고 가벼운 재킷을 하나 골랐어요. 전부 탈의실에서 착용해봤고, 모두 아주 잘 맞았어요. 계산을 한 다음, 계산 담당 직원이 제 구매품들을 쇼핑백에 넣어 주었어요. 모든 게 평소와 같았죠. 하지만 그때, 제가 매장에서 나가려 하고 있었는데, 갑자기 도난 경보기가 울린 거예요. 소리가 너무 컸어요. 저는 출입구 옆에 서서 얼어붙어 있었고, 매장 안에 있던 모든 사람이 저를 쳐다봤죠. 너무 당황스러웠어요. 저는 무슨 일이 일어난 건지 알지 못했어요. 결국, 매장 점원이 와서 제 쇼핑백을 확인해보겠다고 요청했어요. 저는 즉시 모든 물건을 건네주었어요. 그 직원이 제 구매품들을 하나하나 살펴보더니 문제를 발견했더라고요. 도난 방지용 택 하나가 재킷에서 제거되지 않았던 거였어요! 그 계산 담당 직원이 제가 계산할 때 놓친 게 분명했어요. 결국, 그 직원이 그 택을 제거하고 모든 사고에 대해 사과했어요.

| 마무리

당시에는 당황스러운 일이었음
It was embarrassing at the time.

It was embarrassing at the time. But now, it's just a funny story.
당시에는 당황스러운 일이었어요. 하지만 지금은, 그저 웃고 넘길 수 있는 이야기죠.

고득점 어휘/표현

STEP 5 나만의 OPIc 답변 만들어 보기

• 쇼핑 습관

| 도입부 | ▶ | 본문 | ▶ | 마무리 |

• 최근 쇼핑 경험

| 도입부 | ▶ | 본문 | ▶ | 마무리 |

• 쇼핑 관련 기억에 남는 경험

| 도입부 | ▶ | 본문 | ▶ | 마무리 |

DAY 6 Q 11 12 13 호텔

STEP 1 기출 포인트 파악하기

가장 많이 나오는 3 COMBO 세트

❶ 호텔 예약 질문

I'd like to give you a situation to act out. You are visiting a city for the first time and want to book a room for the night. Call a hotel and ask three or four questions before making a reservation.

당신에게 주어진 상황에 대해 역할극을 해주세요. 당신이 한 도시를 처음으로 방문할 예정이라서, 하룻밤 머무를 객실을 하나 예약하기를 원합니다. 한 호텔에 전화를 걸어 예약하기 전에 서너 가지 질문을 해보세요.

❷ 불만족스러운 객실 상태 문제 해결

I'm sorry, but there is a problem I need you to resolve. When you first get into your hotel room, you discover that it is smaller than you expected and dirty. Call the front desk and explain the problem in detail. Then, make some suggestions as to how you can resolve the situation.

유감스럽게도 당신이 해결해야 할 문제가 있습니다. 당신이 호텔 객실에 처음 들어설 때, 예상했던 것보다 더 작고 지저분하다는 걸 알게 됩니다. 안내 데스크에 전화를 걸어 이 문제를 자세히 설명해보세요. 그런 다음, 이 상황을 해결할 수 있는 방법과 관련해 몇 가지 제안을 해보세요.

❸ 호텔 숙박 관련 기억에 남는 경험

That's the end of the situation. Sometimes, surprising or unexpected things can happen when you stay at a hotel. I'd like to know about the most memorable experience you've had while staying at a hotel. Maybe there was a problem with your reservation, or you met an interesting guest. Tell me everything about your memorable experience at a hotel.

상황극이 종료 되었습니다. 때로는, 호텔에서 머무를 때 놀랍거나 예기치 못한 일들이 발생될 수 있습니다.
호텔에서 머무르는 동안 겪었던 가장 기억에 남는 경험에 관해 알고 싶습니다. 아마 예약에 문제가 있었을 수도 있고, 아니면 흥미로운 손님을 만났을 수도 있습니다. 호텔에서 겪은 기억에 남는 경험에 관해 모두 말해주세요.

STEP 2 어휘와 패턴 익히기

제시된 오늘의 어휘와 패턴을 익히고 답변에 사용하고자 하는 어휘나 패턴에 체크해보세요.

어휘

- ☐ 방을 예약하다 — book a room
- ☐ 예약하다 — make a reservation
- ☐ 머무르다 — stay
- ☐ ~에 위치하다 — be located in
- ☐ 관광 명소 — tourist attractions
- ☐ 멋진 경관, 경치 좋은 풍경 — scenic view
- ☐ 전액 환불 — full refund
- ☐ 편리한 — convenient
- ☐ 결제하다 — pay for
- ☐ ~을 해결하다, 처리하다 — deal with
- ☐ 선택지, 선택권 — options

패턴

- **even if** 비록 ~일지라도, 설사 ~한다 하더라도

That would be the most convenient for me, *even if* I have to pay for it.
제가 비용을 지불해야 한다 하더라도, 그게 저에겐 가장 편리할 거예요.

_____ there are other options, this would be the best for me.
다른 선택지들이 있다고 하더라도, 이게 저에게는 가장 좋을 거예요.

- **on top of that** 이 외에도, 그 뿐만 아니라

On top of that, the room is dirty.
그 뿐만 아니라, 객실이 지저분해요.

_____, it's smaller than I expected.
그 뿐만 아니라, 제가 예상했던 것 보다 더 작아요.

- **might have p.p(과거분사)** ~했을 지도 모르다, ~했을 수도 있다

The hotel *might've been* the nicest hotel I've ever stayed at.
우리가 그 동안 머물렀던 곳 중에서 가장 훌륭한 호텔이었을 지도 몰라요.

Spain _____ the most memorable place I've ever traveled to.
스페인은 제가 그 동안 여행해 본 곳 중에서 가장 기억에 남는 장소였을 지도 몰라요.

STEP 3 나만의 문장 만들기

주어진 우리말을 보고 빈칸을 채우고 아래 모범 답안을 확인해보세요.

❶ 호텔 예약 질문 - 상황 설명

처음으로 그쪽 도시를 방문할 계획임	I [계획하고 있다] to visit your city for the first time.
머무를 호텔이 필요함	I need a hotel to [~에 머무르다].
호텔과 관련해 몇 가지 질문을 해도 되는지	Could I ask you [몇 가지 질문] about your hotel?

❷ 호텔 예약 질문 - 위치, 전망, 공항 접근성

도시에서 흥미로운 구역에 위치에 있는지	Is your hotel [~에 위치해 있는] an interesting part of the city?
객실에서 보이는 전망은 어떤지	How is the [전망] from your rooms?
공항에서 호텔까지 가기 쉬운지	Is it [~하기 쉬운] get to your hotel from the airport?

❸ 불만족스러운 객실 상태 문제 해결 - 해결책 제시

말씀드려야 할 큰 문제가 있음	There's [큰 문제] I need to talk to you about.
잘못된 방을 줬을 가능성이 있음	It's [가능성이 있는] that you gave me the [잘못된 방].
즉시 더 나은 객실 중 하나로 업그레이드 해줘야 함	You should [업그레이드하다] me to one of your better rooms right away.

❹ 호텔 숙박 관련 기억에 남는 경험 - 폭풍 속 호텔 숙박

우리 가족은 여름 휴가로 제주도를 방문 중이었음	My family [방문 중이었다] Jeju for our summer vacation.
섬을 향해 다가오는 태풍 보도가 있었음	There were [태풍 보도] heading toward the island.
폭풍은 지나갔고, 정상적으로 휴가를 마칠 수 있었음	The storm [지나갔다], and we [~할 수 있었다] finish our vacation normally.

모범 답안

❶ 'm planning / stay at / a few questions
❷ located in / view / easy to
❸ a big problem / possible / wrong room / upgrade
❹ was visiting / reports of a typhoon / had passed / were able to

STEP 4 실전 문제 풀어보고 확인하기

실전 문제를 듣고 빈칸을 채우거나 소리내 말해보고 아래 모범 답안을 확인해보세요.

🔊 MP3 3_21

Q11 호텔 예약 질문

I'd like to give you a situation to act out. You are visiting a city for the first time and want to book a room for the night. Call a hotel and ask three or four questions before making a reservation.

당신에게 주어진 상황에 대해 역할극을 해주세요. 당신이 한 도시를 처음으로 방문할 예정이라서, 하룻밤 머무를 객실을 하나 예약하기를 원합니다. 한 호텔에 전화를 걸어 예약하기 전에 서너 가지 질문을 해보세요.

모범답변

| 도입부

Hello. I'm planning to visit your city for the first time, and I need a hotel to [머무르다]. Could I ask you a few questions about your hotel?

안녕하세요. 제가 처음으로 그쪽 도시를 방문할 계획인데, 머무를 호텔이 필요해요. 당신의 호텔과 관련해 몇가지 질문을 해도 될까요?

| 본문

First, is your hotel [~에 위치한] an interesting part of the city? Are there things that I could do around your hotel? Since I [~에 가본 적이 없다] your city before, I would like to visit some of [관광 명소]. I would also like to do some shopping, if there are any popular shopping centers [호텔 근처에]. Please let me know if anything [흥미로운] is nearby. Second, how is the view from your rooms? I've always heard that your city is beautiful. I would love to have [경치 좋은 전망] of it from my room. Last, is it [가기 쉬운] to your hotel from the airport? I'll arrive at the airport early in the morning, so I'm not sure what [호텔로 가는 가장 좋은 방법] is.

우선, 호텔이 그쪽 도시에서 흥미로운 구역에 위치해 있나요? 호텔 주변에서 제가 할 수 있는 것들이 있나요? 제가 전에 그쪽 도시에 한 번도 가본 적이 없어서, 관광 명소를 몇 군데 방문하고 싶어요. 호텔 근처에 어느 곳이든 인기 있는 쇼핑 센터가 있다면 쇼핑도 좀 하고 싶어요. 무엇이든 흥미로운 것이 근처에 있다면 알려주시기 바라요. 두 번째로, 객실에서 보이는 전망은 어떤가요? 저는 그쪽 도시가 아름답다는 얘기를 항상 들었거든요. 저는 제 객실에서 그 도시의 경치 좋은 전망을 꼭 보고 싶어요. 마지막으로, 공항에서 호텔까지 가기 쉬운가요? 제가 아침 일찍 공항에 도착해서, 호텔로 가는 가장 좋은 방법이 무엇인지 잘 모르겠어요.

| 마무리

Thank you for your time. I'll call back soon to [예약하다].

시간 내주셔서 감사해요. 곧 다시 전화 드려서 예약할게요.

모범 답안

stay at / located in / 've never been to / the tourist attractions / near your hotel / of interest / a scenic view / easy to get / the best way to get to your hotel / make a reservation

Q11 호텔 예약 질문

I'd like to give you a situation to act out. You are visiting a city for the first time and want to book a room for the night. Call a hotel and ask three or four questions before making a reservation.

당신에게 주어진 상황에 대해 역할극을 해주세요. 당신이 한 도시를 처음으로 방문할 예정이라서, 하룻밤 머무를 객실을 하나 예약하기를 원합니다. 한 호텔에 전화를 걸어 예약하기 전에 서너 가지 질문을 해보세요.

모범답변

도입부

호텔과 관련해 몇 가지 질문을 하고 싶음
ask you a few questions about your hotel

Hello. I'm planning to visit your city for the first time, and I need a hotel to stay at. Could I ask you a few questions about your hotel?

안녕하세요. 제가 처음으로 그쪽 도시를 방문할 계획인데, 머무를 호텔이 필요해요. 당신의 호텔과 관련해 몇 가지 질문을 해도 될까요?

본문

- 흥미로운 구역에 위치해 있는지
  located in an interesting part
- 객실에서 보이는 전망이 어떤지
  the view from your rooms
- 공항에서 호텔까지 가기 쉬운지
  easy to get to your hotel from the airport

First, is your hotel located in an interesting part of the city? Are there things that I could do around your hotel? Since I've never been to your city before, I would like to visit some of the tourist attractions. I would also like to do some shopping, if there are any popular shopping centers near your hotel. Please let me know if anything of interest is nearby. Second, how is the view from your rooms? I've always heard that your city is beautiful. I would love to have a scenic view of it from my room. Last, is it easy to get to your hotel from the airport? I'll arrive at the airport early in the morning, so I'm not sure what the best way to get to your hotel is.

우선, 호텔이 그쪽 도시에서 흥미로운 구역에 위치해 있나요? 호텔 주변에서 제가 할 수 있는 것들이 있나요? 제가 전에 그쪽 도시에 한 번도 가본 적이 없어서, 관광 명소를 몇 군데 방문하고 싶어요. 호텔 근처에 어느 곳이든 인기 있는 쇼핑 센터가 있다면 쇼핑도 좀 하고 싶어요. 무엇이든 흥미로운 것이 근처에 있다면 알려주시기 바라요. 두 번째로, 객실에서 보이는 전망은 어떤가요? 저는 그쪽 도시가 아름답다는 얘기를 항상 들었거든요. 저는 제 객실에서 그 도시의 경치 좋은 전망을 꼭 보고 싶어요. 마지막으로, 공항에서 호텔까지 가기 쉬운가요? 제가 아침 일찍 공항에 도착해서, 호텔로 가는 가장 좋은 방법이 무엇인지 잘 모르겠어요.

마무리

시간 내줘서 고마움
Thank you for your time.

Thank you for your time. I'll call back soon to make a reservation.

시간 내주셔서 감사해요. 곧 다시 전화 드려서 예약할게요.

고득점 어휘/표현

어휘/표현 for the first time 처음으로　book ~을 예약하다　make a reservation 예약하다　plan to do ~할 계획이다　be located in ~에 위치해 있다　would like to do ~하고 싶다　attraction 명소, 인기 장소　of interest 흥미로운　nearby 근처에　would love to do 꼭 ~하고 싶다　definitely 꼭, 분명히　way to do ~하는 방법

Q12 불만족스러운 객실 상태 문제 해결

I'm sorry, but there is a problem I need you to resolve. When you first get into your hotel room, you discover that it is smaller than you expected and dirty. Call the front desk and explain the problem in detail. Then, make some suggestions as to how you can resolve the situation.

유감스럽게도 당신이 해결해야 할 문제가 있습니다. 당신이 호텔 객실에 처음 들어설 때, 예상했던 것보다 더 작고 지저분하다는 걸 알게 됩니다. 안내 데스크에 전화를 걸어 이 문제를 자세히 설명해보세요. 그런 다음, 이 상황을 해결할 수 있는 방법과 관련해 몇 가지 제안을 해보세요.

모범답변

| 도입부

Hi, is this the front desk? This is room 402. I just [체크인했다] in the lobby and came up to my room. However, there's a big problem I need to talk to you about.

안녕하세요, 안내 데스크죠? 여기 402호실입니다. 제가 방금 로비에서 체크인한 다음에, 객실로 올라왔어요. 하지만, 말씀드려야 하는 큰 문제가 하나 있어요.

| 본문

First of all, [객실에 들어왔을 때] , I [금방 알았다] that it is smaller than I expected. It looks like its half the size of the rooms I saw advertised on your website. [그 뿐만 아니라] , the room is dirty. I don't think it was cleaned at all. There's still trash in the garbage cans, and the bed hasn't been made. So, I refuse to stay in this room. Here's what I think we should do. First, it's possible that you gave me [잘못된 객실] . If it's a simple mistake, then I can understand. Just let me change to the correct room, and everything will be OK. However, if this is my room, then this is [받아들일 수 없는] . You should [업그레이드하다] me to one of your better rooms right away. Finally, if [다른 두 가지 선택지] aren't possible, then I'll [예약을 취소하다] and [전액 환불을 받] . I'll find somewhere else to stay.

가장 먼저, 객실에 들어왔을 때, 제가 예상했던 것보다 더 작다는 걸 금방 알 수 있었어요. 제가 웹사이트에 광고된 것으로 본 객실보다 크기 절반 밖에 되지 않는 것 같아요. 그 뿐만 아니라, 객실이 지저분해요. 전혀 청소하지 않은 것 같아요. 쓰레기통에는 여전히 쓰레기가 있고, 침구는 새로 정돈되어 있지 않아요. 그래서, 이 객실에서 묵고 싶지 않아요. 저는 이렇게 해야 한다고 생각해요. 우선, 저에게 잘못된 객실을 주셨을 가능성이 있어요. 이것이 단순한 실수라면, 이해할 수 있어요. 적절한 방으로 교체해 주시기만 하면, 모든 게 괜찮을 거예요. 하지만, 이게 제 객실이라면, 이건 받아들일 수 없어요. 즉시 더 나은 객실 중의 하나로 업그레이드 해주셔야 해요. 마지막으로, 다른 두 가지 선택지가 불가능한 경우에는, 예약을 취소하고 전액 환불 받을게요. 머무를 수 있는 다른 곳을 찾아보겠어요.

| 마무리

Let me know what I should do.

제가 뭘 해야 하는지 알려 주세요.

모범 답안

checked in / when I got into the room / immediately noticed / On top of that / the wrong room / unacceptable / upgrade / the other two options / cancel my reservation / get a full refund

Q12 불만족스러운 객실 상태 문제 해결

I'm sorry, but there is a problem I need you to resolve. When you first get into your hotel room, you discover that it is smaller than you expected and dirty. Call the front desk and explain the problem in detail. Then, make some suggestions as to how you can resolve the situation.

유감스럽게도 당신이 해결해야 할 문제가 있습니다. 당신이 호텔 객실에 처음 들어설 때, 예상했던 것보다 더 작고 지저분하다는 걸 알게 됩니다. 안내 데스크에 전화를 걸어 이 문제를 자세히 설명해보세요. 그런 다음, 이 상황을 해결할 수 있는 방법과 관련해 몇 가지 제안을 해보세요.

모범답변 🔊 MP3 3_24

| 도입부

말씀드려야 할 큰 문제가 있음
There's a big problem I need to talk to you about.

Hi, is this the front desk? This is room 402. I just **checked in** in the lobby and came up to my room. However, there's a big problem I need to talk to you about.

안녕하세요, 안내 데스크죠? 여긴 402호실입니다. 제가 방금 로비에서 체크인한 다음에, 객실로 올라왔어요. 하지만, 말씀드려야 하는 큰 문제가 하나 있어요.

| 본문

• 예상했던 것보다 방이 작음, 지저분함
smaller than I expected, dirty

• 잘못된 객실을 줬을 가능성이 있음
It's possible that you gave me the wrong room.

• 더 나은 객실 중 하나로 업그레이드 해줘야 함
should upgrade me to one of your better rooms

• 전액 환불 받겠음
get a full refund

First of all, when I got into the room, I immediately **noticed** that it is smaller than I expected. It looks like its half the size of the rooms I saw advertised on your website. On top of that, the room is dirty. I don't think it was cleaned **at all**. There's still trash in the garbage cans, and the bed hasn't been made. So, I refuse to stay in this room. Here's what I think we should do. First, it's possible that you gave me the wrong room. If it's a simple mistake, then I can understand. Just let me change to the correct room, and everything will be OK. However, if this is my room, then this is **unacceptable**. You should **upgrade** me to one of your better rooms right away. Finally, if the other two **options** aren't possible, then I'll cancel my reservation and get a **full refund**. I'll find somewhere else to stay.

가장 먼저, 객실에 들어왔을 때, 제가 예상했던 것보다 더 작다는 걸 금방 알 수 있었어요. 제가 웹사이트에 광고된 것으로 본 객실보다 크기 절반 밖에 되지 않는 것 같아요. 그 뿐만 아니라, 객실이 지저분해요. 전혀 청소하지 않는 것 같아요. 쓰레기통에는 여전히 쓰레기가 있고, 침구는 새로 정돈되어 있지 않아요. 그래서, 이 객실에서 묵고 싶지 않아요. 저는 이렇게 해야 한다고 생각해요. 우선, 저에게 잘못된 객실을 주셨을 가능성이 있어요. 이것이 단순한 실수라면, 이해할 수 있어요. 적절한 방으로 교체해 주시기만 하면, 모든 게 괜찮을 거에요. 하지만, 이게 제 객실이라면, 이건 받아들일 수 없어요. 즉시 더 나은 객실 중의 하나로 업그레이드 해주셔야 해요. 마지막으로, 다른 두 가지 선택지가 불가능한 경우에는, 예약을 취소하고 전액 환불 받을게요. 머무를 수 있는 다른 곳을 찾아보겠어요.

| 마무리

뭘 해야 하는지 알려주길 바람
Let me know what I should do.

Let me know what I should do.
제가 뭘 해야 하는지 알려 주세요.

고득점 어휘/표현

 어휘 표현 make a suggestion 제안하다 resolve ~을 해결하다 immediately 금방, 즉시, 곧장 comfortable 편한 on top of ~뿐만 아니라, ~ 외에도 refuse to do ~하기를 거절하다, 거부하다 unacceptable 받아들일 수 없는 refund 환불(액)

Q13 호텔 숙박 관련 기억에 남는 경험

That's the end of the situation. Sometimes, surprising or unexpected things can happen when you stay at a hotel. I'd like to know about the most memorable experience you've had while staying at a hotel. Maybe there was a problem with your reservation, or you met an interesting guest. Tell me everything about your memorable experience at a hotel.

상황극이 종료 되었습니다. 때로는, 호텔에서 머무를 때 놀랍거나 예기치 못한 일들이 발생될 수 있습니다. 호텔에서 머무르는 동안 겪었던 가장 기억에 남는 경험에 관해 알고 싶습니다. 아마 예약에 문제가 있었을 수도 있고, 아니면 흥미로운 손님을 만났을 수도 있습니다. 호텔에서 겪은 기억에 남는 경험에 관해 모두 말해주세요.

모범답변

| 도입부

Something interesting did happen one time when we were staying on Jeju Island.

우리가 제주도에 머무르고 있었을 때 흥미로운 일이 한번 일어났어요.

| 본문

First, my family was visiting Jeju for our 〔여름 휴가〕. We were staying at a 4-star beachside resort, so it was 〔인상적인 곳〕. It might've been 〔가장 훌륭한 호텔〕 I've ever stayed at. Anyway, when we first arrived, the weather was perfect. However, there were 〔태풍 보도〕 heading toward the island. It was terrible timing for our vacation. We hoped that it would 〔방향을 바꾸다〕, but, on the third day of our trip, the typhoon 〔섬을 강타했다〕. Since we didn't have time to 〔대피하다〕, we had to 〔피신하다〕 in the resort. 〔긍정적인 점은〕, since we couldn't leave, the resort sent 〔무료 룸 서비스 식사〕 for every guest. By the next day, the storm had passed, and we were able to finish our vacation normally.

우선, 우리 가족은 여름 휴가로 제주도를 방문중이었어요. 우리는 4성급 해변 리조트에 머무르고 있었기 때문에, 인상적인 곳이었죠. 우리가 그 동안 머물렀던 곳 중에서 가장 훌륭한 호텔이었을 지도 모릅니다. 어쨌든, 우리가 처음 도착했을 때, 날씨가 완벽했어요. 하지만, 이 섬을 향해 다가오는 태풍 보도가 있었어요. 우리 휴가를 생각하면 끔찍한 타이밍이었죠. 우리는 태풍이 방향을 바꾸길 바랐지만, 여행 3일째 되던 날, 태풍이 그 섬을 강타했어요. 우리는 대피할 시간이 없었기 때문에, 리조트 내에서 피신해 있어야 했어요. 긍정적이었던 점은, 우리가 떠날 수 없었기 때문에, 리조트에서 모든 손님에게 무료 룸 서비스 식사를 보내주었습니다. 다음 날이 되었을 때쯤, 폭풍은 지나갔고, 우리는 정상적으로 휴가를 마칠 수 있었어요.

| 마무리

〔의심의 여지 없이〕, this was the most memorable experience I've had at a hotel.

의심의 여지 없이, 이것이 제가 호텔에 머물면서 겪었던 가장 기억에 남는 경험이었어요.

모범 답안

summer vacation / an impressive place / the nicest hotel / reports of a typhoon / change direction / hit the island / evacuate / take shelter / On the plus side / complimentary room service meals / Without a doubt

Q13 호텔 숙박 관련 기억에 남는 경험

That's the end of the situation. Sometimes, surprising or unexpected things can happen when you stay at a hotel. I'd like to know about the most memorable experience you've had while staying at a hotel. Maybe there was a problem with your reservation, or you met an interesting guest. Tell me everything about your memorable experience at a hotel.

상황극이 종료 되었습니다. 때로는, 호텔에서 머무를 때 놀랍거나 예기치 못한 일들이 발생될 수 있습니다. 호텔에서 머무르는 동안 겪었던 가장 기억에 남는 경험에 관해 알고 싶습니다. 아마 예약에 문제가 있었을 수도 있고, 아니면 흥미로운 손님을 만났을 수도 있습니다. 호텔에서 겪은 기억에 남는 경험에 관해 모두 말해주세요.

모범답변

🔊 MP3 3_26

| 도입부

흥미로운 일이 일어남
Something interesting did happen.

Something interesting did happen one time when we were staying on Jeju Island.
우리가 제주도에 머무르고 있었을 때 흥미로운 일이 한번 일어났어요.

| 본문

• 우리 가족은 여름 휴가로 제주도를 방문중이었음
My family was visiting Jeju for our summer vacation.

• 태풍이 그 섬을 강타함
The typhoon hit the island.

• 떠날 수가 없었음, 무료 룸 서비스 식사를 보내줌
couldn't leave, sent complimentary room service meals

• 폭풍은 지나감
The storm had passed.

First, my family was visiting Jeju for our summer vacation. We were staying at a 4-star beachside resort, so it was an impressive place. It might've been the nicest hotel I've ever stayed at. Anyway, when we first arrived, the weather was perfect. However, there were reports of a typhoon heading toward the island. It was terrible timing for our vacation. We hoped that it would change direction, but, on the third day of our trip, the typhoon hit the island. Since we didn't have time to evacuate, we had to take shelter in the resort. On the plus side, since we couldn't leave, the resort sent complimentary room service meals for every guest. By the next day, the storm had passed, and we were able to finish our vacation normally.

우선, 우리 가족은 여름 휴가로 제주도를 방문중이었어요. 우리는 4성급 해변 리조트에 머무르고 있었기 때문에, 인상적인 곳이었죠. 우리가 그 동안 머물렀던 곳 중에서 가장 훌륭한 호텔이었을 지도 모릅니다. 어쨌든, 우리가 처음 도착했을 때, 날씨가 완벽했어요. 하지만, 이 섬을 향해 다가오는 태풍 보도가 있었어요. 우리 휴가를 생각하면 끔찍한 타이밍이었죠. 우리는 태풍이 방향을 바꾸길 바랐지만, 여행 3일째 되던 날, 태풍이 그 섬을 강타했어요. 우리는 대피할 시간이 없었기 때문에, 리조트 내에서 피신해 있어야 했어요. 긍정적이었던 점은, 우리가 떠날 수 없었기 때문에, 리조트에서 모든 손님에게 무료 룸 서비스 식사를 보내주었습니다. 다음 날이 되었을 때쯤, 폭풍은 지나갔고, 우리는 정상적으로 휴가를 마칠 수 있었어요.

| 마무리

가장 기억에 남는 경험이었음
the most memorable experience

Without a doubt, this was the most memorable experience I've had at a hotel.
의심의 여지 없이, 이것이 제가 호텔에 머물면서 겪었던 가장 기억에 남는 경험이었어요.

고득점 어휘/표현

어휘 표현 head toward ~쪽으로 향하다, ~을 향해 가다   evacuate 대피하다   take shelter 피신하다   on the plus side 긍정적인 점은   complimentary 무료의   normally 정상적으로   without a doubt 의심의 여지 없이

STEP 5 나만의 OPIc 답변 만들어 보기

- 호텔 예약 질문

| 도입부 | ▶ | 본문 | ▶ | 마무리 |

- 불만족스러운 객실 상태 문제 해결

| 도입부 | ▶ | 본문 | ▶ | 마무리 |

- 호텔 숙박 관련 기억에 남는 경험

| 도입부 | ▶ | 본문 | ▶ | 마무리 |

DAY 7 ★★★★☆ Q 14 15 공원 가기/걷기

DATE _____

음성강의 듣기

STEP 1 기출 포인트 파악하기

가장 많이 나오는 2 COMBO 세트

❶ 내가 알고 있는 두 공원 비교

Pick two popular parks that you know of. Tell me about their similarities and differences.

알고 있는 공원 중에서 인기 있는 두 곳을 골라보세요. 그 공원들의 유사점과 차이점에 관해 말해주세요.

❷ 공원 관련 이슈

I would like to know about one of the issues parks are faced with. What are the challenges public parks are facing these days? Discuss what has caused those concerns. What kinds of steps need to be taken to address those issues?

공원들이 직면해 있는 문제들 중 한 가지와 관련해 알고 싶습니다. 요즘 공원들이 직면하고 있는 어려움은 무엇인가요? 무엇이 그런 우려 사항을 초래했는지 이야기해보세요. 그 문제들을 처리하기 위해 어떤 종류의 조치가 취해져야 하나요?

오픽 꿀팁 추가 빈출 문제

- 자주 가는 공원
  You indicated in the survey that you go to parks with adults. Tell me about the kinds of parks that you like to visit. What do the parks look like?
  사전 설문에서 당신은 어른들과 함께 공원에 간다고 했습니다. 즐겨 가는 공원에 대해 말해 주세요. 공원은 어떻게 생겼나요?

- 공원에 처음 가기 시작한 계기와 변화
  How did you first start going to parks? What made you visit parks in the first place? Why do you go to parks now?
  어떻게 처음 공원에 가기 시작했나요? 무엇 때문에 공원을 방문했나요? 지금은 왜 지금 공원에 가나요?

- 공원에서 기억에 남는 경험
  Tell me about a memorable experience you had at a park. Maybe there was a special event, or maybe something unexpected happened. Begin by giving me some background about when and where it was. And then, give me all the details about what happened.
  공원에서 겪었던 기억에 남는 경험을 말해 주세요. 특별한 행사가 있었을 수도 있고, 예상치 못한 일이 발생했을 수도 있습니다. 언제, 어디에서 그 일이 있었는지 사건의 배경에 대해 알려 주세요. 무슨 일이 일어났는지 자세히 말해 주세요.

STEP 2 어휘와 패턴 익히기

제시된 오늘의 어휘와 패턴을 익히고 답변에 사용하고자 하는 어휘나 패턴에 체크해보세요.

어휘

- [ ] ~에 위치해 있다 — be located in
- [ ] 여가의 — leisure
- [ ] 공간 — spot
- [ ] 함께 시간을 보내다 — hang out
- [ ] 통행로, 이동로, 길 — path
- [ ] 잔디밭 — grassy area
- [ ] 야외 여가 공간 — outdoor recreational areas
- [ ] 가장 잘 알려진 — best-known
- [ ] 다르다, 차이가 있다 — differ
- [ ] 거대한 — massive
- [ ] ~에 직면하다 — be faced with
- [ ] 오염, 공해 — pollution
- [ ] ~에 영향을 미치다 — affect
- [ ] ~을 최소화하다 — minimize
- [ ] 재사용 가능한 — reusable

패턴

- **aside from** ~뿐만 아니라, ~외에도

  Aside from physical activities, both parks have plenty of leisure spots for relaxing.
  신체적인 활동 뿐만 아니라, 두 공원 모두 여유 시간을 보낼 수 있는 휴식 공간이 많아요.

  _____ facilities, both parks have a lot of outdoor recreational areas.
  편의 시설 뿐만 아니라, 두 공원 모두 여가를 위한 야외 공간이 많아요.

- **instead of** ~대신에

  People can bring reusable containers of food from home **instead of** buying snacks there.
  사람들이 그곳에서 간식을 구입하는 대신 집에서 만든 음식을 재사용 가능한 용기에 담아 가져가면 됩니다.

  I prefer to bring my own tumbler _____ using disposable cups in the park.
  저는 공원에서 일회용 컵을 사용하는 것 대신 개인 텀블러를 사용하는 것을 선호해요.

STEP 3 나만의 문장 만들기

주어진 우리말을 보고 빈칸을 채우고 아래 모범 답안을 확인해보세요.

❶ 내가 알고 있는 두 공원 비교 - 규모

규모 면에서 크게 다름	They [다르다] a lot in [얼마나 큰 지] they are.
한강 공원은 도시 전체에 걸쳐 이어지는 거대한 공원임	Hangang Park is a [거대한] park that [~에 걸쳐 이어지다] the entire city.
여의도 공원은 일반적인 공원 크기임	Yeouido Park is the size of an [일반적인] park.

❷ 내가 알고 있는 두 공원 비교 - 방문객

주로 공원에 가는 사람들이 다름	The people who [주로 ~에 가다] these parks are different.
한강 공원은 함께 시간을 보낼 멋진 곳을 찾는 가족과 친구들을 끌어들임	Hangang Park [끌어들이다] families and friends [~을 찾는] a nice spot to [함께 시간을 보내다].
여의도 공원은 휴식 시간을 갖는 직장인들이 이용함	[대조적으로], Yeouido Park [~에 의해 이용되다] office workers on their breaks.

❸ 공원 관련 이슈 - 오염 문제

공원들이 직면하고 있는 가장 큰 문제는 오염임	I think the biggest issue facing public parks is [오염].
가장 주목할 만한 부분은 쓰레기임	The most [주목할 만한] is trash.
일반적으로 대기 오염이 도시에 나타나는 아주 큰 문제임	[대기 오염] in general is a [아주 큰] problem for cities.

모범답안

❶ differ / how big / massive / runs through / average
❷ mainly go to / attracts / looking for / hang out / In contrast / is used by
❸ pollution / noticeable / Air pollution / massive

STEP 4 실전 문제 풀어보고 확인하기

실전 문제를 듣고 빈칸을 채우거나 소리내 말해보고 아래 모범 답안을 확인해보세요.

MP3 3_27

Q14 내가 알고 있는 두 공원 비교

Pick two popular parks that you know of. Tell me about their similarities and differences.
알고 있는 공원 중에서 인기 있는 두 곳을 골라보세요. 그 공원들의 유사점과 차이점에 관해 말해주세요.

모범답변

| 도입부

There are a lot of [인기 있는 공원] in Seoul. Two of [가장 잘 알려진] are Hangang Park and Yeouido Park.
서울에는 인기 있는 공원이 많이 있어요. 그중에서 가장 잘 알려진 두 곳이 한강 공원과 여의도 공원입니다.

| 본문

I'll start with how they're different. First, they differ a lot in [얼마나 큰지] they are. Actually, Hangang Park is 12 different parks [~을 따라 연결되는] the Han River, so Hangang Park is a [거대한] park that [~에 걸쳐 이어지다] the entire city. On the other hand, Yeouido Park is the size of [일반적인 공원]. It [~에 위치해 있다] in the middle of [주요 업무 지구]. Second, the people who mainly go to these parks are different. Hangang Park attracts families and friends looking for [함께 시간을 보낼 멋진 곳]. In contrast, Yeouido Park, because of its location, [~에 의해 이용되다] office workers on their breaks. Now, to tell you about the similarities, the main one is the activities that can be done in them. Both Hangang and Yeouido Parks have [통행로] for walking and biking. Aside from physical activities, both parks have [많은 휴식 공간] for relaxing, like [잔디밭] and cafes.

두 곳이 서로 어떻게 다른지 먼저 얘기해 볼게요. 우선, 두 곳은 규모 면에서 크게 달라요. 사실, 한강 공원은 한강을 따라 연결되는 12곳의 다른 공원이 있는 곳이기 때문에, 한강 공원은 도시 전체에 걸쳐 이어지는 거대한 공원이에요. 반면에, 여의도 공원은 일반적인 공원 크기로 되어 있죠. 이 공원은 주요 업무 지구 한복판에 위치해 있습니다. 두 번째로, 이 두 곳의 공원에 주로 가는 사람들도 달라요. 한강 공원은 함께 시간을 보낼 멋진 곳을 찾는 가족과 친구들을 끌어들입니다. 그와 대조적으로, 여의도 공원은 그 위치로 인해 휴식 시간에 회사원들이 이용합니다. 이제, 유사점과 관련해 말하자면, 주된 유사점은 두 공원에서 할 수 있는 활동입니다. 한강 공원과 여의도 공원 둘 모두 산책도 하고 자전거도 탈 수 있는 통행로가 있어요. 신체적인 활동뿐만 아니라, 두 공원 모두 잔디밭과 카페같이 여유 시간을 보낼 수 있는 휴식 공간이 많아요.

| 마무리

Which one do you prefer, Ava?
당신은 어느 곳을 선호하나요, 에바?

모범 답안

popular parks / the best-known / how big / connected along / massive / runs through / an average park / 's located / a major business district / a nice spot to hang out / is used by / paths / plenty of leisure spots / grassy areas

Q14 내가 알고 있는 두 공원 비교

Pick two popular parks that you know of. Tell me about their similarities and differences.
알고 있는 공원 중에서 인기 있는 두 곳을 골라보세요. 그 공원들의 유사점과 차이점에 관해 말해주세요.

모범답변

🔊 MP3 3_28

| 도입부

한강 공원과 여의도 공원
Hangang Park and Yeouido Park

There are a lot of popular parks in Seoul. Two of the best-known are Hangang Park and Yeouido Park.
서울에는 인기 있는 공원이 많이 있어요. 그중에서 가장 잘 알려진 두 곳이 한강 공원과 여의도 공원입니다.

| 본문

- 규모 면에서 크게 다름
  They differ a lot in how big they are.
- 주로 공원에 가는 사람들이 다름
  The people who mainly go to these parks are different.
- 걷거나 자전거를 탈 수 있는 통행로가 있음, 휴식 공간이 많음
  have paths for walking and biking, have plenty of leisure spots

I'll start with how they're different. First, they differ a lot in how big they are. Actually, Hangang Park is 12 different parks connected along the Han River, so Hangang Park is a massive park that runs through the entire city. On the other hand, Yeouido Park is the size of an average park. It's located in the middle of a major business district. Second, the people who mainly go to these parks are different. Hangang Park attracts families and friends looking for a nice spot to hang out. In contrast, Yeouido Park, because of its location, is used by office workers on their breaks. Now, to tell you about the similarities, the main one is the activities that can be done in them. Both Hangang and Yeouido Parks have paths for walking and biking. Aside from physical activities, both parks have plenty of leisure spots for relaxing, like grassy areas and cafés.

두 곳이 서로 어떻게 다른지 먼저 얘기해 볼게요. 우선, 두 곳은 규모 면에서 크게 달라요. 사실, 한강 공원은 한강을 따라 연결되는 12곳의 다른 공원이 있는 곳이기 때문에, 한강 공원은 도시 전체에 걸쳐 이어지는 거대한 공원이에요. 반면에, 여의도 공원은 일반적인 공원 크기로 되어 있죠. 이 공원은 주요 업무 지구 한복판에 위치해 있습니다. 두 번째로, 이 두 곳의 공원에 주로 가는 사람들도 달라요. 한강 공원은 함께 시간을 보낼 멋진 곳을 찾는 가족과 친구들을 끌어들입니다. 그와 대조적으로, 여의도 공원은 그 위치로 인해 휴식 시간에 회사원들이 이용합니다. 이제, 유사점과 관련해 말하자면, 주된 유사점은 두 공원에서 할 수 있는 활동입니다. 한강 공원과 여의도 공원 둘 모두 산책도 하고 자전거도 탈 수 있는 통행로가 있어요. 신체적인 활동뿐만 아니라, 두 공원 모두 잔디밭과 카페같이 여유 시간을 보낼 수 있는 휴식 공간이 많아요.

| 마무리

어느 곳을 선호하나요?
Which one do you prefer?

Which one do you prefer, Ava?
당신은 어느 곳을 선호하나요, 에바?

고득점 어휘/표현

어휘 표현 similarity 유사점   best-known 가장 잘 알려진   differ 다르다, 차이가 있다   connected 연결된   massive 거대한   attract ~을 끌어들이다   hang out 함께 시간을 보내다   path 통행로, 이동로, 길   aside from ~뿐만 아니라, ~ 외에도   physical 신체적인, 물리적인   plenty of 많은

Q15 공원 관련 이슈

I would like to know about one of the issues parks are faced with. What are the challenges public parks are facing these days? Discuss what has caused those concerns. What kinds of steps need to be taken to address those issues?

공원들이 직면해 있는 문제들 중 한 가지와 관련해 알고 싶습니다. 요즘 공원들이 직면하고 있는 어려움은 무엇인가요? 무엇이 그런 우려 사항을 초래했는지 이야기해보세요. 그 문제들을 처리하기 위해 어떤 종류의 조치가 취해져야 하나요?

모범답변

| 도입부

[전반적으로], I think the biggest issue facing public parks is [오염].

전반적으로, 공원들이 직면하고 있는 가장 큰 문제는 오염인 것 같아요.

| 본문

First, [가장 주목할 만한 부분은] is trash. For example, every time I visit Hangang Park, I can see several [엄청난 크기의 쓰레기 더미] when I walk around. It's a [기본적인 문제] since the park has so many [방문객들]. Second, [대기 오염] in general is a massive problem for cities, but it [~에 영향을 미치다] parks in particular since they're [여가를 위한 야외 공간]. How can you enjoy being outside when it's dangerous to breathe? We can begin resolving them by changing our behaviors. When visiting parks, we should try to [쓰레기를 최소화하다] we create. People can bring [재사용 가능한 용기] of food from home [~ 대신] buying snacks there. It'll take a lot of effort, but it's at least a starting point.

우선, 가장 주목할 만한 부분은 쓰레기입니다. 예를 들어, 제가 한강 공원을 방문할 때마다, 걸어 다니면서 엄청난 크기의 여러 쓰레기 더미를 볼 수 있어요. 이 공원은 방문객들이 아주 많기 때문에 기본적인 문제입니다. 두 번째로, 일반적으로 대기 오염이 도시에 나타나는 아주 큰 문제이긴 하지만, 특히 공원에 영향을 미치는데, 여가를 위한 야외 공간이기 때문이죠. 숨 쉬는 게 위험한데 어떻게 밖에 나가 있는 시간을 즐길 수 있겠어요? 우리의 행동을 바꾸는 것으로 이 문제를 해결하기 시작할 수 있어요. 공원을 방문할 때, 우리가 만들어내는 쓰레기를 최소화하도록 해야 합니다. 사람들이 그곳에서 간식을 구입하는 대신 집에서 만든 음식을 재사용 가능한 용기에 담아 가져가면 됩니다. 많은 노력이 필요하겠지만, 적어도 그렇게 시작해야 해요.

| 마무리

Like I said, there are other issues facing parks, but I think pollution is [가장 중대한 문제].

제가 말한 것처럼, 공원들이 직면하고 있는 다른 문제들도 있지만, 오염이 가장 중대한 문제인 것 같아요.

모범 답안

Overall / pollution / the most noticeable / giant piles of garbage / basic problem / visitors / air pollution / affects / outdoor recreational areas / minimize the waste / reusable containers / instead of / the most critical one

Q15 공원 관련 이슈

I would like to know about one of the issues parks are faced with. What are the challenges public parks are facing these days? Discuss what has caused those concerns. What kinds of steps need to be taken to address those issues?
공원들이 직면해 있는 문제들 중 한 가지와 관련해 알고 싶습니다. 요즘 공원들이 직면하고 있는 어려움은 무엇인가요? 무엇이 그런 우려 사항을 초래했는지 이야기해보세요. 그 문제들을 처리하기 위해 어떤 종류의 조치가 취해져야 하나요?

모범답변

MP3 3_30

도입부

공원들이 직면하고 있는 가장 큰 문제는 오염임
the biggest issue facing public parks is pollution

Overall, I think the biggest issue facing public parks is pollution.
전반적으로, 공원들이 직면하고 있는 가장 큰 문제는 오염인 것 같아요.

본문

- 가장 주목할 만한 부분은 쓰레기임
  The most noticeable is trash.
- 일반적으로 대기 오염이 아주 큰 문제임
  Air pollution in general is a massive problem.
- 우리의 행동을 바꾸는 것으로 문제 해결을 시작할 수 있음
  We can begin resolving them by changing our behaviors.

First, the most noticeable is trash. For example, every time I visit Hangang Park, I can see several giant piles of garbage when I walk around. It's a basic problem since the park has so many visitors. Second, air pollution in general is a massive problem for cities, but it affects parks in particular since they're outdoor recreational areas. How can you enjoy being outside when it's dangerous to breathe? We can begin resolving them by changing our behaviors. When visiting parks, we should try to minimize the waste we create. People can bring reusable containers of food from home instead of buying snacks there. It'll take a lot of effort, but it's at least a starting point.
우선, 가장 주목할 만한 부분은 쓰레기입니다. 예를 들어, 제가 한강 공원을 방문할 때마다, 걸어 다니면서 엄청난 크기의 여러 쓰레기 더미를 볼 수 있어요. 이 공원은 방문객들이 아주 많기 때문에 기본적인 문제입니다. 두 번째로, 일반적으로 대기 오염이 도시에 나타나는 아주 큰 문제이긴 하지만, 특히 공원에 영향을 미치는데, 여가를 위한 야외 공간이기 때문이죠. 숨 쉬는 게 위험한데 어떻게 밖에 나가 있는 시간을 즐길 수 있겠어요? 우리의 행동을 바꾸는 것으로 이 문제를 해결하기 시작할 수 있어요. 공원을 방문할 때, 우리가 만들어내는 쓰레기를 최소화하도록 해야 합니다. 사람들이 그곳에서 간식을 구입하는 대신 집에서 만든 음식을 재사용 가능한 용기에 담아 가져가면 됩니다. 많은 노력이 필요하겠지만, 적어도 그렇게 시작해야 해요.

마무리

오염이 가장 중대한 문제인 것 같음
I think pollution is the most critical one.

Like I said, there are other issues facing parks, but I think pollution is the most critical one.
제가 말한 것처럼, 공원들이 직면하고 있는 다른 문제들도 있지만, 오염이 가장 중대한 문제인 것 같아요.

고득점 어휘/표현

어휘 표현 issue 문제, 사안 be faced with ~에 직면하다 challenge 어려움, 힘든 일 concern 우려, 걱정 take steps 조치를 취하다 address (문제 등) ~을 처리하다, 다루다 noticeable 주목할 만한 pile 더미, 쌓아 올린 것 in general 일반적으로 in particular 특히 resolve ~을 해결하다 behavior 행동, 행실 create ~을 만들어내다 container 용기, 그릇 instead of ~ 대신 take a lot of effort 많은 노력을 필요로 하다

STEP 5 나만의 OPIc 답변 만들어 보기

• 내가 알고 있는 두 공원 비교

| 도입부 | ▶ | 본문 | ▶ | 마무리 |

• 공원 관련 이슈

| 도입부 | ▶ | 본문 | ▶ | 마무리 |

OPIc

진짜학습지

AL

Week
4

OPIc
진짜학습지 AL

초판 4쇄 발행 2025년 6월 15일

지은이 멀티캠퍼스·시원스쿨어학연구소
펴낸곳 (주)에스제이더블유인터내셔널
펴낸이 양홍걸 이시원

홈페이지 www.siwonschool.com
주소 서울시 영등포구 영신로 166 시원스쿨
교재 구입 문의 02)2014-8151
고객센터 02)6409-0878

ISBN 979-11-6150-588-6 13740
Number 1-110806-12123000-04

이 책은 저작권법에 따라 보호받는 저작물이므로 무단복제와 무단전재를 금합니다. 이 책 내용의 전부 또는 일부를 이용하려면 반드시 저작권자와 ㈜에스제이더블유인터내셔널의 서면 동의를 받아야 합니다.

Week 4

이번 주 학습 목표

- 시험 빈출 주제에 대한 관련된 어휘를 활용해 익숙하지 않은 주제에도 답변할 수 있다.
- 다양한 시제를 활용해 과거와 현재를 비교할 수 있다.
- 사건의 발단과 전개를 논리적으로 묘사하고 문장 간의 결속력을 높여 이야기를 짜임새있게 구성할 수 있다.

전체 MP3 모음

DAY 1 문항 구성 및 난이도

DATE _____
문제 풀어보기

문항 구성

자기소개	1 자기소개	공통형 재활용	8 우리나라의 재활용
공통형 집	2 내가 살고 있는 집		9 내가 재활용 하는 방법
	3 집에서 발생했던 문제 상황		10 과거와 현재의 재활용 비교
	4 문제 상황 관련 경험	롤플레이 (선택형) 국내 여행	11 여행사에 여행 상품 문의
선택형 음악 감상하기	5 좋아하는 음악 장르/가수		12 여행 계획 변경 필요한 상황 문제 해결
	6 음악을 좋아하게 된 계기/변화		13 여행 중 기억에 남는 경험
	7 라이브 음악 들으러 간 경험	공통형 휴일	14 우리나라의 휴일과 사람들이 하는 일
			15 휴일 관련 사람들의 우려와 걱정

시험 난이도 ★★★☆☆

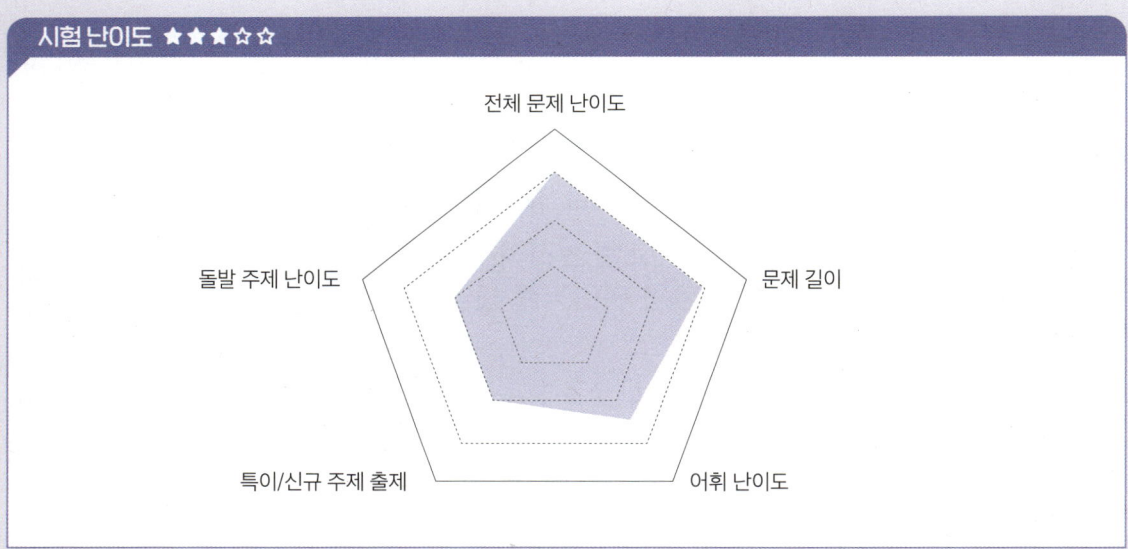

Self-Assessment 5-5

DAY 2 ☆☆☆☆☆ Q 1 자기소개

DATE _____

음성강의 듣기

STEP 1 어휘와 패턴 익히기

제시된 오늘의 어휘와 패턴을 익히고 답변에 사용하고자 하는 어휘나 패턴에 체크해보세요

어휘

- ☐ ~에서 일하다, 근무하다 — work at
- ☐ 대리 — assistant manager
- ☐ 부서 — department
- ☐ 야근하다, 초과 근무를 하다 — work overtime
- ☐ 합리적인 — reasonable
- ☐ 에너지가 고갈되다, 극도로 피곤해지다 — get burnt out
- ☐ 계획도시 — planned city

패턴

- used to   ~하곤 했다

  I used to work overtime every evening, and I started to get burnt out.
  전에는 저녁마다 야근을 하곤 했기 때문에, 극도로 피곤해지기 시작했죠.
  I _____ work out every other day.
  저는 이틀에 한번 운동을 하곤 했어요.

- that's everything about   ~에 관한 전부이다

  That's everything about me, Ava.
  이게 저에 관한 전부예요, 에바.
  _____ a memorable experience during the summer vacation.
  이게 여름 휴가 동안 기억에 남는 경험에 관한 전부예요.

STEP 2 실전 문제 풀어보고 확인하기

실전 문제를 듣고 아래 핵심 아이디어를 확인한 뒤 소리내 말해보세요.

🔊 MP3 4_1

Q1 자기소개

Let's start the interview now. Tell me a little bit about yourself.
인터뷰를 시작합니다. 당신에 대해 말해주세요.

모범답변 🔊 MP3 4_2

| 도입부

DJ라고 불러도 됨, 34세
can call me DJ,
34 years old

Hello, Eva. My name is Deok Jun, but you can call me DJ. I am 34 years old.
안녕하세요, 에바. 제 이름은 덕준이지만, DJ라고 불러도 됩니다. 저는 34살이에요.

| 본문

• 삼성에서 대리로 근무
currently working at Samsung as an assistant manager

• 3년 넘게 근무함
have been working there for more than 3 years

• 아내와 함께 판교에 살고 있음
live with my wife in Pangyo

To tell you a little about myself, I'm currently working at Samsung as an assistant manager in the marketing department. I have been working there for more than 3 years. I like my job, but it was stressful in the past. I used to work overtime every evening, and I started to **get burnt out**. But, I'm happy to say that the hours are more **reasonable** these days. **Besides** my work, I live with my wife in Pangyo, which is a **planned city** near Bundang. We just had a baby, so we are **extremely** busy these days, but very happy.

제 자신에 관해 조금 말씀 드리자면, 저는 현재 삼성 마케팅부서에서 대리로 근무하고 있습니다. 그곳에서 3년 넘게 근무하는 중입니다. 저는 제 일이 마음에 들지만, 과거에는 스트레스가 많았어요. 전에는 저녁마다 야근을 하곤 했기 때문에, 극도로 피곤해지기 시작했죠. 하지만, 요즘은 근무 시간이 더 합리적이라는 말을 하게 되어 기뻐요. 제 직장 외에, 저는 판교에서 아내와 함께 살고 있는데, 이곳은 분당에서 가까운 계획도시입니다. 얼마 전에 아기가 태어나서 요즘 정신 없이 바쁘긴 하지만, 아주 행복해요.

| 마무리

이게 나에 관한 전부임
That's everything about me.

That's everything about me, Ava. What else would you like to know?
이게 저에 관한 전부예요, 에바. 또 어떤 걸 알고 싶으신가요?

고득점 어휘/표현

어휘 표현　currently 현재　in the past 과거에　used to ~하곤 했다　work overtime 야근하다, 초과 근무를 하다　get burnt out 에너지가 고갈되다, 극도로 피곤해지다　reasonable 합리적인　planned city 계획도시　extremely 대단히, 매우

DAY 3 Q 2 3 4 집

★★★★☆

STEP 1 기출 포인트 파악하기

가장 많이 나오는 3 COMBO 세트

❶ 내가 살고 있는 집

I want to know where you live. Can you describe your home to me? What is it like? How many rooms does it have?

당신이 어디에 살고 있는지 알고 싶습니다. 제게 살고 있는 집을 설명해주시겠어요? 어떤 모습인가요? 방이 몇 개나 있나요?

❷ 집에서 발생했던 문제 상황

There are always problems that happen in any home. Things break, projects do not go as planned, or people you live with do not cooperate. Tell me about some problems or issues that you had at your home.

어떤 집이든 발생되는 문제가 항상 있습니다. 물건이 깨지거나, 계획이 예상대로 되지 않기도 하고, 함께 사는 사람들이 협조하지 않기도 하죠. 당신이 집에서 겪은 몇몇 문제나 이슈에 관해 말해주세요.

❸ 문제 상황 관련 경험

Pick one of those problems and explain everything that happened. When did it occur and what caused the problem? Explain in detail everything you did to resolve the situation.

그 문제들 중에서 하나를 골라 일어났던 모든 일을 설명해주세요. 언제 발생된 일이었나요, 그리고 무엇이 그 문제를 초래했나요? 그 상황을 해결하기 위해 했던 모든 것을 자세히 설명해주세요.

STEP 2 어휘와 패턴 익히기

제시된 오늘의 어휘와 패턴을 익히고 답변에 사용하고자 하는 어휘나 패턴에 체크해보세요.

어휘

- ☐ 안방 — master bedroom
- ☐ 새로 지은 — newly constructed
- ☐ 단지, 복합 건물 — complex
- ☐ 킹사이즈 침대 — king sized bed
- ☐ 옷장 — closet
- ☐ 욕조 — tub
- ☐ 실내용 화초 — houseplant
- ☐ 집주인 — landlord
- ☐ 이웃 — neighbor
- ☐ 장식 — decorating
- ☐ 시끄러운 — noisy
- ☐ ~에 대처하다, ~을 처리하다 — deal with
- ☐ 고장 난 — broken
- ☐ 불편한 — inconvenient

패턴

- **be satisfied with** ~에 만족하다

That's about it for my home. I'm satisfied with it.
저희 집에 대한 것은 여기까지입니다. 저는 우리 집에 만족합니다.

I _____ not _____ our bathroom condition.
저는 우리 욕실의 상태가 만족스럽지 않았어요.

- **have no choice but to** ~하는 수 밖에 없다

I had no choice but to take a cold shower.
저는 차가운 물로 샤워를 할 수밖에 없었어요.

I _____ cancel my holiday.
저는 제 휴가를 취소 할 수밖에 없었어요.

STEP 3 나만의 문장 만들기

주어진 우리말을 보고 빈칸을 채우고 아래 모범 답안을 확인해보세요.

❶ 내가 살고 있는 집 - 설명

우리집은 꽤 전형적임	My home is [꽤 전형적인] .
주방과, 거실, 발코니, 침실 세 개, 그리고 욕실 두 개가 있음	There're a kitchen, [거실] , balcony, three bedrooms, and [두 개의 욕실] .
안으로 들어서면, 침실 두 개와 욕실 하나를 지나쳐감	When you enter, [당신은 ~을 지나친다] two of the bedrooms and one bathroom.

❷ 내가 살고 있는 집 - 안방, 욕실

안방과 주 욕실이 아파트 가장 안쪽에 있음	The master bedroom and main bathroom are [가장 안쪽에 있는] of the apartment.
킹사이즈 침대와 여러 옷장이 있는 가장 큰 침실임	It's the largest bedroom, with a [킹사이즈의] bed and [여러 옷장들] .
욕실에도 큰 욕조가 있음	The bathroom has a [큰 욕조] in it, too.

❸ 집에서 발생했던 문제 상황 - 이웃

4층에 살아서, 다른 사람들이 우리 집 위층과 아래층에 살았음	I lived on the fourth floor, so other people lived [~위에] and [~아래에] me.
아래층에 사는 이웃 사람은 제가 너무 시끄럽다고 항상 불평했음	The [아래층에 사는 이웃] always [불평했다] that I was too noisy.
위층에 사는 이웃 사람은 종종 집에서 뛰면서 돌아다녔음	My [위층에 사는 이웃] sometimes [뛰면서 돌아다녔다] their home.

❹ 문제 상황 관련 경험 - 설명

늘 하던 대로 일어나서 출근 전에 샤워를 했음	I woke up to [샤워를 하다] before work like I always do.
물이 데워지기를 참을성 있게 기다렸지만, 몇 분 후에도, 아무 일도 일어나지 않고 있다는 걸 알게 되었음	I waited [참을성 있게] for the water to [데워지다] , but after a few minutes, I realized nothing was happening.
차가운 물로 샤워를 할 수밖에 없었음	I [~할 수밖에 없었다] take a cold shower.

모범 답안

❶ fairly typical / living room / two bathrooms / you pass by
❷ at the far end / king-sized / several closets / large tub
❸ above / below / neighbor downstairs / complained / neighbor upstairs / ran around
❹ take a shower / patiently / warm up / had no choice but to

STEP 4 실전 문제 풀어보고 확인하기

실전 문제를 듣고 빈칸을 채우거나 소리내 말해보고 아래 모범 답안을 확인해보세요.

🔊 MP3 4_3

Q2 내가 살고 있는 집

I want to know where you live. Can you describe your home to me? What is it like? How many rooms does it have?

당신이 어디에 살고 있는지 알고 싶습니다. 제게 살고 있는 집을 설명해주시겠어요? 어떤 모습인가요? 방이 몇 개나 있나요?

모범답변

| 도입부

My apartment is part of a [새로 지어진] complex on the [서쪽 편] of Seoul.
우리 아파트는 서울 서쪽 편에 위치한 새로 지은 단지에 속해 있습니다.

| 본문

First, my home is fairly [일반적인]. There're a kitchen, living room, balcony, three bedrooms, and two bathrooms. When you enter, you [~을 지나가다] two of the bedrooms and one bathroom. I use one bedroom as an office. After that, there's the kitchen on the right and the living room on the left. Finally, the master bedroom and main bathroom are at [가장 끝 부분] of the apartment. It's the largest bedroom, with a king-sized bed and several closets. The bathroom has a large [욕조] in it, too. As for how my home looks, all the walls are white, and it has vinyl [바닥재]. I have some [실내용 화초] and some good-looking furniture, but that's about it. I'm happy as long as my home is clean and [정리된].

우선, 우리 집은 상당히 일반적입니다. 주방과, 거실, 발코니, 침실 세 개, 그리고 욕실 두 개가 있어요. 안으로 들어서면, 침실 두 개와 욕실 하나를 지나쳐갑니다. 저는 침실 하나를 사무실로 이용하고 있어요. 그 다음으로, 오른쪽에는 주방이, 왼쪽에는 거실이 있습니다. 마지막으로, 안방과 주 욕실이 아파트 가장 안쪽에 있어요. 이곳이 킹사이즈 침대와 여러 옷장이 있는 가장 큰 침실입니다. 욕실에도 큰 욕조가 있죠. 저희 집 모습과 관련해서는, 모든 벽이 흰색이고, 비닐 바닥재로 되어 있습니다. 실내용 화초가 좀 있고 보기 좋은 가구가 몇 개 있긴 하지만, 그게 전부입니다. 저는 집이 깨끗하고 잘 정리되어 있기만 하면 만족해요.

| 마무리

That's about it for my home. I'm [~에 만족한] it.
저희 집에 대한 것은 여기까지예요. 저는 우리 집에 만족합니다.

모범 답안

newly constructed / western side / typical / pass by / the far end / tub / flooring / houseplants / organized / satisfied with

Q2 내가 살고 있는 집

I want to know where you live. Can you describe your home to me? What is it like? How many rooms does it have?

당신이 어디에 살고 있는지 알고 싶습니다. 제게 살고 있는 집을 설명해주시겠어요? 어떤 모습인가요? 방이 몇 개나 있나요?

모범답변 MP3 4_4

| 도입부

우리 아파트는 새로 지은 단지에 속해 있음
my apartment is part of a newly constructed complex

My apartment is part of a newly constructed complex on the western side of Seoul.
우리 아파트는 서울 서쪽 편에 위치한 새로 지은 단지에 속해 있습니다.

| 본문

- 주방, 거실, 발코니, 침실 세개, 욕실 두개
a kitchen, living room, balcony, three bedrooms, and two bathrooms

- 안방과 주 욕실은 아파트 가장 안쪽에 있음
the master bedroom and main bathroom are at the far end of the apartment

- 모든 벽이 흰색이고 비닐 바닥재로 되어 있음
all the walls are white, and it has vinyl flooring.

First, my home is fairly typical. There're a kitchen, living room, balcony, three bedrooms, and two bathrooms. When you enter, you pass by two of the bedrooms and one bathroom. I use one bedroom as an office. After that, there's the kitchen on the right and the living room on the left. Finally, the master bedroom and main bathroom are at the far end of the apartment. It's the largest bedroom, with a king-sized bed and several closets. The bathroom has a large tub in it, too. As for how my home looks, all the walls are white, and it has vinyl flooring. I have some houseplants and some good-looking furniture, but that's about it. I'm happy as long as my home is clean and organized.

우선, 우리 집은 상당히 일반적입니다. 주방과, 거실, 발코니, 침실 세 개, 그리고 욕실 두 개가 있어요. 안으로 들어서면, 침실 두 개와 욕실 하나를 지나쳐갑니다. 저는 침실 하나를 사무실로 이용하고 있어요. 그 다음으로, 오른쪽에는 주방이, 왼쪽에는 거실이 있습니다. 마지막으로, 안방과 주 욕실이 아파트 가장 안쪽에 있어요. 이곳이 킹사이즈 침대와 여러 옷장이 있는 가장 큰 침실입니다. 욕실에도 큰 욕조가 있죠. 저희 집 모습과 관련해서는, 모든 벽이 흰색이고, 비닐 바닥재로 되어 있습니다. 실내용 화초가 좀 있고 보기 좋은 가구가 몇 개 있긴 하지만, 그게 전부입니다. 저는 집이 깨끗하고 잘 정리되어 있기만 하면 만족해요.

| 마무리

우리집에 만족함
I'm satisfied with it.

That's about it for my home. I'm satisfied with it.
저희 집에 대한 것은 여기까지예요. 저는 우리 집에 만족합니다.

고득점 어휘/표현

 어휘 표현 newly constructed 새로 지은   complex 단지, 복합 건물   fairly 꽤, 상당히   typical 전형적인, 일반적인   pass by ~을 지나가다   far end 가장 끝부분   tub 욕조   flooring 바닥재   decorating 장식   as long as ~하기만 하면, ~하는 한   organized 정리된, 체계적인

Q3 집에서 발생했던 문제 상황

There are always problems that happen in any home. Things break, projects do not go as planned, or people you live with do not cooperate. Tell me about some problems or issues that you had at your home.

어떤 집이든 발생되는 문제가 항상 있습니다. 물건이 깨지거나, 계획이 예상대로 되지 않기도 하고, 함께 사는 사람들이 협조하지 않기도 하죠. 당신이 집에서 겪은 몇몇 문제나 이슈에 관해 말해주세요.

모범답변

도입부

[다행히], I live in a new apartment now, so there haven't been any problems [아직]. But, my last apartment had a lot of issues. It was a nightmare.

다행히, 저는 지금 새 아파트에 살고 있어서, 아직 어떤 문제도 없었습니다. 하지만, 지난 번 아파트에서는 문제가 많았어요. 악몽이었죠.

본문

First, I had a lot of [~에 관한 어려움] my neighbors. I lived on the fourth floor, so other people lived above and below me. [얼마나 ~하더라도] quietly I walked through my apartment, the neighbor [아래층의] always [불평하다] that I was too [시끄러운]. At the same time, my neighbor [위층의] sometimes ran around their home even at night. Second, there was a problem with my bathroom too. The water in the shower was always too hot or too cold. I could never get the right temperature. Last, during the summer, there were a lot of bugs. It was pretty [혐오스러운]. Everybody has to deal with mosquitoes, but it [~했었던 것 같다] be [더 심한] in my apartment.

우선, 이웃 사람들 때문에 어려움이 많았어요. 제가 4층에 살았어서, 다른 사람들이 저희 집 위층과 아래층에 살았죠. 제가 아파트 곳곳을 아무리 조용하게 걸어 다녀도, 아래층에 사는 이웃 사람은 제가 너무 시끄럽다고 항상 불평했어요. 동시에, 위층에 사는 이웃 사람은 종종 집에서 뛰면서 돌아다녔는데, 심지어 밤에도요. 두 번째로, 욕실에도 문제가 있었어요. 샤워기 물은 항상 너무 뜨겁거나 너무 차가웠죠. 한 번도 적당한 온도로 맞출 수 없었어요. 마지막으로, 여름에는, 벌레가 많았어요. 꽤 혐오스러웠죠. 모든 사람들이 모기 문제에 대처해야만 하겠지만, 우리 아파트에선 더 심했던 것 같았어요.

마무리

I had a lot of bad experiences there.

그곳에서 안 좋은 경험이 많았죠.

모범 답안

Luckily / yet / difficulties with / No matter how / downstairs / complained / noisy / upstairs / disgusting / seemed to / worse

Q3 집에서 발생했던 문제 상황

There are always problems that happen in any home. Things break, projects do not go as planned, or people you live with do not cooperate. Tell me about some problems or issues that you had at your home.

어떤 집이든 발생되는 문제가 항상 있습니다. 물건이 깨지거나, 계획이 예상대로 되지 않기도 하고, 함께 사는 사람들이 협조하지 않기도 하죠. 당신이 집에서 겪은 몇몇 문제나 이슈에 관해 말해주세요.

모범답변

| 도입부

지난 번 아파트에서는 문제가 많았었음
my last apartment had a lot of issues

Luckily, I live in a new apartment now, so there haven't been any problems yet. But, my last apartment had a lot of issues. It was a nightmare.

다행히, 저는 지금 새 아파트에 살고 있어서, 아직 어떤 문제도 없었습니다. 하지만, 지난 번 아파트에서는 문제가 많았어요. 악몽이었죠.

| 본문

- 아래층 이웃 사람: 시끄럽다고 항상 불평했음
  the neighbor downstairs always complained that I was too noisy

- 위층 이웃 사람: 종종 집에서 뛰면서 돌아다녔음
  my neighbor upstairs sometimes ran around their home

- 샤워기 물은 항상 너무 뜨겁거나, 너무 차가웠음
  The water in the shower was always too hot or too cold.

- 벌레가 많았음
  There were a lot of bug

First, I had a lot of difficulties with my neighbors. I lived on the fourth floor, so other people lived above and below me. No matter how quietly I walked through my apartment, the neighbor downstairs always complained that I was too noisy. At the same time, my neighbor upstairs sometimes ran around their home even at night. Second, there was a problem with my bathroom too. The water in the shower was always too hot or too cold. I could never get the right temperature. Last, during the summer, there were a lot of bugs. It was pretty disgusting. Everybody has to deal with mosquitoes, but it seemed to be worse in my apartment.

우선, 이웃 사람들 때문에 어려움이 많았어요. 제가 4층에 살았어서, 다른 사람들이 저희 집 위층과 아래층에 살았죠. 제가 아파트 곳곳을 아무리 조용하게 걸어 다녀도, 아래층에 사는 이웃 사람은 제가 너무 시끄럽다고 항상 불평했어요. 동시에, 위층에 사는 이웃 사람은 종종 집에서 뛰면서 돌아다녔는데, 심지어 밤에도요. 두 번째로, 욕실에도 문제가 있었어요. 샤워기 물은 항상 너무 뜨겁거나 너무 차가웠죠. 한 번도 적당한 온도로 맞출 수 없었어요. 마지막으로, 여름에는, 벌레가 많았어요. 꽤 혐오스러웠죠. 모든 사람들이 모기 문제에 대처해야만 하겠지만, 우리 아파트에선 더 심했던 것 같았어요.

| 마무리

안 좋은 경험 많았었음
had a lot of bad experiences

I had a lot of bad experiences there.

그곳에서 안 좋은 경험이 많았죠.

고득점 어휘/표현

어휘 표현 go as planned 계획대로 되다   cooperate 협조하다   through ~을 통과해, 거쳐   downstairs 아래층에   complain that ~라고 불평하다   at the same time 동시에   temperature 온도   bug 벌레   disgusting 혐오스러운, 역겨운   deal with ~에 대처하다, ~을 처리하다

Q4 문제 상황 관련 경험

Pick one of those problems and explain everything that happened. When did it occur and what caused the problem? Explain in detail everything you did to resolve the situation.
그 문제들 중에서 하나를 골라 일어났던 모든 일을 설명해주세요. 언제 발생된 일이었나요, 그리고 무엇이 그 문제를 초래하나요? 그 상황을 해결하기 위해 했던 모든 것을 자세히 설명해주세요.

모범답변

| 도입부

무슨 일이든 , a problem with your home 초래하다, 원인이 되다 a lot of stress. I think the most serious problem I experienced was when I didn't have any hot water.
무슨 일이든, 집에 생기는 문제는 많은 스트레스를 초래합니다. 제 생각엔 제가 겪은 가장 심각했던 문제는 뜨거운 물이 전혀 나오지 않았던 경우였어요.

| 본문

First, it happened in February, which is the middle of winter here. I woke up to 샤워를 하다 before work like I always do. I waited patiently for the water to 데워지다 , but after a few minutes, I ~임을 알게 되다 nothing was happening. Since it was getting late, I 선택의 여지가 없었다 but to take a cold shower. It was so awful, but I did it. At that point, I was 화가 치미는 , so I messaged my 집주인 during my 통근 . He told me that my 난방 시스템 was 고장난 , and that I wouldn't have hot water for a few days. After that, I started going to my gym in the morning to shower before work. It was inconvenient and uncomfortable, but it was my only option. Finally, a few days later, a 기술자 came to fix my heater, and I went back to my 정상적인 일상 .
우선, 그 일은 2월에 일어났는데, 그때가 이곳에선 한겨울이죠. 저는 늘 하던 대로 일어나서 출근 전에 샤워를 했어요. 물이 데워지기를 참을성 있게 기다렸지만, 몇 분 후에도, 아무 일도 일어나지 않고 있다는 걸 알게 되었죠. 시간이 늦어지고 있었기 때문에, 저는 차가운 물로 샤워를 할 수밖에 없었어요. 정말 끔찍했지만, 그냥 했죠. 그 당시에, 저는 화가 치밀어서, 통근 중에 집주인에게 메시지를 보냈습니다. 집주인은 우리 집 난방 시스템이 고장 나서 며칠 동안 뜨거운 물이 나오지 않을 거라고 했어요. 그 후에는, 출근 전에 샤워를 하기 위해 아침에 헬스장으로 가기 시작했죠. 불편하고 불쾌했지만, 그게 유일한 선택이었어요. 결국, 며칠 뒤에, 기술자가 와서 난방기를 고쳐주었고, 정상적인 일상으로 돌아갔습니다.

| 마무리

Now, I always ~에 대해 감사하다 a hot shower at home.
지금은, 집에서 뜨거운 물로 샤워할 수 있어서 항상 감사하게 생각해요.

모범 답안

No matter what / causes / take a shower / warm up / realized / had no choice / furious / landlord / commute to work / heating system / broken / technician / normal routine / appreciate

Q4 문제 상황 관련 경험

Pick one of those problems and explain everything that happened. When did it occur and what caused the problem? Explain in detail everything you did to resolve the situation.

그 문제들 중에서 하나를 골라 일어났던 모든 일을 설명해주세요. 언제 발생된 일이었나요, 그리고 무엇이 그 문제를 초래했나요? 그 상황을 해결하기 위해 했던 모든 것을 자세히 설명해주세요.

모범답변

 MP3 4_8

| 도입부

온수가 전혀 나오지 않았었음
didn't have any hot water

No matter what, a problem with your home causes a lot of stress. I think the most serious problem I experienced was when I didn't have any hot water.

무슨 일이든, 집에 생기는 문제는 많은 스트레스를 초래합니다. 제 생각엔 제가 겪은 가장 심각했던 문제는 뜨거운 물이 전혀 나오지 않았던 경우였어요.

| 본문

- 차가운 물로 샤워를 할 수밖에 없었음
  had no choice but to take a cold shower
- 며칠 동안 뜨거운 물이 나오지 않을 거라고 했음
  wouldn't have hot water for a few days
- 며칠 뒤에, 기술자가 와서 난방기를 고쳐주었음
  a few days later, a technician came to fix my heater
- 정상적인 일상으로 돌아감
  went back to my normal routine

First, it happened in February, which is the middle of winter here. I woke up to take a shower before work like I always do. I waited patiently for the water to warm up, but after a few minutes, I realized nothing was happening. Since it was getting late, I had no choice but to take a cold shower. It was so awful, but I did it. At that point, I was furious, so I messaged my landlord during my commute to work. He told me that my heating system was broken, and that I wouldn't have hot water for a few days. After that, I started going to my gym in the morning to shower before work. It was inconvenient and uncomfortable, but it was my only option. Finally, a few days later, a technician came to fix my heater, and I went back to my normal routine.

우선, 그 일은 2월에 일어났는데, 그때가 이곳에선 한겨울이죠. 저는 늘 하던 대로 일어나서 출근 전에 샤워를 했어요. 물이 데워지기를 참을성 있게 기다렸지만, 몇 분 후에도, 아무 일도 일어나지 않고 있다는 걸 알게 되었죠. 시간이 늦어지고 있었기 때문에, 저는 차가운 물로 샤워를 할 수밖에 없었어요. 정말 끔찍했지만, 그냥 했죠. 그 당시에, 저는 화가 치밀어서, 통근 중에 집주인에게 메시지를 보냈습니다. 집주인은 우리 집 난방 시스템이 고장 나서 며칠 동안 뜨거운 물이 나오지 않을 거라고 했어요. 그 후에는, 출근 전에 샤워를 하기 위해 아침에 헬스장으로 가기 시작했죠. 불편하고 불쾌했지만, 그게 유일한 선택이었어요. 결국, 며칠 뒤에, 기술자가 와서 난방기를 고쳐주었고, 정상적인 일상으로 돌아갔습니다.

| 마무리

집에서 뜨거운 물로 샤워할 수 있어서 항상 감사함
always appreciate a hot shower at home

Now, I always appreciate a hot shower at home.

지금은, 집에서 뜨거운 물로 샤워할 수 있어서 항상 감사하게 생각해요.

고득점 어휘/표현

 어휘 표현   patiently 참을성 있게, 인내심을 갖고   warm up 데워지다   awful 끔찍한   at that point 그 당시에, 그 순간에   furious 화가 치미는, 분노한   landlord 집주인   broken 고장 난   inconvenient 불편한   uncomfortable 불쾌한, 불편한

STEP 5 나만의 OPIc 답변 만들어 보기

• 내가 살고 있는 집

| 도입부 | ▶ | 본문 | ▶ | 마무리 |

• 집에서 발생했던 문제 상황

| 도입부 | ▶ | 본문 | ▶ | 마무리 |

• 문제 상황 관련 경험

| 도입부 | ▶ | 본문 | ▶ | 마무리 |

DAY 4 ★★★★☆ Q 5 6 7 음악 감상하기

음성강의 듣기

STEP 1 기출 포인트 파악하기

가장 많이 나오는 3 COMBO 세트

❶ 좋아하는 음악 장르/가수

You indicated in the survey that you listen to music. What kinds of music do you listen to? Who are some of your favorite musicians or composers?

설문조사에서 당신은 음악을 듣는다고 했습니다. 어떤 종류의 음악을 들으시나요? 가장 좋아하는 몇몇의 음악가 또는 작곡가는 누구인가요?

❷ 음악을 좋아하게 된 계기/변화

When did you first become interested in music? What kinds of music did you like at first? Tell me how your interest in music developed from your childhood until today.

언제 처음 음악에 관심을 갖게 되었나요? 처음에 어떤 종류의 음악이 마음에 들었나요? 어렸을 때부터 지금까지 음악에 대한 관심이 어떻게 발전되었는지 말해주세요.

❸ 라이브 음악을 들으러 간 경험

Could you think back to a particularly memorable time when you heard live music? When was it? Where were you? Who were you with? What happened that made that performance so memorable?

특히 기억에 남는 라이브 음악을 들었던 때를 다시 떠올려 보시겠어요? 그게 언제였나요? 어디에 있었나요? 누가 함께 있었나요? 무슨 일이 있어서 그 공연을 그렇게 기억에 남게 만들었나요?

STEP 2 어휘와 패턴 익히기

제시된 오늘의 어휘와 패턴을 익히고 답변에 사용하고자 하는 어휘나 패턴에 체크해보세요.

어휘

- ☐ 작곡가 — composer
- ☐ 악기의, 악기에 의한 — instrumental
- ☐ 가사 — lyrics
- ☐ 이어폰 — earbuds
- ☐ 버스킹 — busking
- ☐ (공연을 구성하는) 연주곡들 — set
- ☐ 환호성을 지르다, 응원 — cheer
- ☐ 영향을 미치는, 영향력이 있는 — influential
- ☐ 아주 다양한 — a wide variety of
- ☐ 마음이 사로잡힌, 매료된 — fascinated

패턴

• be great at -ing   ~하는 것을 아주 잘하다

I listen to music on apps like YouTube and Melon, and they're great at recommending new artists for me.
유튜브나 멜론 같은 앱으로 음악을 듣는데, 저에게 새로운 아티스트들을 아주 잘 추천해줍니다.
He _____ really _____ lyrics about love and happiness.
그는 사랑과 행복에 관한 가사를 아주 잘 써요.

• have a plan to   ~할 계획이다

We had a plan to go to a restaurant.
한 레스토랑에 갈 계획이었죠.
We _____ go abroad for our holiday.
우리는 해외로 휴가를 갈 계획이었죠.

STEP 3 나만의 문장 만들기

주어진 우리말을 보고 빈칸을 채우고 아래 모범 답안을 확인해보세요.

❶ 좋아하는 음악 장르/가수 - 장르

대부분의 음악을 즐김	I enjoy [대부분의 종류들] of music.
팝과 발라드 가수를 모두 좋아하고, 어렸을 땐 록 음악을 많이 들었음	I like both pop and ballad singers, and I [들었다] to a lot of rock music [내가 더 어렸을 때].
힙합이나 헤비 메탈을 아주 좋아하는 사람은 아님	I'm not [~을 아주 좋아하는 사람] hip hop or heavy metal.

❷ 좋아하는 음악 장르/가수 - 가수

가장 좋아하는 밴드는 비틀즈임	[내가 가장 좋아하는 밴드] is The Beatles.
역사상 가장 영향력 있는 록 밴드임	They're [가장 영향력 있는] rock band of all time.
그들의 음악은 아름다우면서 모든 일이 잘 될 것 같은 느낌을 갖는 데 도움이 됨	Their music is beautiful and helps me [~인 것 같은 느낌이다] everything is going to be OK.

❸ 음악을 좋아하게 된 계기/변화 - 계기

친구 덕분에 음악에 빠지게 되었음	I [~에 빠지게 됐다] music [~덕분에] my friend.
그녀는 이어폰 한쪽을 공유해주면서 나에게 함께 음악을 듣게 해주었음	She would [이어폰 한쪽을 공유하다] and let me listen [~와 함께] her.
모든 케이팝 히트곡들을 정말 잘 알게 되었음	I [알게 되었다] all [케이팝 히트곡들] really well.

❹ 라이브 음악을 들으러 간 경험

그 공원에서 친구들을 만났고, 한 식당에 갈 계획이었음	I met my friends at the park, and we [갈 계획이 있었다] to a restaurant.
그런데, 한 음악가가 연주를 시작했고, 우리는 완전히 마음이 사로잡혔음	But, a musician started to play, and we were totally [마음이 사로잡힌].
정말 아름다운 순간이었음	It was a really beautiful [순간].

모범 답안

❶ most types / listened / when I was younger / the biggest fan of
❷ My favorite band / the most influential / feel like
❸ got into / thanks to / share one of her earbuds / along with / got to know / the hit K-pop songs
❹ had a plan to go / fascinated / moment

STEP 4 실전 문제 풀어보고 확인하기

실전 문제를 듣고 빈칸을 채우거나 소리내 말해보고 아래 모범 답안을 확인해보세요.

🔊 MP3 4_9

Q5 좋아하는 음악 장르/가수

You indicated in the survey that you listen to music. What kinds of music do you listen to? Who are some of your favorite musicians or composers?
설문조사에서 당신은 음악을 듣는다고 했습니다. 어떤 종류의 음악을 들으시나요? 가장 좋아하는 몇몇의 음악가 또는 작곡가는 누구인가요?

모범답변

| 도입부

Music is an important part of my life. I listen to it [항상], especially when I'm commuting or relaxing at home.
음악은 제 삶에서 중요한 일부분입니다. 저는 항상 음악을 듣는데, 특히 통근하는 중에 또는 집에서 쉬고 있을 때 듣습니다.

| 본문

First, I can say that I enjoy [대부분의 종류] of music. I like both pop and ballad singers, and I listened to a lot of rock music when I was younger. When I really need to [집중하다], I listen to classical music or [악기 연주 사운드트랙] from my favorite movies. I'm not the biggest fan of hip hop or heavy metal, [하지만], because it's hard to understand the lyrics. Second, my favorite band is The Beatles. They're [가장 영향력 있는] rock band of all time. I listened to my first Beatles' album in high school, and I've been listening to them ever since. Their music is beautiful and helps me feel like everything is going to be OK. [언제든 ~할 때] I have a bad day, I listen to the Beatles and [금방] feel better.
우선, 저는 대부분의 음악을 즐긴다고 말할 수 있어요. 팝과 발라드 가수를 모두 좋아하고, 어렸을 땐 록 음악을 많이 들었죠. 집중하는 것이 정말로 필요한 경우에는, 클래식 음악이나 제가 가장 좋아하는 영화에 나오는 악기 연주 사운드트랙을 들어요. 하지만, 힙합이나 헤비 메탈을 아주 좋아하는 사람은 아닌데, 가사를 이해하기 힘들기 때문이죠. 두 번째로, 제가 가장 좋아하는 밴드는 비틀즈입니다. 역사상 가장 영향력 있는 록 밴드죠. 고등학교 다닐 때 처음 비틀즈 앨범을 들었고, 그 이후로 계속 듣고 있어요. 그들의 음악은 아름다우면서 모든 일이 잘 될 것 같은 느낌을 갖는 데 도움이 돼요. 언제든 좋지 않은 일이 생기는 날이면, 비틀즈 음악을 듣는데, 금방 기분이 나아져요.

| 마무리

What about you, Ava? Do you like listening to music?
당신은 어떤가요, 에바? 음악 듣는 것을 좋아하나요?

모범 답안

all the time / most types / concentrate / instrumental soundtracks / though / the most influential / Whenever / immediately

Q5 좋아하는 음악 장르/가수

You indicated in the survey that you listen to music. What kinds of music do you listen to? Who are some of your favorite musicians or composers?

설문조사에서 당신은 음악을 듣는다고 했습니다. 어떤 종류의 음악을 들으시나요? 가장 좋아하는 몇몇의 음악가 또는 작곡가는 누구인가요?

모범답변

MP3 4_10

| 도입부

내 삶에서 중요한 일부분
an important part of my life

Music is an important part of my life. I listen to it all the time, **especially** when I'm commuting or relaxing at home.

음악은 제 삶에서 중요한 일부분입니다. 저는 항상 음악을 듣는데, 특히 통근하는 중에 또는 집에서 쉬고 있을 때 듣습니다.

| 본문

- 팝과 발라드 가수 모두 좋아함
  like both pop and ballad singers
- 어렸을 땐 록 음악을 많이 들었음
  listened to a lot of rock music when I was younger
- 힙합이나 헤비 메탈 아주 좋아하는 사람은 아님
  not the biggest fan of hip hop or heavy metal
- 가장 좋아하는 밴드는 비틀즈임
  my favorite band is The Beatles

First, I can say that I enjoy most types of music. I like both pop and ballad singers, and I listened to a lot of rock music when I was younger. When I really need to concentrate, I listen to classical music or **instrumental soundtracks** from my favorite movies. I'm not the biggest fan of hip hop or heavy metal, though, because it's hard to understand the **lyrics**. Second, my favorite band is The Beatles. They're **the most influential** rock band of all time. I listened to my first Beatles' album in high school, and I've been listening to them ever since. Their music is beautiful and helps me **feel like** everything is going to be OK. **Whenever** I have a bad day, I listen to the Beatles and **immediately** feel better.

우선, 저는 대부분의 음악을 즐긴다고 말할 수 있어요. 팝과 발라드 가수를 모두 좋아하고, 어렸을 땐 록 음악을 많이 들었죠. 집중하는 것이 정말로 필요한 경우에는, 클래식 음악이나 제가 가장 좋아하는 영화에 나오는 악기 연주 사운드트랙을 들어요. 하지만, 힙합이나 헤비 메탈을 아주 좋아하는 사람은 아닌데, 가사를 이해하기 힘들기 때문이죠. 두 번째로, 제가 가장 좋아하는 밴드는 비틀즈입니다. 역사상 가장 영향력 있는 록 밴드죠. 고등학교 다닐 때 처음 비틀즈 앨범을 들었고, 그 이후로 계속 듣고 있어요. 그들의 음악은 아름다우면서 모든 일이 잘 될 것 같은 느낌을 갖는 데 도움이 돼요. 언제든 좋지 않은 일이 생기는 날이면, 비틀즈 음악을 듣는데, 금방 기분이 나아져요.

| 마무리

음악 듣는 것 좋아하는지
Do you like listening to music?

What about you, Ava? Do you like listening to music?
당신은 어떤가요, 에바? 음악 듣는 것을 좋아하나요?

고득점 어휘/표현

어휘 표현   composer 작곡가   both A and B A와 B 둘 모두   classical music 클래식 음악   instrumental 악기의, 악기에 의한   soundtrack 영화 음악(사운드 트랙)   lyrics 가사   influential 영향을 미치는, 영향력이 있는   ever since 그 이후로 계속   feel like ~할 것 같은 기분이다   immediately 금방, 즉시

Q6 음악을 좋아하게 된 계기/변화

When did you first become interested in music? What kinds of music did you like at first? Tell me how your interest in music developed from your childhood until today.

언제 처음 음악에 관심을 갖게 되었나요? 처음에 어떤 종류의 음악이 마음에 들었나요? 어렸을 때부터 지금까지 음악에 대한 관심이 어떻게 발전되었는지 말해주세요.

모범답변

| 도입부

I still clearly remember when I first ~에 관심을 갖게 되다 music. I was in middle school at the time.

제가 처음 음악에 관심을 갖게 되었던 때를 여전히 분명하게 기억해요. 당시에 저는 중학교에 다니고 있었죠.

| 본문

First, I ~에 빠지게 되다 music ~덕분에 my friend. We went to the same academies, and during breaks, she always listened to music. She would share one of her 초소형 이어폰 and let me listen ~와 함께 along with her. I got to know all the hit K-pop songs really well. We ~을 외웠다 all the lyrics and even practiced some of the dance moves together. We had a lot of fun. So, from then on, I was a fan of K-pop and a lot of other Korean singers, too. I still like it today. I only listened to what was popular in Korea. But, nowadays, I listen to music on apps like YouTube and Melon, and they're great at 추천해주는 것 new artists for me. Now, I have 아주 다양한 favorite artists from different countries and genres.

우선, 저는 친구 덕분에 음악에 빠지게 되었어요. 우리는 같은 학원에 다녔는데, 쉬는 시간에, 그 친구는 항상 음악을 들었어요. 그녀는 이어폰 한쪽을 공유해주면서 저에게 함께 음악을 듣게 해주었죠. 모든 케이팝 히트곡들을 정말 잘 알게 되었어요. 우리는 모든 가사를 외웠고, 심지어 함께 몇몇 댄스 동작들을 연습하기도 했죠. 함께 정말 즐거웠어요. 그래서, 그때부터 쭉, 저는 케이팝과 많은 다른 한국 가수들도 좋아하는 팬이었죠. 지금도 여전히 좋아해요. 저는 한국에서 인기 있었던 것만 들었어요. 하지만, 요즘은, 유튜브나 멜론 같은 앱으로 음악을 듣는데, 저에게 새로운 아티스트들을 아주 잘 추천해줍니다. 지금은 여러 나라와 다양한 장르의 좋아하는 가수들이 아주 다양하게 있어요.

| 마무리

There's so much good music in the world. I hope to 계속 ~을 발견하다 more of it.

세상엔 좋은 음악이 아주 많이 있어요. 저는 계속 더 많이 발견할 수 있기를 바라요.

모범 답안

became interested in / got into / thanks to / earbuds / along with / memorized / recommending / a wide variety of / keep discovering

Q6 음악을 좋아하게 된 계기/변화

When did you first become interested in music? What kinds of music did you like at first? Tell me how your interest in music developed from your childhood until today.

언제 처음 음악에 관심을 갖게 되었나요? 처음에 어떤 종류의 음악이 마음에 들었나요? 어렸을 때부터 지금까지 음악에 대한 관심이 어떻게 발전되었는지 말해주세요.

모범답변

도입부

당시에 중학교에 다니고 있었음
in the middle school at the time

I still **clearly** remember when I first became interested in music. I was in middle school at the time.

제가 처음 음악에 관심을 갖게 되었던 때를 여전히 분명하게 기억해요. 당시에 저는 중학교에 다니고 있었죠.

본문

- 친구 덕분에 음악에 빠지게 됨
  got into music thanks to my friend
- 이어폰 한쪽 공유해 주면서 음악 듣게 해줌
  would share one of her earbuds and let me listen along with her
- 모든 케이팝 히트곡들을 정말 잘 알게 됨
  got to know all the hit K-pop songs really well

First, I got into music thanks to my friend. We went to the same academies, and during breaks, she always listened to music. She **would share** one of her **earbuds** and let me listen **along with** her. I got to know all the hit K-pop songs really well. We memorized all the lyrics and even practiced some of the dance moves together. We had a lot of fun. So, from then on, I was a fan of K-pop and a lot of other Korean singers, too. I still like it today. I only listened to what was popular in Korea. But, nowadays, I listen to music on apps like YouTube and Melon, and they're great at recommending new artists for me. Now, I have **a wide variety of** favorite artists from different countries and **genres**.

우선, 저는 친구 덕분에 음악에 빠지게 되었어요. 우리는 같은 학원에 다녔는데, 쉬는 시간에, 그 친구는 항상 음악을 들었어요. 그녀는 이어폰 한쪽을 공유해주면서 저에게 함께 음악을 듣게 해주었죠. 모든 케이팝 히트곡들을 정말 잘 알게 되었어요. 우리는 모든 가사를 외웠고, 심지어 함께 몇몇 댄스 동작들을 연습하기도 했죠. 함께 정말 즐거웠어요. 그래서, 그때부터 쭉, 저는 케이팝과 많은 다른 한국 가수들도 좋아하는 팬이었죠. 지금도 여전히 좋아해요. 저는 한국에서 인기 있었던 것만 들었어요. 하지만, 요즘은, 유튜브나 멜론 같은 앱으로 음악을 듣는데, 저에게 새로운 아티스트들을 아주 잘 추천해줍니다. 지금은 여러 나라와 다양한 장르의 좋아하는 가수들이 아주 다양하게 있어요.

마무리

세상엔 좋은 음악이 아주 많음
so much good music in the world

There's so much good music in the world. I hope to keep discovering more of it.

세상엔 좋은 음악이 아주 많이 있어요. 저는 계속 더 많이 발견할 수 있기를 바라요.

고득점 어휘/표현

어휘 표현

become interested in ~에 관심을 갖게 되다   interest in ~에 대한 관심   develop 발전하다   get into ~에 빠지게 되다   thanks to ~ 덕분에, ~ 때문에   share ~을 공유하다   earbuds 이어폰   along with ~와 함께   get to ~하게 되다   memorize ~을 외우다, 암기하다   lyrics 가사   practice ~을 연습하다   move 동작   from then on 그때 이후로 계속   popular 인기 있는   a wide variety of 아주 다양한   hope to ~하기를 바라다   keep -ing 계속 ~하다   discover ~을 발견하다

Q7 라이브 음악을 들으러 간 경험

Could you think back to a particularly memorable time when you heard live music? When was it? Where were you? Who were you with? What happened that made that performance so memorable?
특히 기억에 남는 라이브 음악을 들었던 때를 다시 떠올려 보시겠어요? 그게 언제였나요? 어디에 있었나요? 누가 함께 있었나요? 무슨 일이 있어서 그 공연을 그렇게 기억에 남게 만들었나요?

모범답변

도입부

I still think my favorite experiences with live music were at Hongdae Park.
저는 아직도 라이브 음악과 관련된 가장 좋아하는 경험은 홍대 공원에서 있었던 일이라고 생각해요.

본문

When I was in university, a lot of students would [함께 시간을 보내다] around Hongdae in Seoul. Most people used it as a meeting place before [다른 곳으로 향하는 것] and there were always musicians who played there, too. I think it's called busking. To tell you about my favorite memory, it was [아마] the first time I went there. I met my friends at the park, and we [~할 계획이 있었다] go to a restaurant. But a musician started to play, and we were totally [마음이 사로잡힌]. We stayed there for his [전체의] set. He was so young and [재능이 뛰어난], and the [사람들] was incredibly [응원하는]. We [환호성을 질렀다] a lot when he finished. It was a really beautiful moment.
제가 대학에 다녔을 때, 많은 학생들이 서울 홍대 주변에서 함께 시간을 보내곤 했어요. 대부분의 사람들이 다른 어딘가로 향하기 전에 그곳을 만남의 장소로 이용했는데, 그곳엔 음악을 연주하는 사람들도 항상 있었죠. 그걸 버스킹이라고 부르는 것 같아요. 제가 가장 좋아하는 기억에 관해 말하자면, 아마 제가 그곳에 처음 갔던 때였을 거예요. 그 공원에서 친구들을 만났고, 한 식당에 갈 계획이었죠. 그런데, 한 음악가가 연주를 시작했고, 우리는 완전히 마음이 사로잡혔어요. 그 사람의 모든 연주곡을 들으면서 그곳에 계속 있었죠. 아주 젊고 재능이 뛰어나서, 사람들이 믿을 수 없을 정도로 응원해주었어요. 우리도 그 사람이 공연을 마칠 때 크게 환호성을 질렀어요. 정말 아름다운 순간이었죠.

마무리

Most of my favorite memories from university [~에서 비롯됐다] that park.
제가 가장 좋아하는 대학 시절의 기억 대부분은 그 공원에서 비롯된 거예요.

모범 답안

hang out / heading somewhere else / probably / had a plan to / fascinated / entire / talented / crowd / supportive / cheered / came from

Q7 라이브 음악을 들으러 간 경험

Could you think back to a particularly memorable time when you heard live music? When was it? Where were you? Who were you with? What happened that made that performance so memorable?

특히 기억에 남는 라이브 음악을 들었던 때를 다시 떠올려 보시겠어요? 그게 언제였나요? 어디에 있었나요? 누가 함께 있었나요? 무슨 일이 있어서 그 공연을 그렇게 기억에 남게 만들었나요?

모범답변

 MP3 4_14

| 도입부

홍대 공원
Hongdae Park

I still think my favorite experiences with live music were at Hongdae Park.
저는 아직도 라이브 음악과 관련된 가장 좋아하는 경험은 홍대 공원에서 있었던 일이라고 생각해요.

| 본문

- 친구들을 그 공원에서 만났음
  met my friends at the park
- 한 음악가가 연주 시작했고, 완전히 마음이 사로잡힘
  a musician started to play, and totally fascinated
- 사람들이 믿을 수 없을 정도로 응원해 줬음
  the crowd was incredibly supportive
- 정말 아름다웠던 순간이었음
  was a really beautiful moment

When I was in university, a lot of students would hang out around Hongdae in Seoul. Most people used it as a meeting place before heading somewhere else and there were always musicians who played there, too. I think it's called busking. To tell you about my favorite memory, it was probably the first time I went there. I met my friends at the park, and we had a plan to go to a restaurant. But a musician started to play, and we were totally fascinated. We stayed there for his entire set. He was so young and talented, and the crowd was incredibly supportive. We cheered a lot when he finished. It was a really beautiful moment.

제가 대학에 다녔을 때, 많은 학생들이 서울 홍대 주변에서 함께 시간을 보내곤 했어요. 대부분의 사람들이 다른 어딘가로 향하기 전에 그곳을 만남의 장소로 이용했는데, 그곳엔 음악을 연주하는 사람들도 항상 있었죠. 그걸 버스킹이라고 부르는 것 같아요. 제가 가장 좋아하는 기억에 관해 말하자면, 아마 제가 그곳에 처음 갔던 때였을 거예요. 그 공원에서 친구들을 만났고, 한 식당에 갈 계획이었죠. 그런데, 한 음악가가 연주를 시작했고, 우리는 완전히 마음이 사로잡혔어요. 그 사람의 모든 연주곡을 들으면서 그곳에 계속 있었죠. 아주 젊고 재능이 뛰어나서, 사람들이 믿을 수 없을 정도로 응원해주었어요. 우리도 그 사람이 공연을 마칠 때 크게 환호성을 질렀어요. 정말 아름다운 순간이었죠.

| 마무리

가장 좋아하는 대학 시절의 기억 대부분은 그 공원에서 비롯됨
most of my favorite memories from university came from that park

Most of my favorite memories from university came from that park.
제가 가장 좋아하는 대학 시절의 기억 대부분은 그 공원에서 비롯된 거예요.

고득점 어휘/표현

 어휘 표현 particularly 특히   hang out 함께 시간을 보내다   head 향하다, 가다   busking 버스킹, 길거리 공연   totally 완전히, 전적으로   fascinated 마음이 사로잡힌, 매료된   entire 모든, 전체의   set (공연을 구성하는) 연주곡들   crowd 사람들, 군중   incredibly 믿을 수 없을 정도로   supportive 응원하는, 지원하는, 지지하는   cheer 환호성을 지르다, 응원하다

STEP 5 나만의 OPIc 답변 만들어 보기

• 좋아하는 음악 장르/가수

| 도입부 | ▶ | 본문 | ▶ | 마무리 |

• 음악을 좋아하게 된 계기/변화

| 도입부 | ▶ | 본문 | ▶ | 마무리 |

• 라이브 음악을 들으러 간 경험

| 도입부 | ▶ | 본문 | ▶ | 마무리 |

DAY 5 ★★★★☆ Q 8 9 10 재활용

STEP 1 기출 포인트 파악하기

가장 많이 나오는 3 COMBO 세트

❶ 우리나라의 재활용

I'd like to know about how recycling is practiced in your country. What do people specifically do? What is special about recycling at where you live? Give me all the details.

당신 나라에서 어떻게 재활용이 실천되고 있는지에 관해 알고 싶습니다. 사람들이 구체적으로 무엇을 하나요? 살고 있는 곳에서 재활용과 관련해 무엇이 특별한가요? 모든 세부 정보를 알려주세요.

❷ 내가 재활용하는 방법

Now, tell me about how you personally recycle. Do you separate the recycling every day? Where do you take the recycling? Tell me everything about the ways you practice recycling in your daily life.

이제 개인적으로 어떻게 재활용하고 있는지에 관해 말해주세요. 매일 재활용품을 분리하나요? 어디로 재활용품을 가져가나요? 일상 생활 속에서 재활용을 실천하고 있는 방법에 관해 모두 말해주세요.

❸ 과거와 현재의 재활용 비교

How is recycling today different from when you were young? Are there any big differences? Are there any similarities? Tell me about how recycling has changed over the years.

요즘 재활용은 당신이 어렸을 때와 어떻게 다른가요? 어떤 큰 차이점이라도 있나요? 어떤 유사점이라도 있나요? 수년 동안에 걸쳐 재활용이 어떻게 변화되어 왔는지 말해주세요.

STEP 2 어휘와 패턴 익히기

제시된 오늘의 어휘와 패턴을 익히고 답변에 사용하고자 하는 어휘나 패턴에 체크해보세요.

어휘

- [ ] ~을 실천하다, 실행하다 — practice
- [ ] ~을 분리하다 — separate
- [ ] 항목, 범주 — category
- [ ] ~을 놓다, 두다 — place
- [ ] ~을 수거하다, 가져가다 — pick up
- [ ] (보관 등을 위한) 함, 통 — bin
- [ ] 재사용 가능한 — reusable
- [ ] ~을 모으다, 수거하다 — collect
- [ ] 수수료, 요금 — fee
- [ ] 효율적인 — efficient
- [ ] 유익한, 이득이 되는 — beneficial
- [ ] 노력하다 — take effort
- [ ] 별도의, 추가의 — extra
- [ ] ~에 대한 책임이 있다 — be responsible for
- [ ] 최소화하다 — minimize
- [ ] ~을 치우다, 없애다 — get rid of

패턴

- **separate into**   ~로 분리하다

Each home is responsible for separating their recycling into various categories.
각 가정이 다양한 항목으로 분리해서 재활용할 책임이 있어요.

The recycling process is _____ three parts.
재활용 과정은 세 가지 부분으로 나뉘어요.

- **in this case**   이런 경우에는

In this case, I have to arrange a special pick-up and pay a small fee.
이런 경우에는, 특별 수거 일정을 잡은 다음, 약간의 수수료를 내야 해요.

_____, we try to minimize the amount of waste.
이런 경우에는, 우리는 쓰레기의 양을 최소화하려고 해요.

STEP 3 나만의 문장 만들기

주어진 우리말을 보고 빈칸을 채우고 아래 모범 답안을 확인해보세요.

❶ 우리나라의 재활용 - 재활용에 대한 인식과 시스템

한국에서는 재활용이 중요하게 여겨지고 있음	First of all, recycling [중요하게 여겨지고 있다] in Korea.
다양한 항목으로 분리해서 재활용할 책임이 있음	Each home [~에 책임이 있다] separating their recycling into various [항목들].
보통, 건물마다 입구 근처에 각 물품의 종류별로 담는 특정 수거함이 있음	Usually, buildings have [특정 수거함들] for each [종류] of item near the entrance.

❷ 내가 재활용하는 방법 - 나의 노력과 재활용 방법

어떤 것이든 쓰레기와 재활용 가능한 쓰레기를 분리하는 데 주의하고 있음	First, I'm careful about [분리하는 것] anything that's [재활용 가능한] from the waste.
일반적으로, 쓰레기의 양을 최소화하려고 함	Plus, in general, I try to [최소화하다] the amount of waste.
발코니에 있는 통에 재활용품을 모은 다음 바깥으로 가져감	I [모으다] all my recycling in bins on my balcony and [그것을 바깥으로 가져가다].

❸ 과거와 현재의 재활용 비교 - 가정과 기업에서의 재활용 변화

유사점에 대해 말하자면, 가정에서의 재활용 루틴은 크게 변하지 않음	First, to talk about the [유사점], recycling [루틴, 순서] at home has not changed too much.
기업들은 재활용에 대해 더 중요하게 여기도록 변화함	I think companies have changed to take recycling more [중요하게].
한국에서는 카페에서 플라스틱 컵 사용이 곧 금지될 예정임	In addition, in Korea, plastic cups at cafés will soon [금지되다].

모범 답안

❶ is taken seriously / is responsible for / categories / specific bins / type
❷ separating / recyclable / minimize / collect / take them outside
❸ similarity / routine / seriously / be prohibited

STEP 4 실전 문제 풀어보고 확인하기

실전 문제를 듣고 빈칸을 채우거나 소리내 말해보고 아래 모범 답안을 확인해보세요.

🔊 MP3 4_15

Q8 우리나라의 재활용

I'd like to know about how recycling is practiced in your country. What do people specifically do? What is special about recycling at where you live? Give me all the details.

당신 나라에서 어떻게 재활용이 실천되고 있는지에 관해 알고 싶습니다. 사람들이 구체적으로 무엇을 하나요? 살고 있는 곳에서 재활용과 관련해 무엇이 특별한가요? 모든 세부 정보를 알려주세요.

모범답변

| 도입부

Korea has a very [효율적인] system for recycling. I can [설명하다] it to you in detail.

한국에는 아주 효율적인 재활용 시스템이 있습니다. 제가 자세히 설명 드릴게요.

| 본문

First of all, recycling [중요하게 여겨지고 있다] in Korea. Everyone has to do it, and we all [최선을 다하다] to make sure it's [유익한] for the environment. It takes a little extra effort, but the results are definitely [그럴 만한 가치가 있는]. To tell you about [그것이 어떻게 처리되는지], each home is responsible for [분리하는 것] their recycling into various categories, such as plastics, cans, and cardboard. Then, on a certain day, these [재활용품들] must be placed outside to [수거되다]. Usually, buildings have specific [함, 통] for each type of item near the entrance. That's pretty much it. We don't have to take our recycling anywhere. It's quite [편리한]. As for how recycling is different where I live, I think it's the same all over Seoul.

가장 먼저, 한국에서는 재활용이 중요하게 여겨지고 있어요. 모든 사람이 해야 하는 일이고, 반드시 환경에 유익할 수 있게 저희 모두가 최선을 다하고 있죠. 별도의 노력을 좀 필요로 하지만, 그 결과는 분명 그럴 만한 가치가 있어요. 어떻게 처리되는지에 관해 말하자면, 각 가정이 플라스틱과 캔, 그리고 판지 같은 다양한 항목으로 분리해서 재활용할 책임이 있어요. 그런 다음, 특정한 날에, 이 재활용품들이 수거될 수 있게 반드시 밖에 내놓아야 하죠. 보통, 건물마다 입구 근처에 각 유형의 물품을 담는 특정 수거함이 있어요. 거의 이 정도가 전부예요. 우리는 어디에도 재활용품을 가져갈 필요가 없죠. 꽤 편리해요. 제가 사는 곳에서 재활용 방법이 어떻게 다른 지와 관련해서는, 서울 전체가 같다고 생각해요.

| 마무리

That's about it. I'm glad Korea has made recycling a high [우선 사항].

그게 다예요. 저는 한국에서 재활용이 최우선시 되어서 기뻐요.

모범 답안

efficient / explain / is taken seriously / try our best / beneficial / worth it / how it's done / separating / recyclables / be picked up / bins / convenient / priority

Q8 우리나라의 재활용

I'd like to know about how recycling is practiced in your country. What do people specifically do? What is special about recycling at where you live? Give me all the details.

당신 나라에서 어떻게 재활용이 실천되고 있는지에 관해 알고 싶습니다. 사람들이 구체적으로 무엇을 하나요? 살고 있는 곳에서 재활용과 관련해 무엇이 특별한가요? 모든 세부 정보를 알려주세요.

모범답변

🔊 MP3 4_16

| 도입부

한국에는 아주 효율적인 재활용 시스템이 있음
Korea has a very efficient system for recycling.

Korea has a very efficient system for recycling. I can explain it to you in detail.

한국에는 아주 효율적인 재활용 시스템이 있습니다. 제가 자세히 설명 드릴게요.

| 본문

- 재활용이 중요하게 여겨짐
  Recycling is taken seriously.

- 각 가정은 다양한 항목으로 분리해서 재활용할 책임이 있음
  Each home is responsible for separating their recycling into various categories.

- 건물마다 각 유형의 물품을 담는 특정 수거함이 있음
  Buildings have specific bins for each type of item.

First of all, recycling is taken seriously in Korea. Everyone has to do it, and we all try our best to make sure it's beneficial for the environment. It takes a little extra effort, but the results are definitely worth it. To tell you about how it's done, each home is responsible for separating their recycling into various categories, such as plastics, cans, and cardboard. Then, on a certain day, these recyclables must be placed outside to be picked up. Usually, buildings have specific bins for each type of item near the entrance. That's pretty much it. We don't have to take our recycling anywhere. It's quite convenient. As for how recycling is different where I live, I think it's the same all over Seoul.

가장 먼저, 한국에서는 재활용이 중요하게 여겨지고 있어요. 모든 사람이 해야 하는 일이고, 반드시 환경에 유익할 수 있게 저희 모두가 최선을 다하고 있죠. 별도의 노력을 좀 필요로 하지만, 그 결과는 분명 그럴 만한 가치가 있어요. 어떻게 처리되는지에 관해 말하자면, 각 가정이 플라스틱과 캔, 그리고 판지 같은 다양한 항목으로 분리해서 재활용할 책임이 있어요. 그런 다음, 특정한 날에, 이 재활용품들이 수거될 수 있게 반드시 밖에 내놓아야 하죠. 보통, 건물마다 입구 근처에 각 유형의 물품을 담는 특정 수거함이 있어요. 거의 이 정도가 전부예요. 우리는 어디에도 재활용품을 가져갈 필요가 없죠. 꽤 편리해요. 제가 사는 곳에서 재활용 방법이 어떻게 다른 지와 관련해서는, 서울 전체가 같다고 생각해요.

| 마무리

그게 다임
That's about it.

That's about it. I'm glad Korea has made recycling a high priority.

그게 다예요. 저는 한국에서 재활용이 최우선시 되어서 기뻐요.

고득점 어휘/표현

 어휘 표현 practice ~을 실천하다, 실행하다 specifically 구체적으로, 특히 efficient 효율적인 take A seriously A를 중요하게 여기다, 심각하게 생각하다 make sure (that) 반드시 ~하도록 하다, ~하는 것을 확실히 하다 beneficial 유익한, 이득이 되는 take effort 노력을 필요로 하다 extra 별도의, 추가의 definitely 분명히, 확실히 be responsible for ~에 대한 책임이 있다 separate ~을 분리하다 various 다양한 category 항목, 범주 certain 특정한, 일정한 priority 우선 사항, 우선

Q9 내가 재활용하는 방법

Now, tell me about how you personally recycle. Do you separate the recycling every day? Where do you take the recycling? Tell me everything about the ways you practice recycling in your daily life.

이제 개인적으로 어떻게 재활용하고 있는지에 관해 말해주세요. 매일 재활용품을 분리하나요? 어디로 재활용품을 가져가나요? 일상 생활 속에서 재활용을 실천하고 있는 방법에 관해 모두 말해주세요.

모범답변

| 도입부

I usually [약간 별도의 노력을 기울인다] on my recycling. Let me tell you about my recycling routine.

저는 보통 재활용할 때 약간 별도의 노력을 기울이고 있습니다. 제가 하는 재활용 루틴에 관해 이야기할게요.

| 본문

First, I [~에 주의하다] separating anything that's recyclable from the waste. When you really pay attention to your trash, you'll find that a lot of items can [재활용되다]. Plus, in general, I try to [최소화하다] the amount of waste I make. For example, I use [재사용 가능한] shopping bags and [~을 피하다] ordering delivery food. Second, I [모으다] all my recycling in bins on my balcony. Once they're full, I take them outside to be picked up. In my [동네, 인근], recycling can be picked up anytime, so it makes it easy for me. Sometimes, I have a larger item that I need to [~을 치우다, 없애다], like an old piece of furniture. In this case, I have to [일정을 잡다] a special pick-up and pay a small fee.

우선, 저는 어떤 것이든 쓰레기와 재활용 가능한 것을 분리하는 데 주의하고 있어요. 쓰레기에 정말로 관심을 기울이면, 많은 물품이 재활용될 수 있다는 걸 알게 될 거예요. 게다가, 일반적으로, 제가 발생시키는 쓰레기의 양을 최소화하려 합니다. 예를 들어, 재사용 가능한 쇼핑백을 이용하고 배달 음식 주문을 피하죠. 두 번째로, 발코니에 있는 통에 모든 재활용품을 모아 놓습니다. 그 통들이 가득 차는 대로, 수거될 수 있게 밖으로 가져갑니다. 우리 동네에서는, 재활용품이 언제든지 수거될 수 있는데, 그래서 제가 분리 수거하기에 편해요. 때로는, 낡은 가구처럼 치워버려야 하는 더 큰 물품이 있어요. 이럴 경우에는, 특별 수거 일정을 잡은 다음, 약간의 수수료를 내야 하죠.

| 마무리

That covers everything.

이 정도면 전부 다룬 것 같아요.

모범 답안

put a little extra effort / 'm careful about / be recycled / minimize / reusable / avoid / collect / neighborhood / get rid of / arrange

Q9 내가 재활용하는 방법

Now, tell me about how you personally recycle. Do you separate the recycling every day? Where do you take the recycling? Tell me everything about the ways you practice recycling in your daily life.

이제 개인적으로 어떻게 재활용하고 있는지에 관해 말해주세요. 매일 재활용품을 분리하나요? 어디로 재활용품을 가져가나요? 일상 생활 속에서 재활용을 실천하고 있는 방법에 관해 모두 말해주세요.

모범답변
🔊 MP3 4_18

| 도입부

재활용에 별도의 노력을 기울임
put extra effort on my recycling

I usually put a little extra effort on my recycling. Let me tell you about my recycling routine.

저는 보통 재활용할 때 약간 별도의 노력을 기울이고 있습니다. 제가 하는 재활용 루틴에 관해 이야기할 게요.

| 본문

- 어떤 것이든 재활용 가능한 것을 분리하는 데 주의함
  be careful about separating anything that's recyclable

- 쓰레기의 양을 최소화 하려 함
  try to minimize the amount of waste

- 통에 모든 재활용품을 모아 놓고 밖으로 가져감
  collect all my recycling in bins and take them outside

- 더 큰 물품, 특별 수거 일정을 잡고 약간의 수수료를 냄
  a larger item, arrange a special pick-up and pay a small fee

First, I'm careful about separating anything that's recyclable from the waste. When you really pay attention to your trash, you'll find that a lot of items can be recycled. Plus, in general, I try to minimize the amount of waste I make. For example, I use reusable shopping bags and avoid ordering delivery food. Second, I collect all my recycling in bins on my balcony. Once they're full, I take them outside to be picked up. In my neighborhood, recycling can be picked up anytime, so it makes it easy for me. Sometimes, I have a larger item that I need to get rid of, like an old piece of furniture. In this case, I have to arrange a special pick-up and pay a small fee.

우선, 저는 어떤 것이든 쓰레기와 재활용 가능한 것을 분리하는 데 주의하고 있어요. 쓰레기에 정말로 관심을 기울이면, 많은 물품이 재활용될 수 있다는 걸 알게 될 거예요. 게다가, 일반적으로, 제가 발생시키는 쓰레기의 양을 최소화하려 합니다. 예를 들어, 재사용 가능한 쇼핑백을 이용하고 배달 음식 주문을 피하죠. 두 번째로, 발코니에 있는 통에 모든 재활용품을 모아 놓습니다. 그 통들이 가득 차는 대로, 수거될 수 있게 밖으로 가져갑니다. 우리 동네에서는, 재활용품이 언제든지 수거될 수 있는데, 그래서 제가 분리 수거하기에 편해요. 때로는, 낡은 가구처럼 치워버려야 하는 더 큰 물품이 있어요. 이럴 경우에는, 특별 수거 일정을 잡은 다음, 약간의 수수료를 내야 하죠.

| 마무리

전부 다룬 것 같음
That covers everything.

That covers everything.

이 정도면 전부 다룬 것 같아요.

고득점 어휘/표현

 어휘 표현

put an effort on ~에 노력을 기울이다   routine 일상적인 일, 루틴   pay attention to ~에 관심을 기울이다, 주의를 기울이다   reusable 재사용 가능한   avoid -ing ~하는 것을 피하다   collect ~을 모으다, 수거하다   once ~하는 대로, ~하자마자   pick up ~을 수거하다, 가져가다, 가져오다   get rid of ~을 치우다, 없애다   in this case 이럴 경우에는   cover (주제 등) ~을 다루다

🔊 MP3 4_19

Q10 과거와 현재의 재활용 비교

How is recycling today different from when you were young? Are there any big differences? Are there any similarities? Tell me about how recycling has changed over the years.
요즘 재활용은 당신이 어렸을 때와 어떻게 다른가요? 어떤 큰 차이점이라도 있나요? 어떤 유사점이라도 있나요? 수년 동안에 걸쳐 재활용이 어떻게 변화되어 왔는지 말해주세요.

모범답변

| 도입부

[~하는 한] I can remember, the recycling today has some [유사점] and differences from when I was young.
제가 기억하는 한, 요즘 재활용은 제가 어렸을 때와 몇 가지 유사점과 차이점이 있어요.

| 본문

First, to talk about the similarity, recycling routine at home has not changed too much. We still do [대부분] the same things such as collecting [재활용 가능한 물품들] and taking them out. However, I think companies have changed to take recycling more seriously. There has been a [대대적인 운동] with major international companies to [개선하다] their recycling practices. This has been done in a [다양한 방법], such as by using more [환경 친화적인 포장재] or [줄이는 것] on single-use items like plastic straws. For example, many coffee franchises [~을 대체해왔다] their plastic straws with paper ones that are safer for the environment. In addition, in Korea, plastic cups at cafés will soon be [금지된].
우선, 유사점에 대해 말하자면, 가정 내의 재활용 루틴은 아주 많이 변하진 않았어요. 우리는 여전히 재활용 가능한 물품들을 모으고 버리는 것과 같이 대부분 동일한 일을 하고 있죠. 하지만, 제 생각에 기업들이 재활용을 더 중요하게 생각하도록 변화한 것 같아요. 주요 국제 기업들마다 재활용 관행을 개선하기 위한 대대적인 운동이 있었어요. 이 운동이 다양한 방법으로 진행되었는데, 더 환경 친화적인 포장재를 이용한다거나 플라스틱 빨대 같은 일회용 물품을 줄이는 일 등을 통해서 했죠. 예를 들어, 많은 커피 프랜차이즈들이 플라스틱 빨대를 환경에 더 안전한 종이 빨대로 대체했어요. 더욱이, 한국에서는, 카페에서 플라스틱 컵이 곧 금지될 거예요.

| 마무리

Overall, society is more [~을 인식하고 있는] the importance of recycling than it was in the past.
전반적으로, 사회가 과거에 그랬던 것보다 더 많이 재활용의 중요성을 인식하고 있어요.

모범 답안

As far as / similarities / mostly / recyclable items / big movement / improve / variety of ways / eco-friendly packaging / cutting down / have replaced / prohibited / aware of

Q10 과거와 현재의 재활용 비교

How is recycling today different from when you were young? Are there any big differences? Are there any similarities? Tell me about how recycling has changed over the years.

요즘 재활용은 당신이 어렸을 때와 어떻게 다른가요? 어떤 큰 차이점이라도 있나요? 어떤 유사점이라도 있나요? 수년 동안에 걸쳐 재활용이 어떻게 변화되어 왔는지 말해주세요.

모범답변 MP3 4_20

| 도입부

몇 가지 유사점과 차이점이 있음
has some similarities and differences

> **As far as I can remember**, the recycling today has some similarities and differences from when I was young.
> 제가 기억하는 한, 요즘 재활용은 제가 어렸을 때와 몇 가지 유사점과 차이점이 있어요.

| 본문

- 가정 내의 재활용 루틴은 크게 변하지 않음
Recycling routine at home has not changed too much.

- 기업들이 재활용을 더 중요하게 생각하도록 변화함
Companies have changed to take recycling more seriously.

- 더 환경 친화적인 포장재를 이용함, 일회용 물품 사용을 줄임
using more eco-friendly packaging, cutting down on single-use items

> First, **to talk about** the similarity, recycling routine at home has not changed too much. We still do mostly the same things **such as** collecting recyclable items and taking them out. However, I think companies have changed to take recycling more seriously. There has been a big movement with major international companies to improve their **recycling practices**. This has been done in **a variety of** ways, such as by using more eco-friendly packaging or cutting down on single-use items like plastic straws. For example, many coffee franchises have replaced their plastic straws with paper ones that are safer for the environment. **In addition**, in Korea, plastic cups at cafés will soon be prohibited.
> 우선, 유사점에 대해 말하자면, 가정 내의 재활용 루틴은 아주 많이 변하진 않았어요. 우리는 여전히 재활용 가능한 물품들을 모으고 버리는 것과 같이 대부분 동일한 일을 하고 있죠. 하지만, 제 생각에 기업들이 재활용을 더 중요하게 생각하도록 변화한 것 같아요. 주요 국제 기업들마다 재활용 관행을 개선하기 위한 대대적인 운동이 있었어요. 이 운동이 다양한 방법으로 진행되었는데, 더 환경 친화적인 포장재를 이용한다거나 플라스틱 빨대 같은 일회용 물품을 줄이는 일 등을 통해서 했죠. 예를 들어, 많은 커피 프랜차이즈들이 플라스틱 빨대를 환경에 더 안전한 종이 빨대로 대체했어요. 더욱이, 한국에서는, 카페에서 플라스틱 컵이 곧 금지될 거예요.

| 마무리

재활용의 중요성을 인식하고 있음
be aware of the importance of recycling

> Overall, society **is** more **aware of** the importance of recycling than it was in the past.
> 전반적으로, 사회가 과거에 그랬던 것보다 더 많이 재활용의 중요성을 인식하고 있어요.

고득점 어휘/표현

어휘 표현 similarity 유사성 as far as ~하는 한 mostly 대부분, 주로 take A seriously A를 중요하게 여기다, 심각하게 여기다 movement (대대적인) 운동 improve ~을 개선하다, 향상시키다 practice 관행, 관례 a variety of 다양한 eco-friendly 환경 친화적인 packaging 포장(재) cut down on ~을 줄이다, 감소시키다 single-use 일회용의 replace ~을 대체하다, 교체하다 prohibit ~을 금지하다 work 효과가 있다, 작용하다 be aware of ~을 깨닫다, 알고 있다

STEP 5 나만의 OPIc 답변 만들어 보기

• 우리나라의 재활용

| 도입부 | ▶ | 본문 | ▶ | 마무리 |

• 내가 재활용하는 방법

| 도입부 | ▶ | 본문 | ▶ | 마무리 |

• 과거와 현재의 재활용 비교

| 도입부 | ▶ | 본문 | ▶ | 마무리 |

DAY 6 Q 11 12 13 국내 여행

STEP 1 기출 포인트 파악하기

가장 많이 나오는 3 COMBO 세트

❶ 여행사에 여행 상품 문의

I'd like to give you a situation to act out. You are planning to take a trip somewhere in your own country. Contact a travel agency and ask three or four questions to find out what you need to prepare.

당신에게 주어진 상황에 대해 역할극을 해주세요. 당신이 국내에서 어디론가 여행을 떠날 계획을 세우고 있습니다. 여행사에 연락해 준비해야 하는 것을 파악할 수 있도록 서너 가지 질문을 해보세요.

❷ 여행 계획 변경 필요한 상황 문제 해결

I'm sorry, but there is a problem I need you to resolve. You booked a non-refundable flight for next week. However, something urgent has come up, and you need to change your plans. Call the travel agency, explain what has happened, and offer some alternatives to resolve the problem.

유감스럽게도 당신이 해결해야 할 문제가 있습니다. 당신이 다음 주로 환불이 불가능한 항공편을 하나 예약했습니다. 하지만, 급한 일이 생기는 바람에, 계획을 변경해야 합니다. 여행사에 전화를 걸어, 무슨 일이 있었는지 설명한 다음, 이 문제를 해결하기 위해 몇 가지 대안을 제시해보세요.

❸ 호텔 숙박 관련 기억에 남는 경험

That's the end of the situation. Sometimes, surprising or unexpected things can happen when you stay at a hotel. I'd like to know about the most memorable experience you've had while staying at a hotel. Maybe there was a problem with your reservation, or you met an interesting guest. Tell me everything about your memorable experience at a hotel.

상황극이 종료되었습니다. 때로는, 호텔에서 머무를 때 놀랍거나 예기치 못한 일들이 발생될 수 있습니다. 호텔에서 머무르는 동안 겪었던 가장 기억에 남는 경험에 관해 알고 싶습니다. 아마 예약에 문제가 있었을 수도 있고, 아니면 흥미로운 손님을 만났을 수도 있습니다. 호텔에서 겪은 기억에 남는 경험에 관해 모두 말해주세요.

STEP 2 어휘와 패턴 익히기

제시된 오늘의 어휘와 패턴을 익히고 답변에 사용하고자 하는 어휘나 패턴에 체크해보세요.

어휘

- ☐ 여행을 떠나다 — take a trip
- ☐ 장소, 지점 — location
- ☐ 국내의 — domestic
- ☐ 숙박 시설 — accommodation
- ☐ 예약하다 — reserve
- ☐ 환불이 불가능한 — non-refundable
- ☐ 여행지, 목적지 — destination
- ☐ ~을 준비하다 — prepare
- ☐ ~에 달려 있다, ~에 따라 다르다 — depend on
- ☐ 제약, 제한 — restriction
- ☐ 혼자, 스스로 — by oneself
- ☐ 생기다, 발생되다 — come up
- ☐ 추가 비용 없이 — no extra cost

패턴

- **that's why** 그게 ~한 이유이다

That's why I hope we can change my schedule even though my flight is non-refundable.
그게 바로 제가 항공편이 환불 불가능한 것임에도 불구하고 제 일정을 변경할 수 있기를 바라는 이유예요.

_____ I chose this hotel near tourist attractions.
그게 바로 제가 관광 명소 근처에 있는 이 호텔을 선택한 이유예요.

- **It turned out to be A** 결국 A가 되다, 알고 보니 A이다

It turned out to be our best trip to Jeju ever.
결국엔 지금까지 갔던 여행 중 최고의 제주도 여행이 되었어요.

_____ the most memorable activity.
결국엔 가장 기억에 남는 활동이 되었어요.

STEP 3 나만의 문장 만들기

주어진 우리말을 보고 빈칸을 채우고 아래 모범 답안을 확인해보세요.

❶ 여행사에 여행 상품 문의 – 교통편, 관광 명소, 숙박 시설

여행지로 어떻게 가는 게 좋을지	First, how should I travel to my [장소, 여행지] ?
추천해 줄 만한 관광 명소가 있는지	Second, are there any [관광 명소] that you'd like to [추천하다] ?
혼자 여행하는 경우, 어떤 종류의 숙박 시설을 예약하는 게 좋을지	Last, if I'm traveling [혼자] , what kind of [숙박 시설] should I reserve?

❷ 여행 계획 변경 필요한 상황 문제 해결 – 상황 설명

다음 주에 환불 불가능한 항공편을 예약함	I booked a [환불 불가능한] flight for next week.
하지만 급한 일이 생겼음	But something [급한] has come up.
그래서 계획을 변경해야 함	So, I [변경해야 한다] my plans.

❸ 여행 계획 변경 필요한 상황 문제 해결 – 대안 제시

단순히 내 예약 날짜를 변경할 수 있을지	First, can I [단순히 변경하다] the date of my [예약] ?
다른 항공편에 대한 포인트를 받을 수 있을지	Second, could I [받다] credit for another flight?
어쨌든, 어떻게 생각하는지 알려주길 바람	Anyway, let me know [당신이 생각하는 것] .

❹ 호텔 숙박 관련 기억에 남는 경험 – 이중 예약으로 스위트룸 업그레이드 받음

연례적인 여행을 떠났던 여름에 있었던 일임	First of all, it was during the summer when my family takes our [연례적인 여행] .
체크인하려 했을 때, 프런트 데스크 직원이 이중 예약됐다고 말해줌	When we [체크인하려고 했다] , the front desk clerk told us that our room had accidentally been [이중 예약이 된] .
리조트 측의 실수였기 때문에, 추가 비용 없이 스위트룸으로 업그레이드해줌	[~때문에] it was the resort's fault, he upgraded us to one of their suites [추가 비용 없이] .

모범답안

❶ location / tourist attractions / recommend / by myself / accommodation
❷ non-refundable / urgent / need to change
❸ simply change / reservation / receive / what you think
❹ annual trip / tried to check in / double-booked / Since / at no extra cost

STEP 4 실전 문제 풀어보고 확인하기

실전 문제를 듣고 빈칸을 채우거나 소리내 말해보고 아래 모범 답안을 확인해보세요.

🔊 MP3 4_21

Q11 여행사에 여행 상품 문의

I'd like to give you a situation to act out. You are planning to take a trip somewhere in your own country. Contact a travel agency and ask three or four questions to find out what you need to prepare.

당신에게 주어진 상황에 대해 역할극을 해주세요. 당신이 국내에서 어디론가 여행을 떠날 계획을 세우고 있습니다. 여행사에 연락해 준비해야 하는 것을 파악할 수 있도록 서너 가지 질문을 해보세요.

모범답변

| 도입부

Hello. Is this the travel agency? OK, great. I [~하려는 계획이다] take a trip to Busan. Do you mind if I ask you a few questions about how I should [준비하다]? Thank you so much.

안녕하세요. 여행사죠? 네, 좋아요. 제가 부산으로 여행을 떠날 계획을 세우고 있는데요. 제가 어떻게 준비해야 하는 지와 관련해 몇 가지 질문을 드려도 괜찮을까요? 정말 감사해요.

| 본문

First, how should I travel to my [장소]? I don't have a car and I don't drive, so that isn't an option. I can either go by plane, train, or bus, but I don't know [어떤 것을 골라야 하는지]. It [~에 달려있다] which one is quickest and cheapest. Second, are there any [관광 명소] that you'd like to recommend? I'm interested in history, so a museum or [역사 유적지] would be perfect. Last, if I'm traveling [혼자서], what kind of [숙박 시설, 숙소] should I [예약하다]? I think it will be expensive to book a hotel room for myself. Are there [더 저렴한 선택지들] for solo travelers? I've researched some hostels and guesthouses. Do you think they're safe?

우선, 여행지로 어떻게 가는 게 좋을까요? 저는 차도 없고 운전도 하지 않기 때문에, 그건 선택지가 아니에요. 비행기나 기차, 아니면 버스 중의 하나로 갈 수는 있지만, 어느 것을 선택해야 할지 모르겠습니다. 어느 것이 가장 빠르고 저렴한지에 달려 있습니다. 두 번째로, 추천해 줄 만한 관광 명소가 있나요? 저는 역사에 관심이 있어서, 박물관이나 역사 유적지면 완벽할 것 같아요. 마지막으로, 제가 혼자 여행하는 경우, 어떤 종류의 숙박 시설을 예약하는 게 좋을까요? 호텔 객실을 예약하는 건 비쌀 것 같습니다. 1인 여행객들을 위한 더 저렴한 선택지가 있나요? 제가 호스텔과 게스트하우스를 몇 군데 조사해 봤습니다. 이곳들이 안전하다고 생각하시나요?

| 마무리

Thanks a lot for answering all of them. Now I'm really [~을 기대하는] my trip.

전부 답변 해줘서 정말 감사합니다. 이제 제 여행이 정말 기대돼요.

모범 답안

'm planning to / prepare / location / which to choose / depends on / tourist attractions / historical site / by myself / accommodation / reserve / cheaper options / looking forward to

Q11 여행사에 여행 상품 문의

I'd like to give you a situation to act out. You are planning to take a trip somewhere in your own country. Contact a travel agency and ask three or four questions to find out what you need to prepare.

당신에게 주어진 상황에 대해 역할극을 해주세요. 당신이 국내에서 어디론가 여행을 떠날 계획을 세우고 있습니다. 여행사에 연락해 준비해야 하는 것을 파악할 수 있도록 서너 가지 질문을 해보세요.

모범답변

🔊 MP3 4_22

| 도입부

내가 어떻게 준비해야 하는지와 관련해 몇 가지 질문 ask you a few questions about how I should prepare

Hello. Is this the travel agency? OK, great. I'm planning to take a trip to Busan. Do you mind if I ask you a few questions about how I should prepare? Thank you so much.

안녕하세요. 여행사죠? 네, 좋아요. 제가 부산으로 여행을 떠날 계획을 세우고 있는데요. 제가 어떻게 준비해야 하는 지와 관련해 몇 가지 질문을 드려도 괜찮을까요? 정말 감사해요.

| 본문

- 여행지로 어떻게 가는 게 좋을지
  How should I travel to my location?

- 추천해 줄 만한 관광 명소가 있는지
  Are there any tourist attractions that you'd like to recommend?

- 혼자 여행하는 경우, 어떤 종류의 숙박 시설 예약하는 게 좋을지
  if I'm traveling by myself, what kind of accommodation should I reserve?

First, how should I travel to my location? I don't have a car and I don't drive, so that isn't an option. I can either go by plane, train, or bus, but I don't know which to choose. It depends on which one is quickest and cheapest. Second, are there any tourist attractions that you'd like to recommend? I'm interested in history, so a museum or historical site would be perfect. Last, if I'm traveling by myself, what kind of accommodation should I reserve? I think it will be expensive to book a hotel room for myself. Are there cheaper options for solo travelers? I've researched some hostels and guesthouses. Do you think they're safe?

우선, 여행지로 어떻게 가는 게 좋을까요? 저는 차도 없고 운전도 하지 않기 때문에, 그건 선택지가 아니에요. 비행기나 기차, 아니면 버스 중의 하나로 갈 수는 있지만, 어느 것을 선택해야 할지 모르겠습니다. 어느 것이 가장 빠르고 저렴한지에 달려 있습니다. 두 번째로, 추천해 줄 만한 관광 명소가 있나요? 저는 역사에 관심이 있어서, 박물관이나 역사 유적지면 완벽할 것 같아요. 마지막으로, 제가 혼자 여행하는 경우, 어떤 종류의 숙박 시설을 예약하는 게 좋을까요? 호텔 객실을 예약하는 건 비쌀 것 같습니다. 1인 여행객들을 위한 더 저렴한 선택지가 있나요? 제가 호스텔과 게스트하우스를 몇 군데 조사해 봤습니다. 이곳들이 안전하다고 생각하시나요?

| 마무리

모든 질문에 답해줘서 정말 고마움
Thanks a lot for answering all of them.

Thanks a lot for answering all of them. Now I'm really looking forward to my trip.

전부 답변 해줘서 정말 감사합니다. 이제 제 여행이 정말 기대돼요.

고득점 어휘/표현

어휘표현 act out ~을 실제로 해보다, 실연해 보이다   plan to ~할 계획이다   take a trip 여행을 떠나다   contact ~에 연락하다   find out ~을 파악하다, 알아내다   prepare ~을 준비하다   location 장소, 지점   either A, B, or C A나 B, 또는 C 중의 하나   choose ~을 선택하다   depend on ~에 달려 있다, ~에 따라 다르다   by oneself 혼자, 스스로   accommodation 숙박 시설   reserve ~을 예약하다(= book)   research ~을 조사하다   look forward to ~을 고대하다, 크게 기대하다

Q12 여행 계획 변경 필요한 상황 문제 해결

I'm sorry, but there is a problem I need you to resolve. You booked a non-refundable flight for next week. However, something urgent has come up, and you need to change your plans. Call the travel agency, explain what has happened, and offer some alternatives to resolve the problem.

유감스럽게도 당신이 해결해야 할 문제가 있습니다. 당신이 다음 주로 환불이 불가능한 항공편을 하나 예약했습니다. 하지만, 급한 일이 생기는 바람에, 계획을 변경해야 합니다. 여행사에 전화를 걸어, 무슨 일이 있었는지 설명한 다음, 이 문제를 해결하기 위해 몇 가지 대안을 제시해보세요.

모범답변

| 도입부

Hello. I booked a [환불이 불가능한] flight for next week, but something [긴급한] has [생긴]. So, I need to change my plans.

안녕하세요. 제가 다음 주로 환불이 불가능한 항공편을 하나 예약했는데, 급한 일이 생겼습니다. 그래서, 계획을 변경해야 합니다.

| 본문

First, to tell you about the problem, I [구입했다] a ticket for next week because I had some vacation time from work. But my [직장 상사] suddenly [그만두다, 떠나다] without telling anyone. Now I have to handle all his [직무, 직책]. So, my vacation has been [취소]. That's why I hope we can change my schedule even though my flight is non-refundable. So, here are some possible solutions I've thought of. First, can I simply change the date of my reservation? Once things [진정되다, 수습되다] in the office, I'll be able to take my vacation. I still want to go to [동일한 목적지], so we just need to change the date of the ticket. Second, if the [항공사] really can't give me a [환불], could I receive credit for another flight? That way, I won't lose the money I spent on the ticket.

우선, 이 문제와 관련해 말씀 드리자면, 회사에서 휴가를 좀 받아서 다음 주로 티켓을 구입했습니다. 하지만 저의 직장 상사가 누구에게도 말하지 않고 갑자기 그만뒀어요. 이제 제가 그분의 직무를 모두 처리해야 하죠. 따라서, 제 휴가가 취소되었습니다. 그게 바로 제 항공편이 환불 불가능한 것임에도 불구하고 제 일정을 변경할 수 있기를 바라는 이유예요. 따라서, 제가 생각해본 몇 가지 가능성 있는 해결책을 말씀 드리겠습니다. 첫 번째로, 단순히 제 예약 날짜를 변경할 수 있나요? 사무실 상황이 진정되는 대로, 제가 휴가를 떠날 수 있을 거예요. 두 번째는, 항공사에서 정말 환불해줄 수 없다면, 다른 항공편에 대한 포인트를 받을 수 있을까요? 그렇게 하면, 제가 티켓에 쓴 돈을 잃지 않게 될 것입니다.

| 마무리

Anyway, let me know what you think. I hope you can understand.

어쨌든, 어떻게 생각하시는지 알려주세요.

모범 답안

non-refundable / urgent / come up / purchased / supervisor / quit / duties / canceled / settle down / the same destination / airline / refund / avoid

Q12 여행 계획 변경 필요한 상황 문제 해결

I'm sorry, but there is a problem I need you to resolve. You booked a non-refundable flight for next week. However, something urgent has come up, and you need to change your plans. Call the travel agency, explain what has happened, and offer some alternatives to resolve the problem.

유감스럽게도 당신이 해결해야 할 문제가 있습니다. 당신이 다음 주로 환불이 불가능한 항공편을 하나 예약했습니다. 하지만, 급한 일이 생기는 바람에, 계획을 변경해야 합니다. 여행사에 전화를 걸어, 무슨 일이 있었는지 설명한 다음, 이 문제를 해결하기 위해 몇 가지 대안을 제시해보세요.

모범답변

🔊 MP3 4_24

| 도입부

환불 불가능한 항공편을 예약함, 급한 일이 생김
booked a non-refundable flight, something urgent has come up

Hello. I booked a non-refundable flight for next week, but something urgent has come up. So, I need to change my plans.

안녕하세요. 제가 다음 주로 환불이 불가능한 항공편을 하나 예약했는데, 급한 일이 생겼습니다. 그래서, 계획을 변경해야 합니다.

| 본문

- 직장 상사가 갑자기 그만둠
  My supervisor suddenly quit.
- 휴가가 취소됨
  My vacation has been canceled.
- 단순히 예약 날짜를 변경할 수 있는지
  Can I simply change the date of my reservation?
- 다른 항공편에 대한 포인트를 받을 수 있는지
  Could I receive credit for another flight?

First, to tell you about the problem, I purchased a ticket for next week because I had some vacation time from work. But my supervisor suddenly quit without telling anyone. Now I have to handle all his duties. So, my vacation has been canceled. That's why I hope we can change my schedule even though my flight is non-refundable. So, here are some possible solutions I've thought of. First, can I simply change the date of my reservation? Once things settle down in the office, I'll be able to take my vacation. Second, if the airline really can't give me a refund, could I receive credit for another flight? That way, I won't lose the money I spent on the ticket.

우선, 이 문제와 관련해 말씀 드리자면, 회사에서 휴가를 좀 받아서 다음 주로 티켓을 구입했습니다. 하지만 저의 직장 상사가 누구에게도 말하지 않고 갑자기 그만뒀어요. 이제 제가 그분의 직무를 모두 처리해야 하죠. 따라서, 제 휴가가 취소되었습니다. 그게 바로 제 항공편이 환불 불가능한 것임에도 불구하고 제 일정을 변경할 수 있기를 바라는 이유예요. 따라서, 제가 생각해본 몇 가지 가능성 있는 해결책을 말씀 드리겠습니다. 첫 번째로, 단순히 제 예약 날짜를 변경할 수 있나요? 사무실 상황이 진정되는 대로, 제가 휴가를 떠날 수 있을 거예요. 두 번째는, 항공사에서 정말 환불해줄 수 없다면, 다른 항공편에 대한 포인트를 받을 수 있을까요? 그렇게 하면, 제가 티켓에 쓴 돈을 잃지 않게 될 것입니다.

| 마무리

어떻게 생각하는지 알려주길 바람
Let me know what you think.

Anyway, let me know what you think.
어쨌든, 어떻게 생각하시는지 알려주세요.

고득점 어휘/표현

non-refundable 환불이 불가능한   urgent 긴급한   come up 생기다, 발생되다   alternative 대안   resolve ~을 해결하다
quit 그만두다   handle ~을 처리하다, 다루다   duty 직무   settle down 진정되다, 가라앉다   give A a refund A에게 환불해주다
credit (매장 등의) 포인트   that way 그렇게 하면, 그런 방법으로

🔊 MP3 4_25

Q13 호텔 숙박 관련 기억에 남는 경험

That's the end of the situation. Sometimes, surprising or unexpected things can happen when you stay at a hotel. I'd like to know about the most memorable experience you've had while staying at a hotel. Maybe there was a problem with your reservation, or you met an interesting guest. Tell me everything about your memorable experience at a hotel.

상황극이 종료되었습니다. 때로는, 호텔에서 머무를 때 놀랍거나 예기치 못한 일들이 발생될 수 있습니다. 호텔에서 머무르는 동안 겪었던 가장 기억에 남는 경험에 관해 알고 싶습니다. 아마 예약에 문제가 있었을 수도 있고, 아니면 흥미로운 손님을 만났을 수도 있습니다. 호텔에서 겪은 기억에 남는 경험에 관해 모두 말해주세요.

모범답변

| 도입부

A lot of [예기치 못한] things can happen while traveling.
예기치 못한 일이 여행 중에 많이 일어날 수 있어요.

| 본문

First of all, it was during the summer when my family takes our [연례의, 매년의] trip. Like most years, we went to Jeju Island. It's kind of a tradition for us. We book a flight, reserve a rental car, and always stay at the same resort. We flew to Jeju and drove to the resort, but there were so many people trying to check in. When we tried to check in, the front desk [직원] told us that our room had [실수로] been double-booked, and the other guests had already moved into it. [우리 중 아무도] knew what to do. Luckily, the clerk [알렸다] the manager about our problem. Since it was the resort's fault, he upgraded us to one of their [스위트룸] at no extra cost.

가장 먼저, 우리 가족이 연례적인 여행을 떠나는 여름에 있었던 일이에요. 대부분의 다른 해와 마찬가지로, 우리는 제주도에 갔어요. 우리에겐 일종의 전통이죠. 항공 편을 예약하고, 렌터카도 예약한 다음, 같은 리조트에 머물러요. 우리는 비행기를 타고 제주도로 간 다음, 차를 운전해 리조트에 갔는데, 체크인하려는 사람이 너무 많았어요. 우리가 체크인하려 했을 때, 안내 데스크 직원이 우리에게 객실이 실수로 이중 예약되어, 다른 손님이 이미 입실했다고 말했어요. 우리는 아무도 어떻게 해야 할지 몰랐죠. 다행히, 그 직원이 책임자에게 우리 문제에 관해 알렸어요. 리조트 측의 실수였기 때문에, 추가 비용 없이 스위트룸 중의 한 곳으로 업그레이드해주었어요.

| 마무리

So, something surprising happened, but my family and I [~로 혜택을 얻었다] it in the end. It [~로 밝혀졌다] to be our best trip to Jeju ever.

그래서, 놀라운 일이 일어나긴 했지만, 결과적으로 우리 가족과 저는 혜택을 보게 되었죠. 결국엔 지금까지 갔던 여행 중 최고의 제주도 여행이 되었어요.

모범 답안

unexpected / annual / clerk / accidentally / None of us / informed / suites / benefitted from / turned out

Q13 호텔 숙박 관련 기억에 남는 경험

That's the end of the situation. Sometimes, surprising or unexpected things can happen when you stay at a hotel. I'd like to know about the most memorable experience you've had while staying at a hotel. Maybe there was a problem with your reservation, or you met an interesting guest. Tell me everything about your memorable experience at a hotel.

상황극이 종료되었습니다. 때로는, 호텔에서 머무를 때 놀랍거나 예기치 못한 일들이 발생될 수 있습니다. 호텔에서 머무르는 동안 겪었던 가장 기억에 남는 경험에 관해 알고 싶습니다. 아마 예약에 문제가 있었을 수도 있고, 아니면 흥미로운 손님을 만났을 수도 있습니다. 호텔에서 겪은 기억에 남는 경험에 관해 모두 말해주세요.

모범답변

도입부

예기치 못한 일이 여행 중에 많이 일어날 수 있음
A lot of unexpected things can happen while traveling

A lot of unexpected things can happen while traveling.
예기치 못한 일이 여행 중에 많이 일어날 수 있어요.

본문

- 연례적인 여행을 떠나는 때였음
  when my family takes our annual trip
- 비행기를 타고 제주도로 가서 차를 타고 리조트로 감
  We flew to Jeju and drove to the resort.
- 우리 객실이 실수로 이중 예약됨
  Our room had accidentally been double-booked.
- 스위트룸 중 하나로 추가 비용 없이 업그레이드 해줌
  upgraded us to one of their suites at no extra cost.

First of all, it was during the summer when my family takes our annual trip. Like most years, we went to Jeju Island. It's kind of a tradition for us. We book a flight, reserve a rental car, and always stay at the same resort. We flew to Jeju and drove to the resort, but there were so many people trying to check in. When we tried to check in, the front desk clerk told us that our room had accidentally been double-booked, and the other guests had already moved into it. None of us knew what to do. Luckily, the clerk informed the manager about our problem. Since it was the resort's fault, he upgraded us to one of their suites at no extra cost.

가장 먼저, 우리 가족이 연례적인 여행을 떠나는 여름에 있었던 일이에요. 대부분의 다른 해와 마찬가지로, 우리는 제주도에 갔어요. 우리에겐 일종의 전통이죠. 항공 편을 예약하고, 렌터카도 예약한 다음, 같은 리조트에 머물러요. 우리는 비행기를 타고 제주도로 간 다음, 차를 운전해 리조트에 갔는데, 체크인하려는 사람이 너무 많았어요. 우리가 체크인하려 했을 때, 안내 데스크 직원이 우리에게 객실이 실수로 이중 예약되어, 다른 손님이 이미 입실했다고 말했어요. 우리는 아무도 어떻게 해야 할지 몰랐죠. 다행히, 그 직원이 책임자에게 우리 문제에 관해 알렸어요. 리조트 측의 실수였기 때문에, 추가 비용 없이 스위트룸 중의 한 곳으로 업그레이드해주었어요.

마무리

결국엔 지금까지 갔던 여행 중 최고의 제주도 여행이었음
It turned out to be our best trip to Jeju ever.

So, something surprising happened, but my family and I benefitted from it in the end. It turned out to be our best trip to Jeju ever.

그래서, 놀라운 일이 일어나긴 했지만, 결과적으로 우리 가족과 저는 혜택을 보게 되었죠. 결국엔 지금까지 갔던 여행 중 최고의 제주도 여행이 되었어요.

고득점 어휘/표현

STEP 5 나만의 OPIc 답변 만들어 보기

• 여행사에 여행 상품 문의

| 도입부 | ▶ | 본문 | ▶ | 마무리 |

• 여행 계획 변경 필요한 상황 문제 해결

| 도입부 | ▶ | 본문 | ▶ | 마무리 |

• 호텔 숙박 관련 기억에 남는 경험

| 도입부 | ▶ | 본문 | ▶ | 마무리 |

DAY 7 Q 14 15 휴일

★★★★☆

DATE_____

음성강의 듣기

STEP 1 기출 포인트 파악하기

가장 많이 나오는 2 COMBO 세트

❶ 우리나라의 휴일과 사람들이 하는 일

What are some holidays in your country? What do people do during these holidays? What is special about them?

당신 나라에는 어떤 휴일이 있나요? 그 휴일 중에 사람들이 무엇을 하나요? 그 휴일과 관련해 무엇이 특별한가요?

❷ 휴일 관련 사람들의 우려와 걱정

What are some issues or concerns people have regarding holidays? What do people do to address those issues or concerns?

사람들이 휴일과 관련해 갖고 있는 문제나 우려로 어떤 것이 있나요? 사람들이 그런 문제나 우려를 해결하기 위해 무엇을 하나요?

오픽 꿀팁 추가 빈출 문제

- **우리나라의 휴일**
Tell me about the most popular holidays in your country. What do people in your country do during the holidays? Tell me everything you can about these holidays.
당신의 나라에서 가장 유명한 휴일에 대해 말해주세요. 휴일 동안 사람들은 무엇을 하나요? 이 휴일에 관해 가능한 한 모든 걸 말해주세요.

- **최근 휴일**
Tell me about your most recent holiday. What holiday was it? What did you do? Who were you with? Did anything unexpected happen during the holiday? Tell me what happened from start to finish.
가장 최근에 있었던 휴일에 대해 말해주세요. 어떤 휴일이었나요? 무엇을 했나요? 누구와 함께 있었나요? 휴일 동안 예상치 못했던 일이 일어났나요? 처음부터 끝까지 무슨 일이 있었는지 말해주세요.

- **휴일 중 기억에 남는 경험**
Describe the most memorable event that happened to you during a holiday. What happened? Tell me in as much detail as possible.
휴일 동안 있었던 가장 기억에 남는 사건을 설명해주세요. 무슨 일이 있었나요? 가능한 한 자세히 말해주세요

STEP 2 어휘와 패턴 익히기

제시된 오늘의 어휘와 패턴을 익히고 답변에 사용하고자 하는 어휘나 패턴에 체크해보세요.

어휘

- ☐ 전통적으로 — traditionally
- ☐ 추수 감사제 — harvest festival
- ☐ 의식, 의례 — ritual
- ☐ 전국적인 규모의 — nation-wide
- ☐ 쉬는 시간을 갖다 — get time off
- ☐ 소중한 시간 — quality time
- ☐ 모임 — gathering
- ☐ 모이다 — gather
- ☐ ~을 행하다 — perform
- ☐ 우려, 걱정 — concern
- ☐ 혼잡한 — congested
- ☐ 규제, 규정 — regulation

패턴

- **be based on**   ~에 기초하다, 바탕으로 하다

It marks the first day of the Korean calendar, which is based on the cycles of the moon.
이날은 달의 주기를 바탕으로 하는 한국의 달력에서 새해 첫 날에 해당됩니다.

It _____ the real story.
이것은 실화를 바탕으로 해요.

- **be supposed to**   ~해야 하다, ~하기로 되어 있다

Entire families are supposed to meet on Chuseok and Seolnal.
가족 전체가 추석과 설날에 만나야 한다.

I _____ see a movie in Chuseok.
나는 추석에 영화를 보기로 했다.

STEP 3 나만의 문장 만들기

주어진 우리말을 보고 빈칸을 채우고 아래 모범 답안을 확인해보세요.

❶ 우리나라의 휴일과 사람들이 하는 일 - 추석, 설날

한국에는 두 개의 주요 휴일이 있음	There are two [주요 휴일] in Korea.
하지만 그 휴일에 하는 건 상당히 비슷함	But what we do for them is [상당히 비슷한].
그 두 번의 휴일은 가을에 있는 추석과 음력 새해인 설날임	The two holidays are Chuseok, which is in autumn, and Seolnal, which is the [음력 새해].

❷ 휴일 관련 사람들의 우려와 걱정 - 우려, 걱정

몇 가지 문제로 인해 아주 큰 스트레스가 될 수 있음	Some issues can make them very [스트레스가 많은].
교통이 항상 휴일 전후로 심각한 문제임	First, [교통] has always been a [심각한 문제] around the holidays.
유행병이 온갖 종류의 새로운 문제들을 초래함	Second, the pandemic has caused [온갖 종류의 새로운 문제들].

❸ 휴일 관련 사람들의 우려와 걱정 - 해결책

사람들이 버스나 기차와 같은 대중교통을 이용하려고 함	People [~하려고 하다] use public transportations like buses or trains.
기술이 사람들이 줌을 통해 함께 담소를 나눌 수 있게 도움	Technology helps people [담소를 나누다] together [줌을 통해].
곧 다시 정상적인 휴일을 보낼 수 있기만을 바람	I just hope we can [정상적인 휴일을 보내다] again soon.

모범 답안

❶ main holidays / quite similar / lunar new year
❷ stressful / traffic / critical issue / all kinds of new problems
❸ try to / chat / over Zoom / have normal holidays

STEP 4 실전 문제 풀어보고 확인하기

실전 문제를 듣고 빈칸을 채우거나 소리내 말해보고 아래 모범 답안을 확인해보세요.

🔊 MP3 4_27

Q14 우리나라의 휴일과 사람들이 하는 일

What are some holidays in your country? What do people do during these holidays? What is special about them?

당신 나라에는 어떤 휴일이 있나요? 그 휴일 동안에 사람들이 무엇을 하나요? 그 휴일과 관련해 무엇이 특별한가요?

모범답변

| 도입부

There are two [주요한 휴일들] in Korea, but what we do for them is [상당히 비슷한]. The two holidays are Chuseok, which is in autumn, and Seolnal, which is the [음력의] new year.

한국에는 두 번의 주요 휴일이 있지만, 그 휴일에 저희가 하는 건 상당히 비슷합니다. 그 두 번의 휴일은 가을에 있는 추석과, 음력 새해인 설날입니다.

| 본문

First, I will tell you about Chuseok. It was [전통적으로] a [추수 감사제], but now it's a time for families to [모이다], [치르다, 수행하다] some [의식], and enjoy food together. Mostly, it's a [전국적인] holiday where everyone gets some time off of work. Second, Seolnal is similar in a lot of ways. It marks the first day of the Korean calendar, which is [~을 바탕으로] the [주기] of the moon. Just like Chuseok, families get together to have a big meal and perform the same ritual. Most important, both holidays let families spend some [가치 있는, 소중한 시간] together, which can be hard to do in everyday life.

우선, 추석에 관해 말씀 드릴게요. 전통적으로는 추수 감사제였지만, 지금은 가족들이 모여, 일종의 의식을 치르고, 함께 음식을 즐기는 시간이에요. 일반적으로, 모든 사람이 직장에서 휴가를 갖는 전국적인 휴일이죠. 두 번째로, 설날도 많은 면에서 비슷합니다. 이날은 달의 주기를 바탕으로 하는 한국의 달력에서 새해 첫 날에 해당됩니다. 추석과 똑같이, 가족들이 모여 풍성한 식사를 하고 같은 의식을 치르죠. 가장 중요한 점은, 두 번의 휴일 모두 가족들이 함께 소중한 시간을 좀 보낼 수 있게 해준다는 것인데, 이는 일상 생활에선 하기 힘들 수 있는 부분이죠.

| 마무리

These are the main holidays in Korea.

이것들이 한국의 주요 휴일입니다.

모범 답안

main holidays / quite similar / lunar / traditionally / harvest festival / gather / perform / rituals / nation-wide / based on / cycles / quality time

Q14 우리나라의 휴일과 사람들이 하는 일

What are some holidays in your country? What do people do during these holidays? What is special about them?

당신 나라에는 어떤 휴일이 있나요? 그 휴일 동안에 사람들이 무엇을 하나요? 그 휴일과 관련해 무엇이 특별한가요?

모범답변

MP3 4_28

도입부

두 개의 휴일, 추석과 설날
two holidays, Chuseok and Seolnal

There are two main holidays in Korea, but what we do for them is quite similar. The two holidays are Chuseok, which is in autumn, and Seolnal, which is the lunar new year.

한국에는 두 번의 주요 휴일이 있지만, 그 휴일에 저희가 하는 건 상당히 비슷합니다. 그 두 번의 휴일은 가을에 있는 추석과, 음력 새해인 설날입니다.

본문

- 추석: 전통적으로는 추수 감사제
  Chuseok: traditionally a harvest festival
- 설날: 달의 주기를 바탕으로 하는 새해 첫 날
  Seolnal: the first day based on the cycles of the moon
- 가족들이 함께 소중한 시간을 보내게 해줌
  let families spend some quality time together

First, I will tell you about Chuseok. It was traditionally a harvest festival, but now it's a time for families to gather, perform some rituals, and enjoy food together. Mostly, it's a nation-wide holiday where everyone gets some time off of work. Second, Seolnal is similar in a lot of ways. It marks the first day of the Korean calendar, which is based on the cycles of the moon. Just like Chuseok, families get together to have a big meal and perform the same ritual. Most important, both holidays let families spend some quality time together, which can be hard to do in everyday life.

우선, 추석에 관해 말씀 드릴게요. 전통적으로는 추수 감사제였지만, 지금은 가족들이 모여, 일종의 의식을 치르고, 함께 음식을 즐기는 시간이에요. 일반적으로, 모든 사람이 직장에서 휴가를 갖는 전국적인 휴일이죠. 두 번째로, 설날도 많은 면에서 비슷합니다. 이날은 달의 주기를 바탕으로 하는 한국의 달력에서 새해 첫 날에 해당됩니다. 추석과 똑같이, 가족들이 모여 푸짐한 식사를 하고 같은 의식을 치르죠. 가장 중요한 점은, 두 번의 휴일 모두 가족들이 함께 소중한 시간을 좀 보낼 수 있게 해준다는 것인데, 이는 일상 생활에선 하기 힘들 수 있는 부분이죠.

마무리

이것들이 한국의 주요 휴일임
These are the main holidays in Korea.

These are the main holidays in Korea.

이것들이 한국의 주요 휴일입니다.

고득점 어휘/표현

어휘 표현 quite 꽤, 상당히   similar 비슷한   lunar new year 음력 새해, 음력 설   traditionally 전통적으로   harvest festival 추수 감사제
ritual 의식, 의례   nation-wide 전국적인 규모의   based on ~를 바탕으로   quality time 소중한 시간

Q15 휴일 관련 사람들의 우려와 걱정

What are some issues or concerns people have regarding holidays? What do people do to address those issues or concerns?
사람들이 휴일과 관련해 갖고 있는 문제나 우려로 어떤 것이 있나요? 사람들이 그런 문제나 우려를 해결하기 위해 무엇을 하나요?

모범답변

도입부

The holidays should be a time to [쉬다] with your family, but some issues can make them very [스트레스가 많은].
휴일은 가족과 함께 쉬는 시간이어야 하지만, 몇 가지 문제로 인해 아주 큰 스트레스가 될 수 있습니다.

본문

First, traffic has always been a [심각한 문제] around the holidays. Everyone has the same vacation time for the holidays, and everyone has to [이동하다] to their [고향]. So, the traffic around the city is incredibly [혼잡한] at the start and end of the holidays. So, people try to use [대중 교통] like buses or trains. Second, the pandemic has caused all kinds of new problems. Mainly, families are limited with their [모임] because of the [규제]. Entire families [~해야 한다] meet on Chuseok and Seolnal, but this is impossible when a few people can gather [한 번에]. Likewise, everyone is worried about [바이러스를 확산시키는 것], which adds extra stress to the holiday.
우선, 교통이 항상 휴일 전후로 아주 심각한 문제예요. 모든 사람이 휴일 동안 똑같이 휴가 기간을 갖고 모든 사람이 고향으로 이동해야 하죠. 따라서, 서울 주변의 교통이 연휴가 시작되고 끝날 때 믿을 수 없을 정도로 혼잡해요. 그래서 사람들은 버스나 기차와 같은 대중 교통을 이용하려고 해요. 두 번째로, 유행병이 온갖 종류의 새로운 문제들을 초래해 왔어요. 대체로, 규제 때문에 가족들이 모이는 데 있어 제한적입니다. 가족 전체가 추석과 설날에 만나야 하는데, 한 번에 몇 명만 모일 수 있는 경우에는 불가능한 일이죠. 마찬가지로, 모든 사람이 바이러스 확산에 대해 걱정하고 있어서, 연휴에 대한 스트레스를 추가로 가중시킵니다. 가족들이 줌을 통해 함께 담소를 나눌 수 있기 때문에 기술이 이 문제를 해결하는 데 도움이 됩니다.

마무리

I just hope we can have normal holidays again soon.
저는 그저 곧 다시 정상적인 휴일을 보낼 수 있기만을 바라고 있어요.

모범 답안

relax / stressful / critical issue / travel / hometown / congested / public transportations / gatherings / regulations / are supposed to / at a time / spreading the virus

Q15 휴일 관련 사람들의 우려와 걱정

What are some issues or concerns people have regarding holidays? What do people do to address those issues or concerns?

사람들이 휴일과 관련해 갖고 있는 문제나 우려로 어떤 것이 있나요? 사람들이 그런 문제나 우려를 해결하기 위해 무엇을 하나요?

모범답변

🔊 MP3 4_30

도입부

몇 가지 문제로 인해 휴일은 큰 스트레스가 될 수 있음
some issues can make the holidays very stressful

The holidays should be a time to relax with your family, but some issues can make them very stressful.

휴일은 가족과 함께 쉬는 시간이어야 하지만, 몇 가지 문제로 인해 아주 큰 스트레스가 될 수 있습니다.

본문

- 교통이 항상 아주 심각한 문제였음
  Traffic has always been a critical issue.
- 버스나 기차와 같은 대중교통을 이용하려고 함
  try to use public transportations like buses or trains
- 유행병이 온갖 종류의 새로운 문제들을 초래함
  Pandemic has caused all kinds of new problems.
- 가족들이 줌을 통해 함께 담소를 나눌 수 있음
  Families can chat together over Zoom.

First, traffic has always been a critical issue around the holidays. Everyone has the same vacation time for the holidays, and everyone has to travel to their hometown. So, the traffic around the city is incredibly congested at the start and end of the holidays. So, people try to use public transportations like buses or trains. Second, the pandemic has caused all kinds of new problems. Mainly, families are limited with their gatherings because of the regulations. Entire families are supposed to meet on Chuseok and Seolnal, but this is impossible when a few people can gather at a time. Likewise, everyone is worried about spreading the virus, which adds extra stress to the holiday. Technology helps address this problem since families can chat together over Zoom.

우선, 교통이 항상 휴일 전후로 아주 심각한 문제예요. 모든 사람이 휴일 동안 똑같이 휴가 기간을 갖고 모든 사람이 고향으로 이동해야 하죠. 따라서, 서울 주변의 교통이 연휴가 시작되고 끝날 때 믿을 수 없을 정도로 혼잡해요. 그래서 사람들은 버스나 기차와 같은 대중 교통을 이용하려고 해요. 두 번째로, 유행병이 온갖 종류의 새로운 문제들을 초래해 왔어요. 대체로, 규제 때문에 가족들이 모이는 데 있어 제한적입니다. 가족 전체가 추석과 설날에 만나야 하는데, 한 번에 몇 명만 모일 수 있는 경우에는 불가능한 일이죠. 마찬가지로, 모든 사람이 바이러스 확산에 대해 걱정하고 있어서, 연휴에 대한 스트레스를 추가로 가중시킵니다. 가족들이 줌을 통해 함께 담소를 나눌 수 있기 때문에 기술이 이 문제를 해결하는 데 도움이 됩니다.

마무리

곧 다시 정상적인 휴일을 보낼 수 있기만을 바람
hope we can have normal holidays again soon

I just hope we can have normal holidays again soon.

저는 그저 곧 다시 정상적인 휴일을 보낼 수 있기만을 바라고 있어요.

고득점 어휘/표현

 어휘 표현
concern 우려, 걱정   regarding ~와 관련해   address (문제 등) ~을 해결하다, 처리하다   critical 아주 중요한, 중대한   congested 혼잡한   pandemic 유행병, 전염병   spread ~을 확산시키다, 퍼트리다   extra 추가의, 별도의   restricted 제한된

STEP 5 나만의 OPIc 답변 만들어 보기

• 우리나라의 휴일과 사람들이 하는 일

도입부	▶	본문	▶	마무리

• 휴일 관련 사람들의 우려와 걱정

도입부	▶	본문	▶	마무리